아동권리와 복지

류민임 · 최은주

창지사

머리말

아동은 우리의 미래이다. 이러한 아동이 행복한 꿈을 꾸고 희망을 가질 때 우리 사회의 미래는 밝고 건강해진다. 이런 측면에서 볼 때 아동 존재에 대한 이해와 권리 그리고 복지에 대한 이해를 넓히는 아동복지야말로 매우 의미 있는 학문이라고 볼 수 있다.

현대사회는 아동의 기본 권리 보장을 위한 복지적 요구가 충족되어야 한다. 아동은 스스로의 권리를 주장하거나 목소리를 내는 방법을 잘 모르고 혹은 의사결정권을 제대로 가진 존재가 아니므로 아동이 살아가는 데 필요한 물질적·정서적 지원을 위한 부모 혹은 교사, 그리고 성인의 노력과 지원이 절대적으로 필요하다. 과거에는 아동복지의 대상이 주로 보호가 필요한 아동이었지만 현대적 의미에서 아동복지의 대상은 모든 아동을 넘어서 부모도 복지의 대상이 되고 있다. 복지의 범위에서도 육체적 건강과 정신적 건강, 사회적 관계에 이르기까지 보다 넓고 깊게 이해할 필요가 있으며 이러한 아동을 고유한 인격체로서 인정하고 개별적 존재에 맞는 민감한 복지가 구현될 때 진정한 복지가 실현될 수 있다.

본서의 내용은 1부와 2부로 나누어져 있다. 제1부 아동복지의 이론적 이해에서는 류민임 교수가 제1장 아동복지의 이해, 제2장 아동과 권리, 제3장 아동복지의 역사, 제4장 아동복지정책과 관련법, 제5장 아동복지서비스, 제6장 아동복지의 기본 전제와 원칙을 집필하였다. 제2부 아동복지의 실천은 최은주 교수가 제7장 장애아동, 제8장 빈곤아동, 제9장 학대아동, 제10장 시설보호아동, 제11장 입양아동, 제12장 다문화가족 아동 등 아동별 아동복지의 실천방향에 대해 집필하였고, 제13장에서는 아동복지의 과제와 방향을 제시하였다.

아동복지는 아동의 존재에 대한 바른 이해가 선행되어야 하며, 제4차 산업혁명 시대에 인공지능(AI)과 챗지피티(ChatGPT)가 급속도록 인간의 일을 대체하고 발전하는 미래사회에서 아동은 미래를 어떻게 준비하고 어떤 주체로 살아갈 것인가에 대한 사유가 필요하다. 본서는 아동권리와 복지에 대한 이해와 지평에 대한 물음을 던지며 더 좋음과 더 나음을 찾아가는 복지에 도움이 되길 바란다. 지금 우리 사회는 저출산과 고령화 문제, 청년들의 일자리 부족, 결혼기피 현상의 확대, 여성의 경제활동 참여욕구의 증가, 낙태 합법화에 대한 의견의 양립, 경제적 양극화와 정치·사회적 긴장, 과학기술 발달로 인해 생활은 편리해졌으나 더욱 고독해지는 인간 소외 현상, 영유아의 스마트 기기 과다 노출, 가정해체 현상으로 인한 영유아의 생존권 침해, 다문화가족의 확대 등 다양하고 근원적인 난제에 직면하고 있다. 이러한 우리 사회의 상황과 문제들은 아동의 삶에 영향을 끼치면서 사회·문화적 환경의 중요성을 더욱 깊이 고민하게 한다. 이에 본서는 변화되어 가는 사회와 환경의 많은 부분들에 관심을 가지고 지속적인 수정과 보완으로 아동권리와 복지에 도움을 주기를 희망한다.

마지막으로 본서가 나오기까지 바쁜 일정 속에서도 전력을 다해 주신 창지사 대표님과 편집부 임직원 여러분께 진심으로 감사드린다.

2023년 9월
저자 일동

차례

제 2 부 아동복지의 실천 • 133

제1부

아동복지의 이론적 이해

아동복지의 이해

제1장 아동복지의 이해

1. 아동복지의 개념

우리 사회는 모든 아동이 건강하게 태어나 행복하고 안전한 환경에서 성장·발달할 수 있도록 하는 데 많은 관심을 기울이고 있다. 아동복지를 바람직하게 실현하기 위해서는 국가나 사회적 상황, 이념과 사회적 변화 등에 따라 차이는 있지만 아동에 대한 인권존중을 바탕으로 정책, 법률, 제도 및 서비스 등을 포함하는 모든 것에 대한 이해가 선행되어야 한다. 아동복지를 이해하기 위해서는 '아동'과 '아동복지'에 대한 기본 개념을 알아야 한다.

1) 아동의 개념

전통적으로 아동은 신체적·정신적으로 미성숙한 존재로 인식하여 부모와 성인의 보호 아래 성장하는 보호와 양육의 대상이었다. 아동의 인격 자체를 존중하기보다는 성인의 종속물로 생각하여 왔으나 현대에 들어서면서 미래사회를 이끌어 갈 소중한 존재로 아동을 바라보기 시작하였다. 아동(Child)은 표준국어대사전(2023)에 '나이가 적은 아이, 유치원에 다니는 나이부터 사춘기 전의 아이를 이른다.'라고 제시되어 있다.

아동에 대한 관점은 그 사회 고유의 가치관을 반영하여 변화해 왔다. 하지만 대부분 아동을 성인의 축소판, 성악설, 성선설, 백지설 등의 관점으로 보았다.

〈표 1-1〉 아동에 대한 관점

아동에 대한 관점	내용
성인의 축소판	• 아동을 성인의 축소판으로 보는 관점 • 아동은 크기가 작은 어른일 뿐이며 아동의 정신세계도 성인과 다르지 않을 것으로 생각함 • 아동은 성장과정을 통하여 환경과 끊임없이 상호작용하면서 심신양면이 통합되는 존재라는 사실을 인정하지 않는 관점 • 영유아 고유의 발달단계를 이해하지 못하여 아동기 특성을 무시하는 아동관
성악설	• 순자(荀子)가 주장 • 인간의 타고난 본성을 악하다고 보며, 본능대로 살면 악인이 되기 때문에 교육과 법률제도로 악한 사람을 개선하여야 한다는 관점 • 기독교에서는 인간의 원죄론을 주장
성선설	• 맹자(孟子)와 루소(Rousseau)가 주장 • 인간의 타고난 본성을 선하다고 보는 관점 • 인간은 주변 환경이나 교육 등으로 '인간의 본성'을 발달시키지 못할 수 있는 가능성도 내포하고 있으므로 끊임없이 선한 환경과 교육 등을 제공하여 선한 본성을 유지하도록 해야 한다고 봄
성무선악설	• 공도자(公都子)와 에라스무스(Erasmus)가 주장 • 맹자의 제자 공도자가 인간의 본성은 선하지도 악하지도 않다고 봄 • 에라스무스는 인간이 태어났을 때는 완성되지 않은 밀납과 같다고 함
백지설	• 로크(Lock)가 주장 • 출생 때 인간의 마음은 백지와 같다며, 인간의 정신은 아무 것도 그려져 있지 않은 백지와도 같은 상태로 주변 환경과의 상호작용을 통하여 성숙해진다고 보는 관점 • 주변 인물, 환경, 경험의 중요성을 강조함

출처 : 나무위키(namu.wiki).

일반적으로 아동이라고 하면 어린이, 소년소녀 등 보통 연령으로 구분한다. 연령에는 생물학적(chronological age) 연령과 정신적인(mental age) 연령이 있지만 일반적으로 생물학적인 연령으로 아동을 정의하고 있다(한국사회와 아동복지, 2012).

아동은 시대적 상황에 따라 사회가 요구하는 역할 및 문화적 특수성을 반영하고 있다. 세계 여러 나라에서는 아동의 사회적 책임과 권리를 어떻게 보는가에 따라 아동의 연령을 법적으로 규정하고 있다. 우리나라 「아동복지법」 제3조에서는 '아동이란 18세 미만인 사람을 말한다.'라고 제시되어 있으나 관련법에 따라 아동에 대한 연령은 다르게 규정되어 있다.

〈표 1-2〉 법률에 규정된 아동의 정의

관련 법률	정의
아동복지법	• '아동'이란 18세 미만인 사람을 말한다.
유아교육법	• '유아'란 만 3세부터 초등학교 취학 전까지의 어린이를 말한다.
영유아교육법	• '영유아'란 6세 미만의 취학 전 아동을 말한다.
청소년 기본법	• '청소년'이란 9세 이상 24세 이하인 사람을 말한다.
청소년 보호법	• '청소년'이란 만 19세 미만인 사람을 말한다.
한부모가족지원법	• '아동'이란 18세 미만(취학 중인 경우에는 22세 미만을 말하되, 병역법에 따른 병역의무를 이행하고 취학 중인 경우에는 병역의무를 이행한 기간을 가산한 연령 미만을 말한다)의 자를 말한다. • '청소년 한부모'란 24세 이하의 모 또는 부를 말한다.
입양특례법	• '아동'이란 18세 미만인 사람을 말한다.
민법	• 사람은 19세로 성년에 이르게 된다.
소년법	• '소년'이란 19세 미만인 자를 말한다.

출처 : 법제처 국가법령정보센터(2023).

관련법에 따라서 보면 아동의 정의가 연령에 있어서 다소 차이가 있다. 「청소년 기본법」에서는 24세 이하를 정의하였으나 대부분의 관련법에서는 18세 미만의 사람을 지칭하고 있다. 유엔아동권리협약에서도 '아동은 만 18세 미만의 모든 사람을 말한다.'라고 정의되어 있다. 따라서 현대사회에서는 보편적으로 아동을 '만 18세 미만의 모든 사람'이라고 정의하고 있는 것으로 볼 수 있다.

2) 아동복지의 개념

아동복지는 학문적 관점에서 사회복지(社會福祉, social welfare)의 한 분야로 볼 수 있다. 과거 전통사회에서는 빈곤을 개인의 문제로 보았다. 그러나 산업화가 되고 자본주의가 발달하면서 빈부 격차가 심화되어 모든 국민이 최소한의 인간다운 생활을 할 수 있도록 보장하기 위하여 복지에 대한 국가 정책과 제도가 마련되었다. 사회복지는 교육, 문화, 의료, 노동 등 사회생활의 모든 분야와 아동, 장애인, 노인 등 모든 대상에 필요한 복지제도를 도입하고 있다.

아동복지(兒童福祉, child welfare)는 '아동(child)'과 복지(welfare)'의 합성어이다. 한자로서 복지(福祉)는 행복한 삶을 의미하고, 영어로서 복지(welfare)는 안녕, 행복 등을 의미한다. 아동복지란 사회복지의 한 분야로서 아동의 기본적인 욕구 및 그 가족의 욕구를 충족시켜 주기 위한 서비스이다. 아동복지는 각 국가가 처한 시대적 상황에 따라 다양하게 나타났다.

카두신과 마틴(Kadushin & Martin, 1988)은 아동복지란 모든 아동의 복지와 안녕에 관여하는 것으로 지역사회에서 아동이 건강하고 행복하게 살아가는 데 필요한 모든 방법을 제공하여야 하며, 아동복지는 사회복지의 한 분야로서 아동에 초점을 맞추어 서비스를 제공하는 것을 의미한다고 보았다.

프리들랜더와 앱트(Friedlander & Apte, 1980)는 아동복지는 빈곤, 방치, 유기, 질병, 결함 등을 지닌 아동 또는 환경에 적응하지 못하는 비행아동에게만 관심을 두는 것이 아니라 모든 아동이 신체적·지적·정서적 발달에서 안전하며 행복할 수 있도록 위험으로부터 보호하기 위하여 공공과 민간기관에서 실시하는 사회적·경제적·보건적인 제반활동을 의미한다고 했다.

미국 사회사업백과사전(1965)에서는 아동복지를 첫째, 아동의 건전한 발달과 보호를 향한 이념, 둘째, 아동들에게 혜택을 주기 위한 사회복지 프로그램, 셋째, 아동들을 위하여 제공되는 인간 서비스의 한 부분을 의미한다고 보았다(정익중, 오정수, 2021, 재인용).

장인협과 오정수(2004)는 아동복지란 사회구성원으로서 아동의 기본적인 욕구를 충족시키고 건전한 성장과 발달을 도모하기 위하여 여러 가지 활동을 가능하게 하는 공적인 방법과 절차라고 하였다.

표준국어대사전(2023)에서는 '아동복지란 모든 어린이가 건전하게 태어나 행복하고 건강하게 자랄 수 있도록 그 생활과 환경을 갖추어 주는 일'이라고 보았다.

우리나라 「아동복지법」 제3조에 따르면, '아동복지란 아동이 행복한 삶을 누릴 수 있는 기본적인 여건을 조성하고 조화롭게 성장·발달할 수 있도록 하기 위한 경제적·사회적·정서적 지원을 말한다.'라고 정의되어 있다.

이상과 같이 아동복지에 대한 다양한 견해를 종합해 보면, 아동복지란 아동을 위한 이념적 목표인 아동의 복지 정진과 그것을 향한 실천적 활동을 포함하는 개념으로 사용된다. 즉, 모든 아동의 행복을 위해 교육, 건강, 경제, 노동 등 아동을 둘러싼 사회 전반의 시스템 안에서 국가와 사회가 총체적인 노력을 기울이는 모든 내용이 아동복지라고 볼 수 있다.

2. 아동복지의 필요성

우리나라는 20세기 후반 고도의 경제성장을 이루었고, 21세기가 되면서 아동을 둘러싼 가정환경과 사회환경이 복잡하고 다양하게 변화하고 있다. 이러한 흐름에 따라 아동복지에 대한 필요성을 가정 및 사회적 변화 두 측면에서 살펴보고자 한다.

1) 가정 변화로 인한 아동복지의 필요성

(1) 가족구조와 기능의 변화

'가족'의 사전적 의미는 주로 부부를 중심으로 한, 친족 관계에 있는 사람들의 집단 또는 그 구성원을 말하며, 보통 혼인, 혈연, 입양 등으로 이루어진다. 이처럼 한국 전통가족의 형태는 부모와 부계 친족 중심의 형태이다. 하지만 오늘날에는 가족 형태와 구조에 다양한 변화가 일어나고 있다.

최근 한국사회에서 가족의 구성 및 형태는 급격히 변화하고 있다. 1인 가구는 2010년 23.9%(통계청, 2010)에서 2019년 30.2%(통계청, 2019)로 증가하고, 부부와 미혼자녀 가구는 2010년 37.0%에서 2019년 29.8%로 감소하였다. 가족 규모도 축소되어 가구원 수가 2인 이하인 가구는 2019년 58.0%로 10가구 중 약 6가구에 이른다(통계청, 2019). 2020년 1인 가구는 31.7%로 전년에 비해 496가구(1.5%p) 증가하였다. 2005년 이전 가장 주된 유형의 가구는 4인 가구였으나, 2010년에는 2인 가구, 2015년 이후로는 1인 가구이다(통계청, 2021).

만혼이 보편화되어 평균 초혼 연령은 남성과 여성 모두 30세를 넘어섰으며, 결혼과 자녀 출산을 필수가 아니라 선택으로 생각하거나, 전통적인 혼인, 혈연 중심의 가족 개념에서 확장되었다. 비혼출산이나 비혼동거, 이혼과 재혼 등 가족 형성의 다양화에 대한 수용도도 높아지고 있어 개인의 가족 관련 행동의 변화로 나타나고 있다. 이처럼 세대 및 가구 구성 등 형태상 변동 이외에 가족 의식 및 가족생활 전반에 대한 기능과 구조가 변화하고 있다(여성가족부, 2021).

우리나라는 산업화와 현대화로 급속한 경제성장이 지속되면서 전통적인 가족제도가 해체되고 핵가족이 증가하였다. 전통적인 가족구조의 변화로 자녀의 출산과 양육에서 조부모나 가족의 돌봄을 받기가 어려워졌다. 이로 인해 사회적 보호가 필요한 아동을 위한 보육시설에 대한 수요가 증가하였다.

부모가 맞벌이로 인해 바쁘면 아동은 가족과 함께 보내는 시간보다는 혼자 있는 시간이 많게 된다. 아동들의 의식주를 해결해 주었다고 부모 역할을 다한 것은 아니다. 아동은 부모나 가족을 통해 자연스럽게 습득할 수 있는 기본생활습관, 사회적 지식 등 비형식적인 교육을 익히지 못하게 된다.

젊은 부부들은 가정을 이루고 난 후, 한 명만 낳거나 출산을 포기하는 경우가 많아졌다. 형제 수의 감소로 인해 형제자매와 맺게 되는 상호배려 등의 정서가 부족하고, 사회성이 낮아질 가능성도 있다. 이러한 관점에서 볼 때 부모가 가정에 돌아올 때까지 아동이 안전하게 지내면서 먹고, 놀고, 공부할 수 있는 지원이 필요하다. 아동은 한 국가의 미래를 결정하며 이들을 잘 보호하고 양육하는 것이 우리 사회의 장래와 밀접한 관련이 있다. 만약 핵가족으로 인해 가족의 기능이 약화될 경우 성장하는 아이들에게 중요한 문제를 일으키는 근원이 될 수 있다.

(2) 기본적인 생활 보장

인간이 태어나서 타인의 도움을 받지 않고 스스로 자립하여 생활하고, 성숙한 개체로 기능하기까지 부모 및 타인의 보호와 양육을 위해서는 장기간이 필요하다. 출생에서 2세 정도까지의 영아기에는 기본적인 음식 섭취와 배설의 통제도 혼자 힘으로 하기 어려우므로 타인의 도움 없이는 생존 자체가 불가능하다. 유아기에는 생리적인 욕구 해결이나 언어에 의한 의사소통이 어느 정도 가능하지만 혼자서 지낼 수도 없고 노동 능력도 없어서 성인에게 의존적으로 생활할 수 밖에 없다.

과거에는 대체로 자립할 수 있을 때까지 부모와 가족에 의해서 기본적인 생활이 보장되고, 보살핌을 받을 수 있었으나 현대사회로 오면서 다양한 가족 형태로 기능이 변화하면서 영유아기의 보호와 양육을 부모와 가족이 수행하지 못하는 경우가 늘어나고 있다. 이러한 현대사회로의 변화 때문에 자녀의 양육 및 교육을 가정의 문제로 국한하여 보지 않고 사회적·국가적 책임으로 보는 관점이 확산되고 있다. 따라서 모든 아동에 대하여 개인적으로 처해 있는 환경에 관계없이 건강하고 행복하게 성장·발달할 수 있도록 기본적인 생활을 보장하기 위하여 아동복지가 필요하다(이순형 외, 2016).

(3) 아동 양육에 대한 가치관 변화

아동복지에 대한 사회적 요구가 증가되는 또 다른 이유는 사회적 가치관의 변화이다.

아동의 가치나 존엄성을 중시하는 사회로의 변화, 아동을 보는 관점의 변화, 아동발달의 중요성에 대한 인식 변화, 사회문제의 발생 원인 및 책임 소재에 대한 인식 변화 등 다양한 시대 사회적 변화가 가치관의 변화를 가져왔다.

여성가족부에서 실시한 '2020년 가족실태조사' 결과에 따르면, 가족 형태에는 다양한 변화가 있었지만, 가정 내의 역할 중 시장 보기, 식사 준비, 청소 등 가사 노동의 70.5%와 자녀 양육 및 교육의 57.9%는 여전히 아내가 하는 것으로 나타났다. 하지만 29세 이하 부부는 가사 수행과 자녀 양육 및 교육 비율이 똑같이 높아서 자녀 양육을 동등하게 분담하는 경향이 확산되고 있었다(여성가족부, 2021).

더불어 과거에는 자녀에 대한 책임이 가정, 즉 부모에게 있었다면, 현대에 오면서 사회와 국가의 책임으로 자리잡기 시작했다. 특히 사회 양극화가 심화되면서 부모의 경제력이 아동의 건강, 교육뿐만 아니라 이로 인하여 아동의 미래 삶에도 큰 영향을 미치므로 어려서부터 보편적 복지와 선별적 복지를 통한 지원으로 건강한 성인으로 성장할 수 있도록 도와야 한다.

〈그림 1-1〉 자녀 양육 관련 영화

출처 : 다음 영화(movie.daum.net).

2) 사회 변화로 인한 아동복지의 필요성

(1) 사회 변화 및 여성 취업의 증가

현대사회는 산업화로 인해 여성의 취업 및 맞벌이 부부가 증가하였다. 이로 인해 여성 노동자는 일과 가족 사이에서 긴장과 갈등을 겪게 되고, 임금 노동뿐만 아니라 가사 노동까지 책임지는 이중 부담을 안게 되었다. 1990년대 중반 이후 고학력 여성들이 직업의식을 가지고 다양한 분야의 사회 진출에 도전하면서, 여성의 취업이 보편화·다양화되기 시작했다. 미혼 여성들이 결혼을 늦추고 출산을 회피하였지만, 당시 사회적인 분위기로는 대다수 결혼과 출산을 했다. 출산에 따르는 육아는 여성의 몫이었다. 취업 여성의 자녀는 어머니의 빈자리로 인해 아동 양육과 발달상에 심각한 결함을 가져오기도 하였다.

따라서 여성이 일과 가정을 양립할 수 있는 사회환경의 제도와 정책적 실현이 필요하였다. 출산에 따른 휴가 및 휴직제도를 통하여 출산과 육아기 이후 노동시장 복귀 지원 등에 대한 현실적인 복지정책의 정착이 필요하며, 아동의 돌봄 및 교육에 대한 다양한 복지정책도 요구되었다.

(2) 인구 변화

출산율 저하로 아동복지에 대한 사회적 책임 강화 및 출산율 향상을 위한 다양한 복지정책의 필요성이 대두되었다. 우리나라는 급속하게 저출산과 고령화사회가 되어가고 있다. 1950년 베이비붐이 일어나면서 고출산이라는 인구 현상이 생겼고, 이로 인해 가족계획사업을 국가시책으로 채택하였다. 이러한 인구 억제정책이 지속되다가 1983년부터 저출산 현상(합계출산율 2.1명 이하)이 나타나면서 정부의 인구정책의 기조도 바뀌기 시작하였다. 그 후 2002년부터 합계출산율이 1.3명 이하인 초저출산 상황에 진입하였고, 2018년에는 합계출산율이 0.98명을 기록하며 출산율이 0명대로 떨어졌다. 1970년 101만 명에서 2022년 24만 9,000명으로 감소하여 1970년대 출산율의 25% 수준이 되었다. 2022년 합계출산율은

0.78명으로 지속적인 감소세를 보이고 있다. 1970년 통계 작성 이래 가장 낮은 수치를 보여 주고 있다.

우리나라는 2013년부터 줄곧 경제협력개발기구(OECD) 국가 가운데 합계출산율 꼴찌를 기록하고 있다. 2020년 기준으로 합계출산율이 1명 미만인 나라는 우리나라뿐이었다. 그다음으로 출산율이 낮은 나라는 이탈리아로 2020년 합계출산율은 1.24명이다. 우리의 합계출산율은 2020년 OECD 평균 합계출산율(만 15~49세 여성 1명이 낳을 것으로 예상되는 평균 출생아 수)인 1.59명의 절반에도 못 미친다.

〈그림 1-2〉 **합계출산율 추이** (단위: 명)

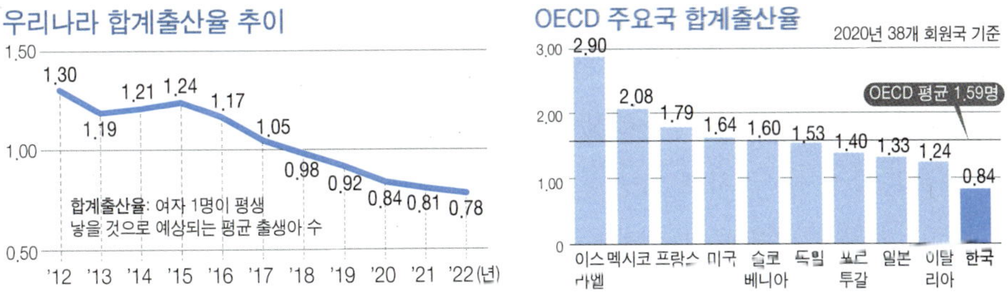

출처 : 연합뉴스(2023. 2. 22). 작년 합계출산율 '역대 최저' 0.78명… OECD 평균의 절반 못 미쳐.

현대사회에서 기대 수명은 증가하고 출산율은 감소하면서 우리나라는 고령화 시대를 넘어 초고령화 시대로 넘어가고 있다. 총인구 가운데 만 65세 이상 인구가 14%를 넘으면 고령사회, 20% 이상이면 초고령사회로 규정한다. 우리나라는 2023년 1월 기준 OECD 회원국 중에서 노인 빈곤율이 가장 높은 국가이며, 더불어 일본의 65세 이상 인구 비중 29.4%(2022년 기준)에 비하면 낮지만, 2023년 기준 우리나라 65세 이상 노인 인구 비중은 18.4%로 높은 편이다(통계청, 2023).

우리나라처럼 국토가 좁고 자원이 한정되어 있는 경우, 나라의 발전과 지속적인 성장을 위해서는 양질의 인적 자원이 개발되어야 한다. 특히 우리 사회의 저출산·고령화는 생산가능인구 감소와 저축, 소비, 부동산, 연금 등의 문제로 연결되어 경기를 침체시키고, 국가경쟁력을 약화시킬 수 있다. 따라서 출산율을 높여 인구를 효율적으로 육성하기 위한 국가 차원의 지원과 대책이 수립되어야 하며, 아동복지정책 또한 마련되어야 한다.

(3) 사회문제의 예방

아동은 성인과 마찬가지로 다양한 욕구를 가지고 있지만 스스로 이러한 욕구를 충족할 수 있는 능력이 없기 때문에 가족이나 사회에서 이를 충족해 주어야 한다. 특히 아동기에는 의식주가 제대로 해결되지 않으면 기본적인 생리적 욕구가 충족되지 않아 사회의 구성원으로 건강한 성장을 하는 데 어려움이 있다.

청소년은 발달과정에서 다양한 경험을 한다. 이러한 경험은 그들의 사고와 감정, 규범 형성에 영향을 미친다. 청소년 비행에는 많은 원인이 존재한다. 유전적 특성, 개인의 타고난 성격, 품행장애 그리고 가정폭력, 무관심, 부적절한 양육환경, 불충분한 훈육, 정서적 불안정 등 부모와의 상호관계를 통해서 형성된 것들도 많다. 따라서 경제적·가정적으로 부적절한 환경에 처한 아동은 모든 제 발달에 있어서 잠재력이나 가능성을 개발할 기회를 박탈당하게 된다. 이로 인해 지속적인 좌절감을 경험하게 되면서 비행청소년으로 성장할 가능성이 높아지고 결국 사회문제로 이어지게 된다.

이러한 관점에서 사회 및 국가가 정책과 제도를 통하여 아동이 가지고 있는 욕구를 해결하고 행복감과 만족감을 누리게 함으로써 사회문제를 미연에 방지하거나 해결할 수 있어야 한다. 그러므로 아동복지는 환경적 박탈을 경험한 아동이 성장해서 야기될 수 있는 사회문제를 미연에 방지하기 위해서도 필요하다(이순형 외, 2016).

3. 아동발달과 아동복지

아동발달에 대한 총체적인 이해를 하기 위해서는 연령에 따라 아동의 발달이 어떻게 이루어지는가라는 측면에서 이해가 되어야 한다. 아동기에는 다양한 발달 영역에서 동시적으로 발달이 이루어진다.

아동발달은 전 생애에 걸쳐 큰 영향을 주며, 각 발달단계마다 과업이 잘 이루어져야 건강한 성인으로 성장할 수 있다. 영유아기, 학령기, 청소년기의 발달 특성에 따른 복지의 내용을 발달단계상 중요한 특성을 중심으로 이해하고 이에 대한 지원이 이루어져야 한다(조형숙 외, 2020).

1) 영유아기

영유아기는 일반적으로 출생부터 취학 전까지를 의미한다. 영아기는 출생 후 24개월까지를 의미하며, 전 생애 중에 가장 급속한 발달이 이루어지는 시기이다. 영아기에는 빠른 신체발달과 언어발달, 사회성발달이 이루어지는 시기로 주 양육자와의 애착관계는 이후 사회성발달의 기초가 된다. 유아기는 3세에서 5세까지를 의미한다. 이 시기는 다른 사람과 관계를 맺어 가는 시기로 의사소통이 활발해지고 사회적 관계를 형성하게 되며, 인지발달도 왕성히 이루어지는 시기이다.

영유아기는 성인의 보호와 도움이 필요한 시기이므로 부모가 자녀를 잘 양육할 수 있도록 육아정보 및 교육 프로그램에 대한 다양한 정책과 제도를 제공하여야 한다. 또한, 자녀를 양육하면서 어려움을 겪고 있는 부모들을 대상으로 육아 상담 및 가족복지 프로그램 등도 지원할 수 있다. 이처럼 영유아기에는 부모의 양육 부담을 경감시키고 가족 내의 갈등을 완화하기 위한 아동복지가 실천되어야 한다. 일반적으로 영유아를 대상으로 한 양육 지원이 필요하지만 특별한 요구를 가진 영유아에 대한 조기 치료와 교육 또한 지원되어야 한다.

2) 학령기

학령기는 초등학교 1학년부터 6학년까지의 초등학생 시기를 의미한다. 학령기 아동은 유아기의 자기중심적 사고에서 벗어나게 되는데, 이 시기는 아동에게 매우 중요한 시기이다. 더불어 초등학교 생활을 통해 아동은 또래집단을 경험하게 되고, 이 속에서 다양한 사회관계를 맺어 간다. 또래집단 속에서 역할을 부여받고, 이를 수행해 나가는 법을 알아 가게 되며, 집단생활을 통하여 자존감을 형성하게 된다.

이러한 발달 특성에 따라 아동이 겪을 수 있는 친구관계에서의 어려움, 따돌림 등 최근 사회적 관심이 높아지고 있는 학교 폭력에 대한 지원이 이루어져야 한다. 아동기에 발생할 수 있는 비사회적 행동이나 반항 등에 대한 상담 지원도 이루어져야 하며, 부모교육을 통해 가정에서도 자녀를 지도할 수 있도록 학교와 가정이 연계되어 아동을 중심으로 지원되도록 해야 한다.

3) 청소년기

청소년기는 일반적으로 12세부터 18세 전까지의 시기를 의미한다. 청소년기는 신체적·심리적으로 변화가 일어나는 시기이다. 청소년 비행의 시작은 사춘기를 겪으면서 발생하는 경우가 대부분이다. 이때에는 적절한 대처를 통해 사전에 비행을 예방해야 한다.

가정과 학교에서는 청소년기를 잘 보낼 수 있도록 올바른 정체성 확립, 정신적·신체적 건강, 정서적 유대감 및 안정감 유지, 자율성 획득을 위한 다양한 프로그램 실시 및 교육이 필요하다. 더불어 학교나 기관에서는 청소년을 위한 상담소나 관련 기관을 통해 부적절한 상황이나 난처한 상황에 처해 있는 청소년을 지도할 수 있어야 한다. 청소년기에는 우울증이나 불안장애와 같은 정신장애가 일어날 가능성이 높기에 스트레스 예방 교육, 가족지원 서비스 등이 필요하다.

♣ 생각 나누기 ♣

1. 아동이 진정으로 행복한 세상은 어떤 것이며, 아동복지 구현을 위하여 우리가 실천해야 할 일은 무엇인지 생각해 봅시다.

2. 복지가 무엇인지에 대해 생각해 보고, 자신의 의견을 발표해 봅시다.

3. 아동복지 사각지대와 관련된 기사를 찾아 해당 기사에서 말하고자 하는 복지문제는 무엇인지 생각해 보고, 이를 위한 방안을 토론해 봅시다.

아동과 권리

제2장 아동과 권리

1. 아동권리의 이해

아동은 성인과 달리 구체적으로 권리를 행사하기보다는 성인의 이해와 판단에 의존하므로 일반적인 가정이 해체되고, 가족구성원의 갈등이 심화되면 결국 아동이 가장 큰 피해를 입게 된다. 우리는 성인의 입장이 아니라 아동의 입장과 관점에서 바라보고 해석할 수 있어야 한다. 과거보다 현대로 오면서 아동이 성인의 욕구를 충족시키기 위해 갖는 소유물이라는 인식이 약화되고 있지만 다음 세대를 보호하고 기능하게 하기보다는 어른들의 행복을 위한 존속물로 보는 경우도 있다. 따라서 아동은 인간으로서 가지는 기본적인 권리와 자유에 발달적인 특성을 감안하여 특별한 보호와 배려를 받을 권리가 있다.

1) 아동권리의 개념

아동권리는 '성인보다 아동권리가 우선하는지', '모든 아동에게 균등하게 아동권리가 주어지는지'에 대한 의미를 이해해야 한다. 자녀가 양친에 대해 갖는 권리는 성인이 자녀를 만들고 싶어하는 욕구보다 먼저 존중되어야 하며, 신체 및 정신건강상 결함 여부와 상관없이 모든 아동에게 균등하게 권리가 주어져야 한다.

성인은 어려움이 생기면 다른 사람에게 도움을 요청하기도 하고 자신의 의사를 문서 또는 말로 전달할 수도 있다. 그러나 아동은 발달 특성상 의사 표현에도 어려움이 있으며, 다른 사람들에게 도움을 요청할 수도 없다. 그리고 소외되거나 권리가 침해되었을 때 아동은 성인처럼 자기의 처지를 개선할 수가 없다(이재연 외, 2013).

아동권리란 태어날 때부터 시작되는 타고난 권리라는 인식하에 인권에 바탕을 둔 아동권리를 보호해야 하며, 이는 아동이 독립된 인격체로서의 건강하고 행복한 삶을 위해 당연히 요구되는 것이다. 아동권리는 인간으로서 가지는 일반적인 권리와 아동의 특수성으로 인한 권리를 모두 포함하는 것이다. 즉, 아동권리는 일반적인 성인의 권리와 같이 아동이 적극적인 권리의 주체가 되는 권리이나, 성장·발달하는 과정 중에 있다는 아동의 특성에 따라 특수성을 전제로 하는 권리이다(이순자 외, 2018).

최근까지도 지속적으로 발생하는 아동 관련 각종 안전사고(통학버스, 학교 앞 횡단보도, 학교시설 내외에서 발생하는 안전사고 등)와 가정과 기관에서의 아동학대 사건 등은 기본적인 권리에 해당하는 아동의 생존 및 보호조차도 미흡한 수준임을 말해 준다. 이는 아동권리보장의 보다 안정적이며 법적인 기반을 마련하려는 노력이 미흡한 점에서 비롯된 것이라 볼 수 있다. 다시 말해 아동권리보장이 안정적이지 못한 이유 중 하나는 아동정책의 책임 소재가 불분명하거나 정책이나 제도가 중복되거나 그로 인해 사각지대가 발생해서 보호를 받지 못하는 경우이다. 이에 따라 정부에서 중앙부처 및 지자체가 운영하는 분야별 전달체계를 핵심수행기관을 중심으로 연계하여 조정·통합할 필요가 있다.

따라서 아동권리란 태어날 때부터 부여받아야 하는 고유의 권리로서, 아동이 인간으로서 존엄한 가치를 인정받으며 생존과 성장에 필요한 자원을 제공받고, 유해한 환경과 행위로부터 보호받으며, 자유롭게 의사 결정에 참여할 수 있는 권리를 말한다.

2. 아동권리의 발달

아동권리의 발달은 1923년 5월 1일을 어린이날로 정한 것부터 시작된 것이라고 볼 수 있다. 그 후 어린이헌장을 발표하고, 1957년 대한민국 어린이헌장이 선포되었다. 이러한 맥락에서 아동존중, 즉 아동권리존중에 대한 사상을 계승하고 있다(한국민속대백과사전, 2023; 한국민족문화대백과사전, 2023; 한국방정환재단, 2023).

1) 우리나라의 아동권리 발달

(1) 어린이날 제정

1923년 방정환(方定煥)을 포함한 일본 유학생 모임인 '색동회'가 주축이 되어 5월 1일을 '어린이날'로 정하였다. 1923년 5월 1일, 첫 번째 어린이날 기념행사에서 '어른들에게 드리는 글'이 배포되었는데 "어린이에게 경어를 쓰시되 늘 부드럽게 하여 주시오."라고 당부했다. 방정환은 독립된 인격체로서의 어린이에 대한 존중을 부탁한 것이다. 이것이 곧 아동권리에 대한 인식의 시작점이라고 볼 수 있다.

1945년 광복 이후에는 5월 5일 어린이날 기념행사를 하여 왔으며, 1961년 제정, 공포된 「아동복지법」에서는 '어린이날'을 5월 5일로 하였고, 1973년에는 기념일로 지정하였다가 1975년부터는 공휴일로 제정하였다. 이날은 어린이가 따뜻한 사랑 속에서 바르고 씩씩하게 자랄 수 있는 계기를 마련하도록 하며, 불우한 어린이들이 인간으로서의 긍지와 자신감을 가질 수 있도록 격려, 위로하고, 모범 어린이 및 아동복지사업의 숨은 유공자를 발굴, 표창하는 한편, 어린이들이 즐길 수 있는 여러 가지 행사를 실시하여 체력 향상 및 정서 함양을 도모하였다.

어린이날 선언(1922년)

1. 어린 사람을 헛말로 속히지 말아 주십시오.
   (어린이를 거짓말로 속이지 말아 주세요)
2. 어린 사람을 늘 갓가히 하시고 자조 이야기하여 주십시오.
   (어린이를 늘 가까이 하며 자주 이야기를 나눠 주세요)
3. 어린 사람에게 경어를 쓰시되 늘 부드럽게 하여 주십시오.
   (어린이에게 존댓말을 쓰고 부드럽게 대해 주세요)
4. 어린 사람에게 수면과 운동을 충분히 하게 하여 주십시오.
   (어린이가 운동을 충분히 하고 잠을 충분히 잘 수 있게 해 주세요)

5. 리발이나 목욕 가튼 것을 때맛처 하도록 하여 주십시오.
(이발과 목욕을 제때 할 수 있도록 해 주세요)
6. 낫분 구경을 식히지 마시고 동물원에 자조 보내 주십시오.
(나쁜 매체에 노출시키지 말고 동물원에 자주 보내 주세요)
7. 장가와 시집보낼 생각마시고 사람답게만 하여 주십시오.
(장가와 시집을 보낼 생각 마시고 사람답게만 살게 해 주세요)

출처 : 동아사이언스(www.dongascience.com).

(2) 어린이헌장 제정

「어린이헌장」은 1957년 보건사회부가 한국동화작가협회에 초안을 의뢰하여 작성하고, 심의하여 1957년 5월 5일 어린이날을 기하여 내무부·법무부·문교부·보건사회부 등 4부의 장관 명의로 공포하였다.

어린이헌장은 전문과 본문 9개 조항으로 제정되었는데, 전문은 "어린이는 나라와 겨레의 앞날을 이어 나갈 새 사람이므로 그들의 몸과 마음을 귀히 여겨 옳고 아름답고 씩씩하게 자라도록 힘써야 한다."로 되어 있었다. 그 뒤 1988년에 개정하여 보건사회부가 전문과 11개 조항으로 된 본문을 공포하였다. 개정된 「어린이헌장」은 인간으로서의 존엄성을 갖는 민주사회 시민으로서의 어린이상을 구체화하였으며, 미래사회가 요구하는 한국 시민과 세계인으로서의 진취적 기상을 갖추도록 할 것을 명시하였다.

이러한 정신에 바탕을 두고 앞으로 나라와 겨레를 이끌어 나갈 어린이들이 어른과 구별되어 국가와 사회의 보호를 받고 선량하고 아름다운 인간으로 성장·발전할 수 있도록 해야 한다. 또한 어린이는 소극적인 보호만이 아니라 자신의 행동에 책임을 질 줄 알며 씩씩하고 슬기롭게 나라와 인류를 위해 공헌할 수 있도록 교육되어야 할 것이다.

어린이헌장

대한민국 어린이 헌장은 어린이날의 참뜻을 바탕으로 하여, 모든 어린이가 차별 없이 인간으로서의 존엄성을 지니고, 나라의 앞날을 이어 나갈 새 사람으로 존중되며, 바르고 아름답고 씩씩하게 자라도록 함을 길잡이로 삼는다.

① 어린이는 건전하게 태어나 따뜻한 가정에서 사랑 속에 자라야 한다.
② 어린이는 고른 영양을 취하고, 질병의 예방과 치료를 받으며, 맑고 깨끗한 환경에서 살아야 한다.
③ 어린이는 좋은 교육시설에서 개인의 능력과 소질에 따라 교육을 받아야 한다.
④ 어린이는 빛나는 우리 문화를 이어받아, 새롭게 창조하고 널리 펴나가는 힘을 길러야 한다.
⑤ 어린이는 즐겁고 유익한 놀이와 오락을 위한 시설과 공간을 제공받아야 한다.
⑥ 어린이는 예절과 질서를 지키며, 한겨레로서 서로 돕고, 스스로를 이기며 책임을 다하는 민주시민으로 자라야 한다.
⑦ 어린이는 자연과 예술을 사랑하고 과학을 탐구하는 마음과 태도를 길러야 한다.
⑧ 어린이는 해로운 사회환경과 위험으로부터 먼저 보호되어야 한다.
⑨ 어린이는 학대를 받거나 버림을 당해서는 안 되고, 나쁜 일과 힘겨운 노동에 이용되지 말아야 한다.
⑩ 몸이나 마음에 장애를 가진 어린이는 필요한 교육과 치료를 받아야 하고, 빗나간 어린이는 선도되어야 한다.
⑪ 어린이는 우리의 내일이며 소망이다. 나라의 앞날을 짊어질 한국인으로, 인류의 평화에 이바지 할 수 있는 세계인으로 자라야 한다.

(3) 아동권리헌장 제정

우리나라 아동의 삶의 만족도와 아동권리에 대한 인식 수준이 낮은 상황에서 2016년 아동의 권리와 어른들의 책임을 규정한 「아동권리헌장」이 제정되었다. 「아동권리헌장」은 전문과 9개 조항으로 이루어져 있으며, 1989년 전 세계 어른들이 약속한 「유엔아동권리협약」의 내용을 우리의 현실과 아동의 눈높이에 맞추어 다시 만든 것이다(이재연 외, 2017).

아동권리헌장

모든 아동은 독립된 인격체로 존중받고 차별받지 않아야 한다. 또한 생명을 존중받고, 보호받으며, 발달하고 참여할 수 있는 고유한 권리가 있다. 부모와 사회, 국가와 지방자치단체는 아동의 이익을 최우선적으로 고려해야 하며, 다음과 같은 아동의 권리를 확인하고 실현할 책임이 있다.

① 아동은 생명을 존중받아야 하며 부모와 가족의 보살핌을 받을 권리가 있다.

② 아동은 모든 형태의 학대와 방임, 폭력과 착취로부터 보호받을 권리가 있다.

③ 아동은 출신, 성별, 언어, 인종, 종교, 사회·경제적 배경, 학력, 연령, 장애 등의 이유로 차별받지 않을 권리가 있다.

④ 아동은 개인적인 생활이 부당하게 공개되지 않고 보호받을 권리가 있다.

⑤ 아동은 신체적·정신적·사회적으로 건강하게 성장하고 발달하는 데 필요한 기본적인 영양, 주거, 의료 등을 지원받을 권리가 있다.

⑥ 아동은 자신이 살아가는 데 필요한 지식과 정보를 알 권리가 있다.

⑦ 아동은 자유롭게 상상하고 도전하며 창의적으로 활동하고 자신의 능력과 소질에 따라 교육받을 권리가 있다.

⑧ 아동은 휴식과 여가를 누리며 다양한 놀이와 오락, 문화·예술 활동에 자유롭고 즐겁게 참여할 권리가 있다.

⑨ 아동은 자신의 생각이나 느낌을 자유롭게 표현할 수 있으며, 자신에게 영향을 주는 결정에 대해 의견을 말하고 이를 존중받을 권리가 있다.

〈그림 2-1〉 **우리나라 아동권리의 역사적 배경**

• 1921년 결성된 천도교소년회는 어린이 운동의 시작점임
• 1922년 불교소년회와 조선소년군이 모여 '조선소년운동협회'를 설립함

↓

어린이날 제정	1923년	• 1923년 방정환(方定煥)을 포함한 일본 유학생 모임인 '색동회'가 주축이 되어 5월 1일을 '어린이날'로 정했고, 이것이 곧 아동권리에 대한 인식의 시작점이었음
↓		↓
어린이헌장 제정	1957년	• 「어린이헌장」은 1957년 보건사회부가 한국동화작가협회에 초안을 의뢰하여 작성하고, 심의하여 그해 5월 5일 어린이날을 기하여 공포함 • 어린이헌장은 전문과 본문 9개 조항으로 제정되었고, 이후 1988년 11개 조항으로 개정됨
↓		↓
아동권리헌장 제정	2016년	• 「아동권리헌장」은 전문과 9개 조항으로 제정됨 • 1989년 국제 「유엔아동권리협약」의 내용을 우리의 현실과 아동의 눈높이에 맞추어 만들어짐

2) 국제협약을 통한 아동권리 발달

(1) 세계아동헌장 발표

1922년 영국 국제아동기금단체연합이 발표한 ‘세계아동헌장’이 아동권리선언의 시초라고 볼 수 있다. 1차 세계대전의 폐허 속에서 기아와 질병에 고통받고 있는 아동을 보호하기 위해 영국에서 에글렌타인 젭(Eglantyne Jebb) 여사가 어린이들을 돕기 위한 기금조성 목적으로 1920년 세미브더칠드런을 설립했다. 그 후 국제세이브더칠드런연맹(The International Save the Children Union)이 공식 출범했으며, 1922년 ‘세계아동헌장’을 발표하였다.

〈그림 2-2〉 **에글렌타인 젭** (Eglantyne Jebb, 1876~1928)

에글렌타인 젭

에글렌타인 젭이 직접 그린 자화상

출처 : 세이브더칠드런코리아(www.sc.or.kr).

(2) 아동권리에 대한 제네바선언

아동권리선언문이 에글렌타인 젭(Eglantyne Jebb)에 의해 발표된 후, 그것을 토대로 국제연맹이 1924년 제네바에서 채택한 5개 조로 이루어진 ‘제네바 아동권리선언’을 채택하였다. 이 제네바선언은 세계 최초의 아동권리선언이라고 할 수 있다.

제네바 아동권리선언

제1조 아동에게는 정상적인 발달에 필요한 물질적, 정신적 수단이 제공되어야 한다.

제2조 굶주린 아동에게는 먹을 것을, 병든 아동에게는 치료를, 발달이 늦은 아동에게는 도움을, 비행아동에게는 교화의 기회를, 고아와 부랑아에게는 주거와 원조를 제공하여야 한다.

제3조 아동은 위험에 처한 경우 가장 먼저 구제를 받아야 한다.

제4조 아동은 생계연명을 보장받아야 하며, 모든 형태의 착취로부터 보호받아야 한다.

제5조 아동은 자신의 재능을 인류에게 이바지해야 한다는 인식하에 양육되어야 한다.

(3) 유엔아동권리선언

유엔아동권리선언은 5개 조로 이루어진 '제네바 아동권리선언'을 7개 조로 개정하였다. 그 후 점차 많은 국가와 조직의 지지를 얻어 국제연합(UN)에서는 1959년 '유엔아동권리선언'을 채택하면서 전문과 10개 조항으로 확대하였다. '아동은 충분한 성장을 위하여 애정과 물질적인 안정 속에서 성장할 권리가 있으며 부모와 사회는 그 책임을 진다.'라고 규정하였다.

유엔아동권리선언

제1조 인종, 종교, 태생 또는 성별로 인한 차별을 받지 않을 권리

제2조 신체적·정신적·도덕적·영적 및 사회적으로 발달하기 위한 기회를 가질 권리

제3조 이름과 국적을 가질 권리

제4조 적절한 영양, 주거, 의료 등의 혜택을 누릴 권리

제5조 심신장애 어린이는 특별한 치료와 교육 및 보살핌을 받을 권리
제6조 애정과 도덕적 물질적 보장이 있는 환경 아래서 양육될 권리
제7조 의무교육을 받을 권리, 놀이와 여가 시간을 가질 권리
제8조 전쟁이나 재난으로부터 제일 먼저 보호받고 구조될 권리
제9조 학대, 방임, 착취로부터 보호받을 권리
제10조 인간 상호간 우정, 평화 및 형제애 정신으로 양육될 권리

(4) 유엔아동권리협약(Convention on the Rights of the Child: CRC)

유엔아동권리협약은 국제사회가 이 세상 모든 아이들을 위해, 그 아이들의 인권을 보호, 증진, 실현하기 위해 만든 약속이다. 유엔은 1979년을 「세계 아동의 해」로 선포하고, 1989년 유엔 총회에서 「아동의 권리에 관한 국제협약」을 만장일치로 채택하고 1990년 9월 국제법으로 공포했다. 우리나라는 1991년 11월에 협약 당사국이 되었다.

아동권리 국제협약은 전문, 제3부 제54조로 되어 있는데 종전의 유엔아동권리선언(1959)의 10개 항목의 선언 내용을 다변화하는 현대사회에 맞게 다시 제정한 것이다. 제네바선언이나 유엔아동권리선언은 선언문이기 때문에 구속력을 갖추고 있지 않고 회원국들에게 자발적으로 권고하는 수준이었다. 그러나 이 협약은 가입국에게 국제법으로서 구속력을 갖게 된다는 점이 가장 큰 차이점이다.

유엔아동권리협약에서는 이를 지키기 위하여 4대 기본 원칙을 제시하고 있다(국회보건복지위원회, 2019; 김은정 외, 2018; 유니세프, 2023; 법제처 국가법령정보센터, 2023).

첫째, 무차별의 원칙

아동 또는 그의 부모나 후견인의 인종, 피부색, 성별, 언어, 종교, 정치적 또는 기타의 의견, 민족적, 인종적 또는 사회적 출신, 재산, 무능력, 출생 또는 기타의

신분에 관계없이 어떠한 종류의 차별도 있어서는 안 된다. 이는 협약 제2조에 제시된 내용으로 협약 당사국은 아동이 그의 부모나 후견인 또는 가족구성원의 신분, 활동, 표명된 의견 또는 신념을 이유로 하는 모든 형태의 차별이나 처벌로부터 보호되도록 보장하는 적절한 조치를 취하여야 한다고 명시되어 있다.

둘째, 아동 이익 최우선의 원칙

아동에 관한 모든 활동에 있어서 아동의 이익이 최우선적으로 고려되어야 한다. 이는 협약 제3조에 제시된 내용으로 당사국은 아동의 부모, 후견인, 기타 아동에 대하여 법적 책임이 있는 자의 권리와 의무를 고려하여, 아동복지에 필요한 보호와 배려를 아동에게 보장하고, 이를 위하여 모든 적절한 입법적·행정적 조치를 취하여야 한다고 명시되어 있다.

셋째, 생명존중과 발달보장의 원칙

모든 아동이 생명에 관한 고유의 권리를 가지고 있음을 인정해야 한다. 이는 협약 제6조에 제시된 내용으로 가능한 한 최대 한도로 아동의 생존과 발전을 보장하여야 한다고 명시되어 있다.

넷째, 아동 의사존중의 원칙

자신의 견해를 형성할 능력이 있는 아동에 대하여 본인에게 영향을 미치는 모든 문제에 있어서 자신의 견해를 자유스럽게 표시할 권리를 보장하며, 아동의 견해에 대하여는 아동의 연령과 성숙도에 따라 정당한 비중이 부여되어야 한다. 이는 협약 제12조에 제시된 내용으로 아동에게 영향을 미치는 어떠한 사법적·행정적 절차에 있어서도 직접 또는 대표자나 적절한 기관을 통하여 진술할 기회가 국내 법적 절차에 합치되는 방법으로 주어져야 한다고 명시되어 있다.

〈표 2-1〉 유엔아동권리협약의 4대 기본 원칙 주요 내용

기본 원칙	주요 내용	조항
무차별의 원칙	• 인종, 피부색, 성별, 언어, 종교, 정치적 또는 기타 의견, 민족적, 인종적 또는 사회적 출신, 재산, 무능력, 출생 또는 기타의 신분에 관계없이 그리고 어떠한 종류의 차별 없이 유엔아동권리협약에 규정된 권리를 존중하고, 각 아동에게 보장하여야 하며, 모든 형태의 차별이나 처벌로부터 아동을 보호하는 적절한 조치를 취해야 함	• 제2조
아동 이익 최우선의 원칙	• 공공 · 민간 사회복지기관, 법원, 행정당국, 또는 입법기관 등에 의하여 실시되는 아동에 관한 모든 활동에 있어서 아동의 최선의 이익이 최우선적으로 고려되어야 함	• 제3조 제1항
생명존중과 발달보장의 원칙	• 비준국은 모든 아동이 생명에 관한 고유의 권리를 가지고 있음을 인정하고, 가능한 최대 한도로 아동의 생존과 발달을 보장하여야 함	• 제6조
아동 의사존중의 원칙	• 자신의 견해를 형성할 능력이 있는 아동에 대하여 본인에게 영향을 미치는 모든 문제에 있어서 자신의 견해를 자유스럽게 표시할 권리를 보장하며, 아동의 견해에 대하여는 아동의 연령과 성숙도에 따라 정당한 비중이 부여되어야 함 • 친자분리를 결정하는 절차에 있어서 아동을 포함한 모든 이해당사자가 그 절차에 참여하여 자신의 견해를 표시할 기회가 부여되어야 함	• 제12조 제1항 • 제9조 제2항

이러한 4대 기본 원칙들 가운데 아동 이익 최우선 원칙은 유엔아동권리협약이 표방하는 핵심 기본 원칙으로 평가받는다. 왜냐하면 이 원칙이 아동과 관련된 일련의 정책 수립 및 집행과정에서 정책적·제도적 우선순위를 제시하고, 한 사회의 아동관을 정립하는 밑거름이 되기 때문이다(박세경, 2016).

더불어 유엔아동권리협약에서는 4대 기본권을 제시하고 있다(김은정 외, 2018).

첫째, 생존권은 적절한 생활수준을 누릴 권리, 안전한 주거지에서 살아갈 권리, 충분한 영양을 섭취하고 기본적인 보건 서비스를 받을 권리 등 기본적인 삶

을 누리는 데 필요한 권리를 말한다.

둘째, 보호권은 아동이 모든 형태의 학대와 방임, 차별, 폭력, 고문, 징집, 부당한 형사 처벌, 과도한 노동, 약물과 성폭력 등 아동에게 유해한 것으로부터 보호받을 권리를 말한다.

셋째, 발달권은 교육받을 권리, 여가를 즐길 권리, 문화생활을 하고 정보를 얻을 권리, 생각과 양심, 종교의 자유를 누릴 권리 등 잠재 능력을 최대한 발휘하는 데 필요한 권리를 말한다.

넷째, 참여권은 아동이 자신의 의견을 자유롭게 표현할 자유와 자신의 삶에 영향을 주는 문제에 대하여 발언권을 가지는 것을 의미한다.

〈표 2-2〉 **유엔아동권리협약의 4대 기본권 주요 내용**

기본권 구분	주요 내용
생존권	• 적절한 생활수준을 누릴 권리 • 안전한 주거지에서 살아갈 권리 • 충분한 영양을 섭취하고 기본적인 보건 서비스를 받을 권리 등
보호권	• 모든 형태의 차별로부터의 보호 • 학대, 방임, 폭력, 고문, 징집, 부당한 형사 처벌, 과도한 노동, 약물과 성폭력, 전쟁과 재난 등 각종 위험으로부터의 보호 등
발달권	• 교육을 받을 권리, 놀이와 오락을 즐길 권리 • 문화생활에 참여할 권리 • 사상, 양심 및 종교의 자유 등
참여권	• 자신의 의견을 자유롭게 표현할 자유 • 자신의 삶에 영향을 주는 문제에 대한 발언권 등

아동의 기본권은 아동의 삶의 질을 검토하고 관련 정책을 도출하는 데 중요한 논거가 될 수 있다. 따라서 아동에게 영향을 줄 수 있는 모든 내용에 대하여 아동도 의견을 제시하고, 참여가 존중받고 보장될 수 있도록 해야 한다.

〈표 2-3〉 유엔아동권리협약의 내용(제1부)

조문	내용	조문	내용
1조	아동의 범위 (18세 미만)	22조	난민아동 보호
2조	무차별 평등의 원칙	23조	장애아동의 권리
3조	아동이익 최우선의 원칙	24조	건강 및 의료에 관한 권리
4조	당사국의 의무	25조	시설아동 정기 검진 받을 권리
5조	부모의 책임	26조	사회보장제도
6조	생존과 발달	27조	적절한 생활수준 보장
7조	이름과 국적 보장	28조	교육권 보장
8조	신분 보장	29조	교육의 목적
9조	부모와의 비분리	30조	소수민족 및 아동의 문화에 대한 권리
10조	가족과의 재결합	31조	휴식과 예술활동에 참가할 권리
11조	국외 강제이송 금지	32조	노동착취로부터 보호
12조	의견존중	33조	마약으로부터 보호
13조	표현의 자유	34조	성적 학대로부터 보호
14조	사상 및 양심과 종교의 자유	35조	인신매매와 유괴로부터 보호
15조	교제와 집회의 자유	36조	모든 형태의 착취로부터 보호
16조	사생활 보호	37조	고문, 부당한 처벌 등으로부터 보호
17조	정보에 대한 접근권 보장	38조	무력분쟁으로부터 보호
18조	가정 양육 책임과 국가의 지원	39조	요보호아동의 몸과 마음의 회복
19조	폭력과 학대로부터의 보호	40조	공정한 재판과 대우
20조	가족 없는 아동의 보호	41조	이 협약보다 유리한 법률의 적용
21조	입양아동의 보호		

유엔아동권리협약은 전문, 제3부 제54조로 되어 있다. 제1부는 41개 조로 되어 있으며, 제2부는 42조부터 45조까지로 협약의 내용을 알릴 의무, 유엔아동권리위원회의 설립에 관한 내용들이다. 제3부는 46조부터 54조까지로 유엔아동권리협

약의 비준, 가입, 협약서의 기탁 등에 관한 내용으로 구성되어 있다.

유엔아동권리협약은 18세 미만 아동의 생존 및 발달, 표현의 자유, 고문 금지, 불법 해외 이송 및 성적 학대 금지 등 각종 '아동기본권'의 보장을 규정하고 있다. 협약 가입국 정부는 가입 뒤 2년 안에, 그 뒤 5년마다 어린이인권 관련 상황에 대한 국가보고서를 작성해야 한다. 유엔아동권리위원회는 그 국가보고서를 심의하여 어린이인권 보장의 문제를 파악하고, 그에 대한 대응방안을 해당국 정부와 함께 모색한다.

〈그림 2-3〉 **세계 아동권리의 역사적 배경**

아동권리사상은 19세기 이후 심리학의 발달로 아동관이 바뀌면서 시작됨

세계아동헌장 발표	1922년	에글렌타인 젭(Eglantyne Jebb)이 작성, 아동권리선언의 시초
제네바 아동권리선언	1924년	5개 조항으로 되어 있으며, 아동의 특별한 보호를 받을 권리와 생존권 보장에 주안점을 둔 최초의 아동권리 선언문
유엔아동권리선언	1959년	제네바 아동권리선언을 토대로 10개 조항으로 개정
유엔아동권리협약	1989년	아동의 4대 기본권 등 아동인권과 관련된 모든 권리를 규정함

〈표 2-4〉 유치원 교직원용 아동권리보호 자가 체크리스트

유치원 교직원용 아동권리보호 자가 체크리스트

이 체크리스트는 유치원 교직원이 일과 중에 아동의 권리를 보호하는지 그 민감도를 파악하기 위한 자가 체크리스트입니다. 해당하는 문항에 '예' 혹은 '아니오'로 응답해 보세요.

번호	내용	예	아니오
1	유아를 때리거나 신체에 고통을 가한 적이 있다.		
2	도구 등을 이용하여 유아를 억압하거나 위협한 적이 있다.		
3	유아가 한 행동을 그대로 하도록 하는 보복성 행동을 요구한 적이 있다.		
4	아동을 위협하는 언어를 사용하여 공포 분위기를 조성한 적이 있다.		
5	유아에게 비난, 원망, 거부, 우롱, 경멸적인 언어를 사용하여 공개적으로 창피를 준 적이 있다.		
6	유아의 인격이나 감정, 기분을 무시하거나 모욕하는 행위를 한 적이 있다.		
7	유아가 할 수 없거나 원하지 않는 활동을 강제적으로 시킨 적이 있다.		
8	수업시간이나 급·간식 시간에 유아를 의도적으로 배제시킨 저이 있다.		
9	유아를 교실이나 특정 장소에 혼자 있게 하거나 움직일 수 없도록 강제한 적이 있다.		
10	유아의 신체 부위를 만져 유아를 불쾌하게 만들거나 불편하게 한 적이 있다.		
11	교육과정과 무관하게 노골적이거나 자극적인 성적 표현을 하거나 관련 자료를 보여 준 적이 있다.		
12	유아의 요구에 대해 모른 척 하거나 아무런 반응을 보이지 않은 적이 있다.		
13	유아에 대한 기본적인 보호와 돌봄을 소홀히 한 적이 있다.		
14	교육활동 중에 유아와 직접 관련 없는 개인적인 행동을 하느라 유아를 방치한 적이 있다.		
15	유아가 한 수행결과에 대해서 공개적으로 비난하거나 창피를 준 적이 있다.		

〈자가 체크리스트 활용방법〉

- 교직원이 직접 활용 : 주기적으로 자기 행동을 평가해 본다.
- 교직원 상호 모니터링을 위한 활용 : 주기적으로 짝으로 정한 교직원의 행동을 평가하고 그 결과를 서로 나눈다.
- 원장의 교직원 관리를 위한 활용 : 주기적으로 원장이 소속 교직원의 행동을 평가하고 그 결과를 교직원 컨설팅 자료로 활용한다.

구분	내용
'예'가 없는 경우	당신은 아동권리를 위해 최선을 다하고 있다.
1개 이상 '예'에 체크한 경우	'예'에 해당되는 항목의 행동을 하지 않도록 주의가 필요하다.

출처 : 아동권리보장원(www.ncrc.or.kr).

〈표 2-5〉 **보육 교직원용 아동권리보호 자가 체크리스트**

보육 교직원용 아동권리보호 자가 체크리스트

이 체크리스트는 보육 교직원들을 대상으로 아동권리에 얼마나 민감한지를 파악할 수 있도록 만든 자가 점검 체크리스트입니다. 이를 통해 보육 교직원들이 아동권리를 침해하는 아동학대 행위가 무엇인지를 인식하게 하고 아동학대를 포함한 전반적인 아동권리에 대해 종사자가 점검할 수 있는 기회를 제공하고자 합니다. 어린이집 원장 및 교사를 포함한 종사자들의 정기적 사용을 권장합니다.

이 체크리스트는 보육 교직원이 일상에서 아동의 권리를 보호하는지를 파악하기 위한 자가 체크리스트입니다. 해당하는 문항에 체크(✔)하시고 아동권리에 대한 민감도를 확인해 보세요.

번호	내용	전혀 없음	1회	2회 이상	거의 매일
1	아동에게 원망적, 거부적, 적대적 또는 경멸적인 언어폭력을 한 적이 있다. • 아동에게 욕을 하거나 나쁜 말을 한 적이 있는 경우: 돼지야!, 이 못생긴 게, 멍청아!, 바보, 나가 죽어라 등 • 아동을 비판, 비난, 조롱, 모욕, 우롱한 적이 있는 경우: 넌 혼자 이것도 못하니?, 애비 없는 자식, 너처럼 못하는 아이는 처음 봤다며 무시하는 행위 등				

번호	내용	전혀 없음	1회	2회 이상	거의 매일
2	아동의 인격이나 감정, 기분을 무시하거나 모욕하는 행위를 한적이 있다. • 매운 음식을 먹을 때 물을 마시지 못하게 하는 행위, 음식을 먹는 속도가 느리다는 이유로 연령이 낮은 반으로 보내서 아동이 수치심을 느끼게 하는 행위 등				
3	아동에게 위협을 주는 언어나 행동을 한 적이 있다. • 숫자 다 셀 때까지 해!, 엄마한테 일찍 데리러 오지 말라고 할 거야!, 동생반이나 원장반으로 보내버릴 거야!, 엄마아빠한테 이를 거야!, 집으로 내쫓을 거야!, 시키는 행동을 하지 않으면 그 아동이 바깥놀이를 하지 못하게 하는 행위 등				
4	아동에게 폭력적인 장면을 노출한 적이 있다. • 아동에게 종사자 간 싸움 장면을 노출시키는 행위, 원장이 아동에게 폭력을 행사하는 것을 다른 아동이 목격하는 경우 등				
5	도구(자, 회초리, 긴 막대 등)로 아동을 위협한 적이 있다.				
6	화장실, 창고 등의 아무도 없는 빈 장소에 벌을 세우기 위해 아동을 가둔 적이 있다.				
7	긴급 상황이 아닌 경우에도 아동을 재촉하거나 공포분위기 조성을 위한 목적으로 아동에게 고함을 지른 적이 있다. • "당장 그만두지 않으면.. 혼자 놔두고 갈 거야!"				
8	아동의 신체 부위를 때린 적이 있다. • 맨손이나 발로 때리거나 사랑의 매 등의 도구를 사용하여 때린 행위 등				
9	아동에게 신체적 손상은 입히지 않았지만, 고의적으로 아동의 신체를 가해하는 행위를 한 적이 있다. • 아동의 팔을 당겨 서두르게 하는 행위, 아동의 머리나 엉덩이를 치며 행동을 중지시키는 행위, 먹기 싫어하는 음식을 억지로 입을 벌려 먹이는 행위, 아동을 꼬집거나 잡고 흔드는 행위, 목을 잡고 조르는 행위 등				

번호	내용	전혀 없음	1회	2회 이상	거의 매일
10	낮잠시간이나 놀이시간 등에 아동을 혼자 있게 하거나 아동 간 다툼을 방치한 적이 있다.				
11	아동에 대한 기본적인 보호·양육을 소홀히 한 적이 있다. • 아동이 적절한 음식을 충분히 제공받도록 하지 않거나, 식사 때가 되어도 식사를 제대로 챙겨 주지 않거나 상한 음식을 아동에게 주는 행위 등				
12	아동을 위험상황이나 비위생적인 환경에 방치한 적이 있다. • 아동이 위험한 물건(칼, 압정, 핀 등)을 가지고 놀아도 내버려 두는 행위, 아동이 자는 낮잠시간에 책상 위에 의자를 두는 행위, 일부러 화상을 입게 하는 행위, 아동이 흘린 음식을 먹게 하거나 기저귀를 긴 시간 동안 갈아 주지 않는 행위 등				
13	아동에게 필요한 의료처치를 제공하지 않은 적이 있다. • 아동이 몸이 아프다고 해도 보호자에게 알리지 않거나 병원에 데려가지 않고 그냥 내버려 두는 행위 등				
14	과도하게 신체 접촉을 하거나 아동의 신체를 노출시킨 적이 있다. • 기저귀갈이 할 때 다른 사람 앞에서 생식기를 고의적으로 노출시키거나 만지는 행위, 사람들 앞에서 속옷을 갈아입히거나 용변을 보도록 하는 행위				
15	음란 비디오나 책을 아동에게 보여 준 적이 있다.				

〈자가 체크리스트 사용방법〉

- 사용주기 : 근무개시 1주일 이내에 필수, 이후는 분기별 혹은 반기별(연 2회 정도) 사용을 권장한다.

분류	세부 내용
모두 '없다'에 체크한 경우	당신은 아동권리를 위해 최선을 다하고 있다.
1개 이상 '있다'에 체크한 경우	'예' 에 해당되는 항목의 행동을 하지 않도록 주의가 필요하다.

출처 : 아동권리보장원(www.ncrc.or.kr).

♣ 생각 나누기 ♣

1. 대중매체에서 발생하는 아동권리 침해 사례에는 어떤 것이 있으며 아동권리를 보호하기 위해 성인이 가질 수 있는 바람직한 자세는 무엇인지 고민해 봅시다.

2. 아동권리에 대한 선언문을 직접 작성해서 발표해 봅시다.

아동복지의 역사

제3장 아동복지의 역사

1. 우리나라의 아동복지 변천과정

아동복지의 역사는 그 나라의 사회복지 발달사와 밀접한 관련이 있다. 따라서 그 나라의 전체적인 사회복지 발달의 역사를 통하여 아동복지 발달과정을 논의하는 것이 중요하다. 먼저 우리나라의 아동복지 역사를 살펴보고자 한다.

우리나라 아동복지의 발달과정은 조선시대 이전, 조선 말기부터 해방 전까지의 근대사회, 그리고 해방 후 오늘에 이르기까지의 현대사회 아동복지로 구분할 수 있다. 표갑수(1994)는 해방 이후의 시기를 사회구조적 차원의 복지사업(1945년~1960년), 요보호대상자의 복지사업(1961년~1980년), 전체 아동 및 청소년 복지사업(1981년 이후)으로 구분하였다. 김이영 외(2017)는 해방 이후 시기를 사회구호 단계, 선별주의적 아동보호 단계, 보편적 아동복지 단계, 보편적 아동복지 실행 단계로 분류하고 있다(신재흡, 2018).

본서에서는 먼저 근대사회 이전의 아동복지와 근대사회의 아동복지를 고찰하고, 해방 이후 현대사회의 아동복지를 고찰하고자 한다.

1) 근대사회 이전의 아동복지

(1) 삼국시대의 아동복지

삼국시대의 아동복지는 삼국사기에 나타나 있다. 삼국시대의 아동복지는 부모의 보살핌을 받지 못하고 버려진 걸식 아동, 자연재해로 인한 기아, 고아 등을 대상으로 이루어졌다.

신라에서는 2대 남해왕 15년에 백성이 기근으로 굶주릴 때 국고로 이들을 구휼하였고, 3대 유리왕 5년에는 환과고독노병(鰥寡孤獨老炳: 홀아비, 과부, 고아,

늙어서 자식이 없는 사람, 늙고 병든 사람 등)을 요보호대상자로 정해 무료급식과 양육을 왕명으로 하였다(김이영 외, 2017). 백제 온조왕 33년과 고구려 태조왕 56년에는 아동을 포함하여 재해를 입은 사람들에게 관곡을 배급하였다고 삼국사기에 기록되어 있다. 고아에 대한 접근으로는 민간 차원에서 노비나 양자로 입양이 허용되었으며 친척 등이 거두지 않는 고아에 대한 구제가 국가 차원에서 시행되었다(이순형 외, 2016).

(2) 고려시대의 아동복지

고려시대에는 불교가 융성함에 따라 자비 사상에 입각하여 사찰에 위탁 형태의 보호를 하였으며, 병란과 흉년으로 인한 기아, 고아, 빈곤 아동 등을 사찰에서 수용하여 사역승(使役僧)으로 양성하였다. 성종 13년에는 나이 어린 고아를 10세까지는 관가에서 양육하고, 이후부터는 본인의 의사에 따라 거주하도록 하였다(신재흡, 2018, 재인용).

또한 충목왕 3년에는 관립의 영아원이라 할 수 있는 해아도감(孩兒都監)을 설치하여 유아들을 보호하고 양육하였다. 전쟁과 흉년으로 부모를 잃은 가난한 아동들을 사찰에서 양육하여 승려 또는 사역승으로 양성하는 일이 성행하였다. 이를 본받아 민가에서도 이러한 아동을 양육한 후에 양자녀 또는 노비로 삼기도 하였다(표갑수, 2000).

(3) 조선시대의 아동복지

조선시대 현종 2년에는 유기된 아동을 대상으로 민가수양을 실시하였으며, 아동이 10세에 이르면 그 아이를 양육한 자로 하여금 사역할 권리를 갖게 하였다. 숙종 22년에는 '수양임시사목(修養臨時事目)'을 제정하여 흉년에 일시보호를 실시하기도 하였다. 즉, 부모나 보호자가 없는 아동을 대상으로, 아동이 원하는 경우 관청에서 사목의 규정에 따라 수양관계를 결정하여 흉년에 한해 민가수양을 하도록 하였다.

민가수양제도는 현대의 일시보호시설 또는 입양제도와 유사한 것으로 볼 수 있다. 이는 시설보다는 가정 양육을 우선시하는 현대사회의 아동복지 이념과도 같은 맥락이다. 정조 7년에는 '자휼전칙(字恤典則)'이라는 법령을 제정하여 유기아동이나 부랑걸식아동들을 민가나 관가에서 수양하는 것을 제도화하였다(신재흡, 2018, 재인용).

자휼전칙은 1783년(정조 7년) 제정된 것으로 9개 조항으로 이루어져 있다. 구호대상자는 부모나 친척 또는 상전(上典)이 없어 의탁할 수 없는 4세부터 10세까지의 행걸아(行乞兒)와 3세 이하의 유기아(遺棄兒)로 보았다. 당시는 아동이 10세가 되면 가사나 농사 등으로 밥벌이를 할 수 있을 것으로 간주하였기 때문이다. 이 법은 흉년 등으로 버려진 아이들을 구제하기 위하여 국가 책임을 강조하고 해당 관리가 체계적으로 지원할 것을 규정한 것으로 볼 수 있다. 더불어 영국의 구빈법(1601년)과도 일맥상통하며, 아동복지에 큰 영향을 미친 제도임에는 틀림없다. 하지만 오늘날의 시설보호와 같은 체계적인 개입은 존재하지 않았다.

자휼전칙

자휼(字恤)은 기르고 구휼하는 법으로 9개 조항으로 이루어져 있다.

1항 : 구호대상과 기간을 규정한 것으로 흉년에 걸식하는 10세 이하의 아이와 풍흉에 상관없이 평상시에 유기된 3세 이하의 유아가 대상이다.
【흉년에 구걸하는 아이에 있어서는 10세로 한도를 하고 길가에 유기한 아이에 있어서는 3세를 한도로 하여, 오부(五部)에서 듣게 되거나 보게 되는 대로 진휼청(賑恤廳)에 첩보(牒報)하면 진휼청에서 유양(留養)하기를, 구걸하는 아이는 단지 흉년에만 보리 가을까지 유양하고, 유기한 아이는 풍년과 흉년을 구애하지 말고 절목(節目)대로 시행해야 한다.】

2항 : 발견된 아이가 의탁할 곳이 없는지 검증해서 보호자가 고의로 유기나 걸식을 시키는 행위를 막는 조항이다.

【구걸하는 아이는 반드시 부모와 친척도 없고 주인도 없고 의탁할 데도 없는 유(類)로 기준(基準)을 삼고, 해부(該部)의 이예(吏隷)나 해리(該里)의 임장(任掌)들이 혹시라도 부동(符同)하여 속여서 고하는 일이 있으면 무거운 죄로 다스리고 물시(勿施)해야 한다. 비록 유양(留養)하게 된 뒤이지마는, 부모와 친척 및 주가(主家) 중에 추심(推尋)해 내지 못했을 경우에는, 그 가까운 이웃에게서라도 공초(供招)를 받아 그의 내력을 자세하게 사핵(査覈)해 보아 명백하게 의심이 없어진 다음에야, 해부(該部)에서 월일(月日)을 적기(籍記)하여 고음(侤音)을 받고서 내주어야 한다. 만일에 친척 및 주가(主家)의 형세가 조금 접제(接濟)해 갈 만한데도 전연 돌보지 않고서 고의로 구걸하게 한 자에 있어서는 별다르게 수방(搜訪)하여 준엄하게 신칙해서 돌려주며, 다시는 유리(流離)하여 흩어지는 폐단을 가져오는 수가 없게 되도록 해야 한다.】

3항 : 고아들이 머물 장소와 급식 기준을 정했는데, 진휼청과 사창(社倉: 각 촌락에 설치된 곡물 대여 기관으로 빈민구호도 하였나) 밖에 따로 움집을 만들어 수용하고 나이에 따라 적절한 양식을 지급하도록 하였다.

【구걸하는 아이들의 유양은, 진휼청(賑恤廳) 밖이나 창고 문 밖의 공한지(空閑地)에 따로 토우(土宇)를 마련하여 유접(留接)하는 장소로 해야 한다. 양식 지급은 진휼청 식례(賑恤廳式例)를 참조하여, 10세에서 7세까지는 하루 한 사람에게 쌀 7홉, 장(醬) 2홉, 미역[藿] 2입(立)씩으로 하고, 6세에서 4세까지는 하루 한 사람에게 쌀 5홉, 장 1홉, 미역 1입씩을 준다.】

4항 : 유기된 유아 발견 시 수습하고 진휼청으로 이송하는 절차를 규정하였다.

【유기한 아이는 마땅히 해부(該部)에서 발견하게 되는 대로 첩보(牒報)해 오게 되지마는, 궁벽한 항간(巷間)이나 깊은 벽지(僻地) 및 교외(郊外)의 조금

먼 곳에 있어서는, 비록 부관(部官)이 목도(目覩)하지는 못하더라도 듣게 되는 것이 있을 경우에는 심험(審驗)해 보고 수습하여 진휼청에 이송(移送)해야 한다. 대저 강보(襁褓)의 아이를 길가에 유기하게 됨은 별다른 사고가 있은 것 이외에는 곧 부모가 만부득이하여 인정을 끊어버린 것이지만 진실로 매우 차마 못할 짓이다. 아무것도 모르는 어린애가 또한 유독 무슨 죄이겠는가? 측은(惻隱)한 인정에 있어서 마땅히 다급하게 구제하여 살리는 방도가 있어야 할 것이니, 오직 부관(部官)만 탐문(探問)할 것이 아니라 비록 지나가는 사람이라 하더라도 만일에 목격하게 되는 일이 있으면 즉시 이임(里任)에게 부치어 우선 진휼청으로 보내고 따라서 해부(該部)에 통고하게 되어야 한다.】

5항 : 유아에게 젖을 먹일 유모를 구하는 방법과 유모에게 지급할 양식(쌀 1되 4홉, 간장 3홉, 미역 3입)의 지급량을 규정하였다.
【유기한 아이를 유양(留養)하는 일에 있어서는 유랑(流浪)하여 구걸하는 여인들 중에서 젖이 나오는 사람을 가리어, 한 사람에게 두 아이씩을 나누어 맡겨야 한다. 유녀(乳女)에게는 하루 쌀 1되 4홉, 장 3홉, 미역 잎 3입씩을 주어야 한다. 비록 유랑하여 구걸하는 여인이 아니지마는, 혹시 수양(收養)하기를 자원하는 사람이 있으면서도 가난하여 잘 먹지 못하기에 젖을 주기가 어려운 자에 있어서는 단지 아이 하나만을 맡기고서 하루마다 쌀 1되, 장 2홉, 미역 2입씩을 주어야 한다.】

6항: 입양하거나 아이가 원할 때 노비가 되는 절차와 사후 발생할 분쟁에 대비한 법의 근거를 마련하였다.
【구걸하는 아이나 유기한 아이를 막론하고 만일에 수양하기를 자원하는 사람이 있으면, 한결같이 속전(續典)의 사목(事目)에 의거하여 진휼청에서 입안(立案)을 만들어 주고, 자녀가 되기 원하거나 노비(奴婢)가 되기 원하는 자가 있으면 각각 그 소원에 따라 시행하되, 양인(良人)과 공사천(公私賤)을 헤아

리지 않고 몰아서 수양을 허락한 자와, 집지(執持)한 지 60일이 되지 못하여 시작만 있고 결말이 없게 된 자는 물시해야 한다. 부모나 족속 중에서 석 달이 되기 전에 추심(推尋)해 가는 자에 있어서는 수양(收養)에 쓰인 곡물(穀物)을 배상(倍償)해야 추심해 가기를 허락하고, 구제하여 살린 뒤에 염피(厭避)하는 자는 반주(叛主)로 논죄(論罪)하고, 위세(威勢)를 부려 도로 빼앗아간 자는 왕법(枉法)으로 논죄해야 한다.】

7항 : 구호 아동과 유아의 관리 감독에 대한 사항이었다.
【구걸하는 아이와 유기한 아이들에게 죽을 먹이고 젖을 먹이는 절차를 만일 관에서 검찰하고 신칙하지 않으면 유명 무실(有名無實)하게 되기 쉬우니, 월말 때마다 해청(該廳)의 낭관(郎官)이 비척(肥瘠)도 살펴보고 근만(勤慢)도 살펴보아, 죽을 잘 먹이지 못한 고직(庫直)과 젖을 잘 먹이지 못한 여인은 하나하나 경책(警責)해야 한다. 해부(該部)의 관원이 혹시 수습하여 첩보(牒報)하기에 소홀했고, 해청(該廳)의 낭청(郎廳)이 유양(留養)을 부지런히 아니한 것이 염탐(廉探)할 때에 드러나게 되면 진휼청(賑恤廳)에서 초기(草記)하여 논죄(論罪)해야 한다.】

8항 : 아이와 유모에게 적절한 옷을 지어 주고 혜민서를 통해 질병을 치료하는 사항이었다.
【구걸하는 아이와 유기한 아이 중에 옷이 없는 유(類)에 있어서는, 진휼청의 전례대로 합당하게 요량하여 만들어 주어야 하고, 유녀(乳女) 중에 혹시 옷이 없는 사람이 있으면 발견하게 되는 대로 일체로 만들어 주어야 하고, 질병 등에 있어서도 해청(該廳)에서 혜민서(惠民署)에 분부하여 간심(看審)하고 구료(救療)하게 해야 한다.】

9항 : 아동을 구호할 고을의 관할을 규정하고 비용과 보고 절차, 감사와 처벌의 내용을 담았다. 이때 발견 장소의 구분 없이 걸식아동은 진제장(賑濟場:

흉년에 설치한 무료급식소)을 차린 고을이 맡고, 유기아 구호는 모든 고을에서 시행하도록 하였다.

【외방(外方)에 있어서는 각 면임(面任)과 이임(里任)이 발견하게 되는 대로 본관(本官)에 첩보(牒報)하면, 본관에서는 허실(虛實)을 잘 살펴보아, 구걸하는 아이는 단지 진제장(賑濟場)을 차린 고을에서 유양(留養)하게 하고, 유기한 아이는 진제장 설치 여부를 막론하고 어디에서나 거행해야 한다. 죽 먹이고 젖 먹이는 절차와 유접(留接)하고 수양(收養)하는 방법은 한결같이 경절목(京節目)에 의해 시행해야 한다. 곡물(穀物)은 상진곡(常賑穀)으로 회감(會減)하고 장(醬)과 미역은 본관(本官)에서 담당하되, 월말 때마다 사람 수와 곡식 수를 감영(監營)에 신보(申報)하고, 감영에서는 고을마다 조목조목 열거하여 기록한 다음 장문(狀聞)하고, 성책(成冊)을 만들어 진휼청(賑恤廳)에 올려 보내 빙고(憑考)하는 자료가 되게 해야 한다. 각 고을 수령(守令)들이 만일에 혹시라도 사목(事目)을 위반하여 잘 거행하지 않았으면, 경청(京廳)의 사례대로 도신(道臣)이 장문(狀聞)하여 논죄(論罪)해야 하고, 수의(繡衣)가 염탐(廉探)할 적에도 일체로 적발하여 되도록 무겁게 감처(勘處)해야 한다.】

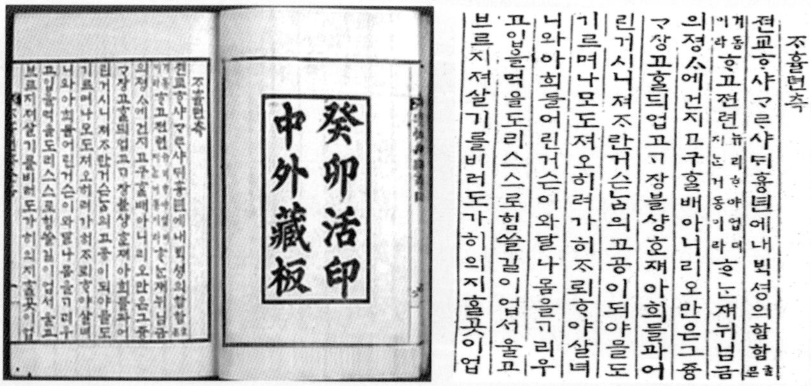

출처 : 네이버 지식백과(terms.naver.com).

출처 : 국사편찬위원회 조선왕조실록(sillok.history.go.kr).

2) 근대사회의 아동복지

근대사회 아동복지는 구한말(조선 말기부터 '통치권을 일본에 양여함'을 규정한 한일병합조약을 강제로 체결한 경술국치[1910년 8월 29일]까지의 시기)과 조선총독부 시기(조선총독부가 설치된 1910년부터 일본이 태평양 전쟁에서 항복하고 연합군이 한반도에 진주하며 미군정에 행정권을 이양한 1945년까지의 시기)로 구분하여 고찰하고자 한다.

(1) 구한말의 아동복지

조선시대 말기부터 대한제국 때까지는 정치적 소용돌이 속에서 복지에 대한 정부의 구제사업은 거의 공백기였다. 이 시기 대부분의 아동복지는 서양선교사들에 의한 자선사업이었다. 수용시설에 의한 아동보호의 방법은 서양 선교사에 의해 전해졌다. 선교사들은 복음전파를 위한 수단으로 고아원사업, 양로원사업, 교육사업, 의료사업, 농촌개발사업 등을 전개하였다.

1830년대 프랑스 선교사들의 입국을 계기로 체계적인 영유아보육사업과 아동복지사업이 조직화되고 확립되었다고 볼 수 있다. 1854년 파리외방선교회 메스트로(Maistre) 신부가 프랑스 영해회(嬰孩會, Sancta Infantia) 본부로부터 지원을 받아 우리나라에 '조선 영해회'라는 고아원을 설립하였다. 영해회는 기아, 고아, 부양 능력이 없는 가정의 아이를 대상으로 자립 기술을 실시하여 12세가 되면 본인 자유의사로 진로를 선택하게 하였고, 아동 양육에 철저한 지도와 감독을 하였다는 점에서 근대 아동복지사업의 시작으로 볼 수 있다. 그러나 1866년 병인박해로 영해회의 영유아보육사업과 기아·고아 구제사업은 중단되었다(서울가톨릭사회복지회, 2006).

1880년에는 프랑스 장 블랑(Jean Blanc) 신부가 한양에 양로원과 고아원을 설립하였고, 1886년 미국 북장로교 선교사 언더우드(Underwood)는 고아들을 모아 예수학당, 구세학당을 시작하였고, 1888년에는 '조선 영해회'가 종로의 수녀원 부속 고아원을 설립하여 양육사업을 시작하였다. 1892년 영국 성공회 선교사 랜디스(Randis)는 인천에 고아학원을 설립하였다. 1906년 독지가 이필화가 경성고아원을 설립하는 등 근대적 성격을 띤 아동복지사업이 시작되었다(신재흡, 2018; 윤혜미, 2013).

특히, 1886년 한불수호조약 체결 이후 천주교는 이전부터 수행하던 빈민구제, 고아구제, 환자치료 등 사회복지사업을 전개하였으며, 고아들을 돌보는 사업을 시작하였고, 근대적 아동복지의 효시가 되는 최초의 근대적 학교를 설립하였다. 즉, 1882년부터 명동 성당에 인현서당, 1895년 중림동 성당(약현 성당)에는 약현서당을 설립하여 한문과 교리교육, 실업교육을 실시하였다. 두세(Doucet) 신부가 1901년 가명(加明) 여자학교, 1906년 약명(藥明) 남자학교를 세워 현대적 교육을 실시하였다. 1898년 황해도 매화동 성당은 봉삼학교를, 1899년 인천 제물포 성당은 보육원과 학교를 개교하였고, 평양 성당은 1905년에 기명학교를, 1906년에는 성모여학교를 열었다. 1901년 수원 왕림 성당에 세워진 삼덕학교(三德學教)는 1981년에 폐교되고, 현재 수원가톨릭대학교가 들어서게 되었다(허근, 2010).

(2) 조선총독부 시기의 아동복지

조선총독부는 1910～1945년까지 우리나라를 지배한 일본 제국주의의 식민통치기구이다. 정치, 경제, 사회, 문화 전반에 걸쳐 한반도를 통치하면서 민족운동 탄압, 경제적 수탈, 민족문화 말살정책을 펼쳤다.

일제 강점기로 접어들면서 아동복지는 최소한의 보호와 구제만을 제공하는 것에 머물렀다. 1910년에는 조선총독부 산하에 제생원이 설립되어 빈곤아동과 맹아들의 교육과 자활을 지원하였다. 제생원은 경성고아원을 인수하여 운영하였고, 광복 후 국립육아원의 전신이 되었다(공계순 외, 2019).

이 시기에는 선각자를 중심으로 한 아동애호사상이 발전하였다. 소파 방정환(1899～1931)을 주축으로 '조선소년운동협회'를 조직하고 아동의 권리운동을 전개하였다. 또한 세계 최초로 어린이 인권 해방을 선언하며 '어린이날'을 제정하고, 어린이를 잘 키우는 일이 미래를 가꾸는 일임을 깨닫고 어린이를 통한 독립 운동을 하였다. 더불어 어린이 해방 사상을 펼치며 현실 개혁에 앞장섰던 어린이 문화 운동가이자 인권 운동가이며 독립 운동가였다.

〈그림 3-1〉 1922년 5월 1일 『매일신보』에 실린 '조선 초유의 소년일(첫 어린이날)'

朝鮮初有의少年日
의미깁흔깃거운이소년날은
이천만형뎨가다함씌빌으오
五月一日을期하야大宣傳

출처 : 한국방정환재단(children365.or.kr).

천도교 소년운동은 봉건시대의 아동관을 불식하고 시대에 맞는 새로운 아동관의 계몽에 힘썼으며, 아동문화를 확산시키기고자 노력하였다.

1921년 서울 태화사회관의 탁아프로그램과 1926년 부산의 공생 탁아소, 대구의 은총탁아소 등 빈민아동 구제사업의 일환으로 보육사업이 시작되었다. 1936년 전국에 435명의 아동이 11개(관립 1개, 공립 2개, 사립 2개, 재단설립 3개, 종교단체 설립 1개, 기타 2개) 보육시설에 있었다(조복희 외, 2013). 또한 천주교에서는 수도회가 자체적으로 진행하는 사회복지사업이 시작되었으며, 복지사업의 주체는 성당과 수도회를 중심으로 이루어졌다. 고아원사업은 영해회뿐만 아니라

1915년 대구 계산동 성당의 여자 고아원, 1926년 평남 영유 성당의 고아원, 1935년 평양 영해고아원, 1936년 포항 성모자애원이 설립되었으며, 이 시설들은 근대적 아동복지시설의 효시로 볼 수 있다. 탁아소와 유치원도 성당 중심으로 설립되었으며, 아동·청소년 대상 교육복지 실현을 위하여 학교를 설립하였다(허근, 2010).

3) 현대사회의 아동복지

해방 이후 아동복지사업은 해외 원조기구와 천주교의 활동이 많았지만, 정부 차원의 사회복지 투자가 늘어나면서 종교 복지의 비중은 감소하게 되었다. 현대 사회의 아동복지 변화과정은 사회구호적 복지단계, 선별주의적 복지단계, 보편주의적 복지단계, 권리지향적 복지단계로 나누어 볼 수 있다(송정애, 2022; 신재흡, 2018; 이혜경, 1993; 정익중, 오정수, 2021; 법제처 국가법령정보센터, 2023).

(1) 사회구호적 복지단계(해방 이후~1960년)

사회구호적 복지단계는 해방 이후 1950년대 말까지 시설보호 중심의 응급자선적 이동보호정책이 이루어지던 시기라고 볼 수 있다.

1945년 제2차 세계대전이 끝나고 우리나라는 해방을 맞이했고, 1948년 8월 15일 대한민국 정부 수립 전까지 미군정 시기를 거쳐 남한지역에 단독으로 대한민국이 수립되었다. 그 후 1950년 한국전쟁으로 인한 고아와 걸식아동들이 증가하자 교회에서는 고아원을 많이 설립하였다. 이러한 사회문제 및 절대빈곤의 상황에서 아동복지는 응급구호적 차원으로 이루어졌고, 많은 전쟁고아를 수용하기 위해 민간 독지가와 외국 원조기관들에 의한 수용시설 중심의 아동보호사업이 급속하게 증가할 수밖에 없었다. 1946년 서울 잠원동에 세워진 성심원, 부산 범일동 성당이 운영한 소화보육원을 시작으로 1955년까지 10개의 고아원이 설립되었다.

따라서 1950년대까지의 아동복지는 국가책임이나 전문화된 아동 서비스의 제공보다는 민간 주도의 복지와 해외원조에 의존하여 빈곤계층과 보호대상 아동을 중심으로 하는 구호 차원의 복지였다고 볼 수 있다. 기독교 아동복리회, 양친회, 선명회 등 다수의 민간 외국 원조기관들이 국내에 들어와 활동을 했으며, 국가 개입의 보호나 책임은 미비했다.

광복과 전쟁으로 사회적·정치적으로 격동의 시대여서 국민 대다수가 절대적 빈곤 속에서 생존을 위한 삶을 살아야 했다. 이에 아동복지정책은 아동의 생존을 위한 기본적인 의식주를 충족하는 수준이었고, 전쟁으로 고아가 된 아동들은 집단 수용시설에 보호되는 것이 대부분이었다. 수용시설에 비하여 고아가 많다 보니 1960년대부터 시설에 수용된 아동들을 해외로 입양시켰다. 당시 아동들의 보호가 가장 시급한 문제였기에 정부는 전쟁으로 혼란한 상황에서도 아동복지사업에 필요한 정책과 제도를 마련하기 시작하였다.

(2) 선별주의적 복지단계(1961년~1980년)

선별주의 아동복지단계는 1960년대 초부터 1980년대까지로 볼 수 있다. 이때는 시설 아동의 가정 복귀를 추진하면서 시설의 재정자립을 강조했으나 의존을 탈피하기 어려웠던 시기이며, 1970년대 후반부터 외국민간원조단체의 철수와 사회보험제도의 도입 등이 시작되는 시기였다.

1961년 「생활보호법」과 「아동복리법」이 제정되었다. 「생활보호법」은 부양의무자가 없거나 부양의무자가 있어도 부양 능력이 없는 자에 대하여 국가 등이 생계비·의료비 등을 지원하거나 시설 등에 수용하여 보호하는 것을 말한다. 보호는 보호대상자가 건강하고 인간으로서의 문화적인 최저생활을 유지할 수 있는 수준으로 하되, 보호대상자의 연령, 세대구성, 거주 지역, 기타 생활여건 등을 고려하여 그 기준을 정하도록 하고 있다. 국가는 모든 국민의 생존권과 행복권을 조성하고 보장하여야 할 책임이 있으므로 이에 관한 사항을 실정법화하여 사회제도로서 구체화한 것이다. 이 법은 우리나라가 사회보장을 지향하고 있다는 표상(表象)이기도 하다. 「아동복리법」은 어린이가 건전하게 출생하여 건강하고 행복하게 자라날 수 있도록 그 복리를 보장하는 것을 목적으로 하던 법률로, 1981년 4월 법명이 「아동복지법」으로 변경되었다. 이 법에서 아동의 범위를 18세 미만인 자로 하고, 모든 국민과 국가 등은 아동을 보호·양육하고 사회생활에 잘 적응할 수 있도록 육성할 것을 의무화하였다(법제처 국가법령정보센터, 2023).

이 시기부터 보호대상 아동문제에 대한 국가책임의 원칙이 처음으로 도입되었는데, 이러한 법들은 가족책임이 원칙이지만 가족이 붕괴되거나 부양 능력이 없는 가정이나 아동에 대해서 국가가 지원을 하는 선별주의 원칙을 확립하였다.

또한 1970년대를 기점으로 외국민간원조단체가 철수하면서 아동복지시설의 운영이 국가책임이 될 수밖에 없는 환경이 되었다. 이로 인해 아동복지에 대한 국가 개입으로 전환되면서 국가재정보조가 증가하기 시작하였다. 1970년대 후반에는 산업화로 경제성장이 되고 있어 절대적 빈곤은 해소되었지만 산업화 및 도시화로 인한 사회구조적인 변화와 가족 해체로 가출 및 비행아동, 결손가정 아동, 소년소녀가정 세대 등 다양한 형태의 보호아동이 늘어나게 되었다. 더불어 여성취업 인구의 증가에 따라 보육시설과 아동보호 관련 서비스가 증가하였다. 그렇지만 1970년대 말까지 우리나라의 아동복지는 일반아동을 대상으로 한 보편주의 단계로 발전하지 못하고 보호대상아동을 중심으로 한 선별주의 복지로 운영되었다.

(3) 보편주의적 복지단계(1981년~1999년)

1961년 제정된 「아동복리법」을 1981년 「아동복지법」으로 개정하여 그 대상을 '모든 아동'으로 보편화시켰다. 즉, 요보호아동에서 18세 미만의 모든 아동을 대상으로 보편주의에 입각한 아동복지서비스의 전문화와 다양화를 지향하였다. 그리고 1991년에 제정된 「영유아보육법」은 보호대상아동뿐만 아니라 일반아동의 보육 서비스 확대에 기초한 보편주의적 아동복지서비스의 확충을 가져왔다. 그러나 보편주의를 근간으로 한 아동복지가 행정상의 변화까지 보장한 것은 아니었다. 새 법이 만들어지고 난 후에도 아동복지는 여전히 제한적이고 잔여적인 아동복지관이 지배적이었다. 이 시기부터 아동복지정책의 발전적이고 통합적인 모색이 대두되었다고 볼 수 있다. 우리나라 아동복지의 발전은 1990년 9월 25일 「유엔아동권리협약」에 서명하고 비준했을 때부터라고 볼 수 있다. 우리나라가 「유엔아동권리협약」의 당사국이 되면서부터 국제 수준의 아동복지를 시행해야만 했기 때문이다.

(4) 권리지향적 복지단계(2000년~현재)

우리나라가 「유엔아동권리협약」에 비준한 이후 국제 협약의 기준을 반영한 「아동복지법」 개정을 시작하였고, 그 이후에도 몇 차례 개정이 있었다. 이 법 제7조에 따르면 '아동정책의 효율적인 추진을 위하여 5년마다 아동정책 기본계획을 수립하여야한다.'고 제시되어 있다. 기본계획에는 아동정책에 관한 기본방향 및 추진목표, 추진과제, 재원조달 방법 등의 사항이 포함되어 있다. 이에 정부는 2015년 1차, 2020년 2차 아동정책 기본계획을 발표하였다.

또한, 「아동복지법」 제10조 제2항에 아동권리보장원의 설립 및 운영에 대한 내용을 포함하였다. '아동정책에 대한 종합적인 수행과 아동복지 관련 사업의 효과적인 추진을 위하여 필요한 정책의 수립을 지원하고 사업평가 등의 업무를 수행할 수 있도록 아동권리보장원을 설립한다.'라고 개정하였다. 이를 통하여, 아동정책 수립을 위한 자료 개발 및 정책 분석, 아동보호 서비스에 대한 기술 지원, 아동학대의 예방과 방지를 위한 업무, 가정위탁사업 활성화 등을 위한 업무, 지역 아동복지사업 및 아동복지시설의 원활한 운영을 위한 지원 등에 대한 내용을 규정하고 있다.

2000년대가 되면서 여성의 경제활동 확대와 취업의 증가에 따른 보육 수요의 증가로 다양한 아동복지서비스와 전달체계가 입법화되고 체계화되었다. 가정에서 일과 자녀 양육을 병행할 수 있도록 아동 양육을 지원하는 것이 국가의 주요 과제로 대두되었다. 특히 가족의 해체 및 기능의 약화에 따른 문제와 출산율 저하 등에 따른 사회적 변화로 인한 요보호아동에 대한 보호 대책과 아동의 인권과 권리에 대한 개별적 서비스를 포함한 보편적 서비스로의 전환이 이루어지고 있다. 이를 위하여 가정위탁지원센터, 아동보호 전문기관, 지역아동센터 등 다양한 아동복지 전달체계가 정책 및 제도적으로 확립되었다.

우리나라의 아동복지는 책임의 주체, 보호의 형태, 서비스의 양상 등 모든 면에서 서구의 아동복지 발전과정과 비슷하게 변화하였다.

첫째, 개인 및 가족책임으로부터 국가책임의 증대
둘째, 집단적 수용보호에서 소규모 수용보호
셋째, 시설보호 중심에서 가정과 지역사회에 의한 보호
넷째, 단순한 수용보호로부터 다양한 형태의 분화된 서비스
다섯째, 비전문적 서비스로부터 전문화된 서비스
여섯째, 요보호대상아동 중심에서 모든 아동 대상 중심

2. 서구사회의 아동복지 변천과정

아동복지의 역사는 나라마다 경제 발달과 문화, 가치 등에 따라 차이가 있지만 사회 변화에 따라 복지의 발달도 맥락을 같이했다. 서구사회의 아동복지 변천사에 대해서 원시 및 고대사회, 중세사회, 근대사회, 현대사회로 나누어 살펴보고자 한다(성영혜 외, 1997; 신재흡, 2018; 장인협 외, 2004; 정대현 외, 2020).

1) 원시 및 고대사회

원시사회에서는 종족 보존과 생산에 기여할 수 있는가에 따라 아동의 생존이 결정되었다. 아동들의 가치나 존엄성은 무시되었고, 생존을 위해 생산에 기여할 수 있는 존재로서 아이들의 가치가 결정되었다. 또한 고대사회는 영아살해, 유기, 낙태, 매매 등을 하였으며, 이는 인구수와 자원 간의 평형을 유지하기 위한

수단이기도 하였다.

당시에는 인간은 죄를 가진 존재로서 그 내면에 악함이 내재되어 있는 존재라고 보았다. 따라서 고대와 중세의 아동관은 성인 중심의 사회에서 아동들은 복종하며, 가르침을 받아야 하는 존재였다.

고대 그리스와 스파르타에서는 튼튼한 아이를 얻기 위해서 우생학적 결혼제도를 선택했으며, 태어난 아이가 장애를 가지고 있거나 건강하지 못하면 유기하거나 살해하였다. 고대사회에는 대부분의 나라에서 영아의 살해와 기아는 인구 조절을 위한 방편으로 활용되었다. 아동매매도 성행하여 534년 제정된 유스티아누스 법전(로마법 대전)에서는 가난한 부모에게 자식을 팔 권리를 허용했다.

15세기 르네상스와 16세기 종교개혁 등으로 사상적 변화를 가져왔다. 이후 생명을 중시하는 기독교가 뿌리내리면서 유기, 낙태, 아동매매, 영아살해 등이 죄악시되었으나, 18세기까지 지속되었다. 이처럼 고대사회에서 아동은 인격적인 권리를 지닌 존재라기보다는 본능적인 존재로 여겨졌으며, 종족 보존의 수단이었을 뿐 당시 사회의 풍속이나 미신에 의해 생명의 위협을 받아야 하는 무력한 존재였다.

2) 중세사회

중세사회는 봉건제 사회로 신분 계층을 매우 중시하였다. 주종 간의 신분이 엄격한 사회였기 때문에 아동의 지위는 출생과 더불어 계급이 정해지는 신분제 사회였기에 신분에 따른 처우가 달랐다. 중세 역시 아동의 존재 자체에 관심을 가지기보다 경제력, 군사력의 확보 수단으로써 가치를 부여했다.

중세에는 종교단체나 가톨릭 교회에서 생명을 빼앗는 행위를 죄악으로 금지하였다. 따라서 신분에 따라 일부 아동의 권리가 인정되고 종교단체가 자선 차원에서 가난하거나 의지할 곳이 없는 아동들을 보호하기 위해 시설을 활용하였다. 이 시기부터 교회의 아동보호사업이나 서비스가 싹트기 시작했다고 할 수 있다. 그러나, 아동보호는 동정적인 감정에 근거를 둔 종교적 자선 행위였다. 개인의 욕구나 권리를 중심으로 하는 근대적 의미의 전문적 아동복지사업은 전개되지 못하였다. 이 시기 흑사병, 인클로저 운동 등으로 유랑 빈민이 증가하였고 공동체 중심의 상호부조적 양육이 싹트기 시작했으며 유기아(遺棄兒)를 위한 최초의 보호시설(asylum)이 787년 밀라노에서 설립되었다.

3) 근대사회

상공업 발달, 산업혁명을 계기로 봉건제가 붕괴되면서 시민계급의 출현, 도시의 상업화, 대학의 발달, 교회의 권위 쇠퇴 등 자본주의가 탄생하였다. 더불어 계몽주의의 영향으로 15세기에 문예부흥(Renaissance)을 태동시켰다. 이러한 흐름에 따라 인간에 대한 생각 및 아동관이 변화하였다. 노인, 아동, 기타 구호가 필요한 사회적 약자에 대한 보호문제가 대두되면서 정부가 아동보호에 개입하게 되는 시기였다. 16세기경 근대적 의미의 아동관이 형성되면서, 17세기경 부르주아 계급을 중심으로 아동기(childhood)라는 개념이 일반화되기 시작했다.

코메니우스(Comenius, 1592~1670)는 『대교수학(*Didactika Magna*)』에서 "교육은 아동기부터 시작하며, 연령단계와 능력에 맞는 것이어야 한다. 아동에게 필요한 것을 가르쳐라."라고 하였다. 또한 코메니우스는 부자나 가난한 집의 아동, 남자이거나 여자아이도 차별 없이 같은 교육을 받아야 한다는 교육 기회균등을 제시하였다.

로크(Lock, 1632~1704)의 경우 『교육에 관한 몇 가지 고찰(*Some Thoughts Concerning Education*)』에서 "출생 때 인간의 마음은 백지와 같다."라고 하였다. 루소(Rousseau, 1712~1778)는 『사회계약론(*Du contrat social*)』에서 "아동은 자유인으로 태어나며, 그들의 자유는 그들의 것이며, 그들 이외의 어떤 사람도 마음대로 할 권리가 없다."라고 주장하였다. 그리고 프뢰벨(Frobel, 1782~1852)에 의해 근대교육의 아동중심주의 등의 교육사조가 구체화되었다.

근대 학교의 발달에 따라 17세기와 18세기를 거치면서 부르주아 계급의 아동을 대상으로 하는 학교가 보급되면서 근대적 국가에서 아동교육의 정치·경제적 중요성이 강조되기 시작하였다. 제국주의와 도구주의적 아동정책에 따라 19세기 후반 아동에 대한 관심이 확장되었고, 교육은 부국강병의 수단이 되었다.

영국의 엘리자베스 여왕은 1601년 「구빈법」을 제정하였다. 이 법에는 성인 빈민뿐만 아니라 요보호아동에 대한 규정도 포함하고 있어서 아동복지의 기원이 되는 법이라고 평가받는다. 또 아동의 복지에 대한 국가의 책임을 최초로 규정하였다는 점에서 의미가 있다. 더불어 민간이 주도하는 자발적인 아동보호사업의 전개로 가정위탁제도와 분리수용 보호가 실시되었고, 아동문제에 대한 사회적 인식과 개입방법이 분화되어 다양한 형태로 발전하게 되었다.

19세기에는 산업혁명으로 인한 아동의 노동착취 문제도 나타났다. 즉, 자본가들이 임금이 싼 아동을 고용하여 노동력을 착취하면서 아동은 장시간 노동에 시달려 혹사당하거나 열악한 노동조건으로 인해 신체에 위협을 당하는 경우가 많았다. 이는 곧 아동의 생존권과 복지권을 박탈하는 결과를 초래하기도 하였다. 이후 영국에서는 1819년 「공장법」이 제정되어 취업연령을 최저 9세로 정하고, 9세 이상 16세 미만의 아동은 하루 12시간을 초과할 수 없다고 규정하였다. 1833년 「공장법」이 개정되면서 9세 미만 아동의 노동을 금지시키고, 9세 이상 13세까지의 아동에게는 주당 48시간, 하루 최고 9시간으로 노동시간을 제한하였다.

4) 현대사회

19세기 후반 이후 현대사회로 접어들면서 많은 학자들이 아동에 대한 연구를 활발하게 진행하였다. 이에 따라 아동은 성인과 달리 고유한 발달단계를 거쳐 성장하는 존재라는 개념을 정립하게 되면서 성인의 소유물이 아닌 독립된 인격을 지닌 존재로 아동을 바라보기 시작하였다. 그러나 사회적으로는 빈곤으로 인해 영유아 사망률 증대, 영양장애, 보건문제, 비행문제, 슬럼화 등의 문제가 있었다.

제1차 세계대전의 폐허 속에서 기아와 질병에 시달리는 아동들이 급증하자, 국제연맹의 창설 등 국제화의 흐름에 의해 각국의 경험을 공유하고 국제협력을 도모하게 되었다. 엘렌 케이(Ellen Karolina Sofia Key, 1849~1926)는 『아동의 세기(*Das Jahrhundert des Kindes*)』에서 "20세기는 아동의 세기이다."라고 언급하였다. 더불어 새로운 아동관에 기초한 신교육 운동과 아동의 권리에 대한 새로운 접근들이 나타났다.

제2차 세계대전 이후, 유엔은 모든 나라와 민족에게 보편적으로 적용될 수 있는 인권기준을 마련하였다. 이를 근간으로 아동의 기본적 인권 보장을 확보해야 할 책임을 가지게 되었다. 1924년 국제연맹이 행한 제네바 「아동권리선언」과 국제연합의 1959년 「유엔아동권리선언」, 1990년 「유엔아동권리협약」 등을 선포함으로써 보호와 양육을 받을 아동의 권리를 법적으로 보장하였다.

3. 외국의 아동복지

외국의 아동복지는 대표적으로 영국, 미국에 대해서 살펴보고자 한다(김용득, 2007; 김환준, 2003; 문진영, 2004; 신재흡, 2018; Downs et al., 2004; Pecora et al., 1992).

1) 영국

영국은 세계적으로 복지의 역사가 가장 오래되었고, 복지가 발달한 국가이다. 근대적인 사회복지의 역사는 1601년 「구빈법」 제정으로 전 세계에서 처음으로 아동보호 원칙을 수립하였다. 초기에는 사회복지가 종교적 차원에서 출발하였으며, 자선적이고 비전문적으로 행해졌다. 산업혁명으로 봉건제도가 붕괴되고 새로운 계급인 노동자와 자본가가 등장하면서 일부 보호계층들이 부랑인으로 전락하게 되었다.

엘리자베스법이라 불리는 「구빈법」은 빈민구제를 위한 제 법령을 집대성한 기본법이었다. 1802년 「공장법」을 공포하여 노동자의 노동시간을 1일 12시간으로 제한하는 등 노동 관련 내용을 담고 있었다. 1889년 「아동학대방지법」 제정,

1907년 「교육법」 제정으로 모든 아동에게 의무교육을 실시하였다.

20세기 들어오면서 아동복지는 아동의 권리를 보다 강조하는 방향으로 발전하였다. 제2차 세계대전을 겪으면서 정상적인 가정에서 보호를 받을 수 없게 된 아동들이 증가하자, 1945년 「가족수당법」을 제정하여 부모 지위에 관계없이 한 가정에 자녀가 둘 이상인 경우 16세 미만 아동들에게 매주 수당을 지급하였다. 또 1948년 「아동법」을 제정하여 영국 아동복지를 확립하는 데 근간이 되었다. 정상적으로 가정생활을 영위할 수 없는 아동에 대한 복지 관련 행정체계를 체계화하고, 아동의 개인 욕구를 존중하였다. 1954년 제정된 「가족수당법」에 대한 개선책으로 1974년 「아동수당법」을 제정하여 모든 아동에게 수당을 지급하였다.

1989년 개정된 「아동법」에서 부모는 자녀의 양육을 책임지며, 법원이나 지방정부에서 아동보호를 담당할 경우에는 아동의 이익이 우선적으로 고려되어야 한다는 내용을 담았다. 이는 유엔아동권리협약의 원칙에 의거한 것이었다. 또한 자녀 양육에서 부모 역할을 중시하여 1991년 부모헌장을 제정하여 부모의 책임을 명시하고, 1992년 「고등교육법」에서는 학교에 부모교육과정을 개설할 것을 권고하였다.

영국은 미국의 헤드 스타트(Head Start) 프로그램에 자극을 받아 빈곤 및 소외계층 자녀들의 문제를 극복하기 위하여 1999년부터 슈어 스타트 정책을 시행하였다. 아동을 위한 대표적인 복지 프로그램인 슈어 스타트(Sure Start)는 1997년 영국 노동당 정부의 대표적인 정책이었다. 취학 전 교육은 아동들의 발달에 강력한 영향을 미치며 최상의 조기교육을 받았을 경우 아동들은 더 많은 것을 성취할 수 있다고 보고, 취학전 교육을 제공하는 국가적 시스템을 갖추어야 한다고 생각하였다. 이에 슈어 스타트 프로그램은 아동들에게 신체적·사회적·정서적·지적 능력을 강화시키는 범정부 차원의 아동교육이었다.

요보호 지역에 거주하는 4세 미만의 아동을 대상으로 현장방문 서비스 및 가족방문 서비스, 가족과 부모에 대한 지원, 양질의 놀이, 학습 그리고 아동보호 제공, 1차 보건 진료 및 아동 보건과 발달을 위한 조언, 특별한 욕구를 지닌 아동에 대한 지원 등의 내용이었다. 빈곤층 및 불리한 환경 속에서 자라는 아동들에게 인생을 확실하게(sure) 출발하도록(start) 돕자는 것이다. 이를 위하여 조기교육을 강조하고 방과 후 교육 프로그램을 운영하며, 아동에게는 양질의 아동보호를 부모에게는 적절한 일자리를 제공하고 있다.

2000년대에는 아동과 청소년의 교육 및 복지에 집중된 정책이 시행되었다. 2004년 개정된 「아동법」에서 모든 아동은 어떠한 배경이나 상황에서도 건강하고 안전하며 즐겁게 배우고, 경제적 역량을 습득할 수 있는 서비스를 제공받아야 한다고 규정하였다. 특히 취약계층 아동의 복지 및 그 부모에 대한 지원도 확대되었다. 2013년부터는 심각한 재정 적자로 무조건 지급해 온 아동급여에 자격 제한을 두었다.

2) 미국

영국 청교도 집단 이주자들로 국가의 기틀이 갖추어진 미국은 영국의 영향을 많이 받았다. 아동복지 또한 영국의 「구빈법」을 적용하였다.

미국의 아동복지는 20세기 이전(1900년 이전)까지 요보호아동을 시설에 수용하는 시설보호 차원이었다. 1727년 뉴올리언스의 '우슬린 수도원'을 만들어 인디언에게 부모를 잃은 아동을 위한 양육을 하였으며, 1740년 최초의 '베더스타 고아원'을 설립하였다.

19세기 후반에서 20세기에 이르기까지 아동보호를 위해 시설보호정책에서 탈피하여 아동분리정책을 실행하였다. 아동분리란 아동에게 최선의 보호를 제공하는 것이 부모의 의무이지만 부모가 이러한 의무를 지키지 못하면 적절한 보호를 제공할 수 있는 위탁가정 등 양육의 다른 방법을 고려한다는 것이다. 따라서 1850년 이후 시설보호보다는 가정에서의 아동보호를 모색하게 되었다. 1850년 「아동노동법」을 제정하여 14세 이하 아동의 노동금지, 야간작업 금지, 노동시간 제한 등에 대한 내용을 담았다.

20세기 초반에는 아동을 원가정에서 보호하도록 하는 가족보존 중심, 즉 가족의 책임을 강조하는 아동정책으로 변화하였다. 아동을 원가정으로부터 분리하는 것으로 문제해결이 이루어지는 것은 아니라는 판단하에 아동을 원가정에서 지키고 보호하자는 정책으로 소득보장 등 가족지원이 실행되었다.

1909년 제1회 백악관 회의를 통하여 아동문제에 대한 관심이 전국으로 확산되었으며, '아동국(Children's Bureau)' 신설을 통해 아동의 복지, 발달, 노동, 비행 등 아동에 관한 전반적인 연구를 담당하였다. 1930년 제3회 백악관 회의에서 19개 조의 어린이 헌장이 발표되었고, 1940년 제4회 백악관 회의에서 민주주의 발전과 국력의 번영 및 아동복지 관련성에 대한 언급을 하였다. 1974년 「청소년 처우 및 비행 예방법」, 「아동학대 예방 및 처우법」 등을 제정하였다. 미국의 아동복지체계가 확립된 것은 1935년 제정된 「사회보장법」 이후이다. 이 법 제정 후부터 미국 아동복지사업의 국가적 체계가 갖추어지고, 요보호아동에 대한 부조 프로그램도 포함되었다.

20세기 중반, 빈곤 퇴치를 위하여 정부가 '빈곤에 대한 전쟁(War on Poverty)'을 선포하면서, 미국 정부는 저소득층에 대한 사회복지정책을 확대하였다. 1964년 「경제기회법」 안에 담긴 주된 내용인 빈곤 프로그램과의 전쟁을 위해 법안을 통과시키고, 경제기회국을 설립하였다. 이 법에 의해 수립된 40개 프로그램은 저소득 지역 주민들의 생활환경을 개선하고 빈곤층이 경제적 기회를 이용할 수 있도록 도와주었다.

경제기회국은 1965년 헤드 스타트 프로젝트(Head Start Project)를 통하여 빈곤 퇴치를 돕기 시작하였다. 이 프로그램은 정서적, 사회적, 건강, 영양 및 심리적 욕구를 충족시키는 프로그램으로 저소득층 가정의 아동이 대상이었다. 그 후 1967년 소외계층과 혜택받지 못한 아동에게 취학 전 보상교육의 장기적인 효과를 지속시키기 위하여 팔로우 스루 프로젝트(Follow Through Project)를 고안하였다.

20세기 후반, 시민권운동과 여성운동이 등장하였다. 특히 아동을 고유한 인격체로 받아들이고 이를 위한 다양한 사회적 제도를 마련해 주어야 한다는 아동권리운동과 지역사회 보호로 접근하고 있다. 아동권리운동은 1959년 국제연합(UN)의 아동권리선언, 1989년 아동권리협약 제정과 맞물려 제도적인 부분이 뒷받침되면서 아동권리에 대한 세계적인 법적 효력을 가지게 되었다(배화옥, 2008).

♣ 생각 나누기 ♣

1. 아동정책 기본계획에 대한 내용을 찾아서 아동복지의 인권, 노동권, 안전권 등의 관점에서 토론해 봅시다.

2. 과거와 현대의 아동복지 정책 및 제도에 대하여 비교하여 발표해 봅시다.

아동복지정책과 관련법

제4장 아동복지정책과 관련법

1. 아동복지정책

복지정책은 누구를 대상으로 하는가에 따라 서비스의 내용과 방법이 달라진다. 아동복지는 다른 복지정책들과 달리 최소한의 삶을 연명하는 데 제공되는 서비스가 아니라 삶을 유지하는 데 필요한 최적화된 서비스를 제공해야 한다.

1) 아동복지정책의 개념

아동복지의 개념에 대해서는 앞장에서 다루었기에 여기서는 정책에 대한 개념을 살펴보고자 한다. 정책(政策, policy)은 정부 또는 정치단체가 정치적·행정적 목적을 실현하기 위해 마련한 방책이나 방침을 말한다. 일상생활에서 흔히 사용하고 알고 있으면서도 그 개념이나 정의를 명쾌하게 설명하기는 쉽지 않다. 그 이유는 정책이란 말은 사용하는 용도에 따라 뜻이 조금씩 달라지기도 하고, 학자마다 다양하게 정의하고 있기 때문이다. 그러나 본서에서는 정부가 수립하는 공공정책이라는 측면에서 정의하고자 한다. 정책이란 '정부 또는 공공기관이 공적 목표 즉, 공익을 달성하기 위하여 마련한 장기적인 행동지침'이라 볼 수 있다.

정책이 가지는 성격을 살펴보면 다음과 같다.

첫째, 당위성이다. 정책은 '마땅히 있어야 할 것', '당연히 바람직한 것'을 찾아서 구현시키려는 의도이다.

둘째, 정치성과 권력성이다. 정책은 행동의 주체가 정부 또는 공공기관이기 때문에 정치성과 권력성을 내포하게 된다.

셋째, 미래지향성이다. 정책은 미래의 바람직한 사회를 목표로 하는 것이지 현재 문제만을 해결하는 것은 아니다.

넷째, 행동지향성이다. 정책은 장래의 바람직한 상태를 이룩하기 위한 의도적인 행동으로 볼 수 있다.

다섯째, 영향의 양면성이다. 정책은 국민들에게 서로 상반되는 영향을 미치는 경우가 많다. 즉, 정책에 따라서 혜택을 받는 국민들이 있는가 하면, 반대로 손해를 보는 국민들도 있게 된다. 따라서 정책의 영향은 양면성을 띤다고 볼 수 있다(이종수, 2009).

따라서 아동복지정책(child welfare policy)은 아동과 그 가족을 대상으로 복지를 실현하기 위하여 국가 및 관련 단체가 마련한 제도, 프로그램 및 활동 등을 의미한다.

일반적으로 사회복지정책은 '잔여적 복지'와 '제도적 복지'로 구분할 수 있다. '잔여'라는 말은 '남아 있음', '또는 그런 나머지'라는 사전적 의미를 담고 있다. 잔여적 복지는 개인이 가진 모든 자원을 활용하여 욕구가 충족되지 않았을 때, 이를 보충해 주는 것, 또는 그 나머지 부분에 대하여 지원을 해 주는 것으로 보충적 복지라고도 한다. 서비스를 필요로 하는 사람에게만 제공하기 때문에 공공부조의 성격이 강하다. 이러한 보충적 복지는 복지 혜택을 받는 사람들을 사회의존인구로 보는 부정적인 시각이 작용할 수 있다. 다시 말해 사회적 취약계층을 위한 최소한의 복지적 혜택이므로 수혜를 받는 사람에게는 취약계층의 낙인효과를 수반하게 된다.

제도적 복지는 말 그대로 어떠한 제도를 통하여 개인의 문제나 욕구를 해결해 주는 것을 말한다. 제한된 대상에게 부분적인 서비스를 제공하는 것이 아니라, 전체 사회구성원의 신체적·심리적·사회적 욕구 충족과 이에 대한 문제점을 예방 및 해결하기 위한 복지를 말한다(이순자 외, 2018). 즉, 제도적 복지는 잔여적 복지와 반대로 개인이 가진 모든 자원을 활용하기 이전에 욕구나 문제를 제도적으로 보완·보충해 주는 것을 의미한다.

아동복지정책을 시행함에 있어 누구를 대상으로 하는지에 따라 보편주의와 선별주의 원칙을 적용한다. 이는 복지서비스를 받을 수 있는 자격과 범위를 구분하는 원리이다(Gilbert & Terrell, 2005). 보편주의란 보편성에 따라 모든 국민이 당면하는 문제나 위험에 대하여 동일하게 복지 혜택을 받는 것을 말한다. 즉, 사회적 권리로서 모든 국민에게 주어진다는 것이다. 이는 그 대상을 선별할 필요가 없기 때문에 행정적 비용은 적게 들어가지만 전체 사용되는 재정은 클 수밖에 없다. 보편주의에 입각한 아동복지정책은 출산급여, 아동수당, 의료보장, 무상교육 등이 이에 해당한다.

선별주의란 선택적으로 복지서비스를 제공한다는 것이다. 즉, 특정한 조건으로 제한하여 복지의 수혜자를 정하는 것이다. 이는 그 대상을 선별하여 지원하기 때문에 한정된 자원을 가장 필요한 사람에게 배분한다. 하지만 대부분 지급 기준이 소득과 재산으로 결정하기 때문에 사회적으로 낙인이 생긴다는 부분이 있다. 선별주의에 입각한 아동복지정책은 장애아동수당, 기초생활보장, 기초연금 등이 이에 해당한다.

장애수당 50% 인상·부모급여 도입… 새해 바뀌는 복지제도는

올해부터는 기초생활보장 생계급여액이 인상되고, 생계, 의료급여 수급자 재산기준이 완화됩니다. 긴급복지지원 생계지원금과 장애수당 단가가 오르고, 부모급여가 도입됩니다. 보건복지부는 오늘(5일) '2023년 보건·복지정책, 이렇게 달라집니다'라는 자료를 통해, 이같이 밝혔습니다.

우선, 2023년 기준 중위소득이 맞춤형 급여 시행 이후 최대 폭으로 인상됨에 따라 생계급여액이 인상됩니다. 4인 가구 기준으로, 최대 생계급여액 154만 원에서 162만 원으로 인상됩니다. 생계지원금 단가는 현재 1인 가구 58만 3,400원, 4인 가구 153만 6,300원에서 1인 가구 62만 3,300원, 4인 가구 162만 200원으로 오릅니다. 보건복지부는 "재산기준 완화를 통해 3만 5,000여 가구가 생계급여를, 1만 3,000여 가구가 의료급여를 새로 받을 수 있을 것으로 예상된다"고 밝혔습니다.

또한, 2015년 이후 유지되었던 장애수당 단가(재가 월 4만 원, 시설 월 2만 원)가 2023년에 50% 인상(재가 월 6만 원, 시설 3만 원)됩니다. 부모급여 관련해서는 만 0세 아동에 대해서는 매월 70만 원, 만 1세 아동에 대해서는 매월 35만 원을 지급합니다.

출처 : SBS Biz(2023. 1. 5.). 장애수당 50% 인상·부모급여 도입… 새해 바뀌는 복지제도는.

2) 아동복지정책의 유형

우리나라의 사회보장에 대한 법적 정의는 「사회보장기본법」에서 찾을 수 있다. 이 법 제3조 제1호에서 '사회보장이란 출산, 양육, 실업, 노령, 장애, 질병, 빈곤 및 사망 등의 사회적 위험으로부터 모든 국민을 보호하고 국민 삶의 질을 향상시키는 데 필요한 소득·서비스를 보장하는 사회보험, 공공부조, 사회서비스를 말한다.'라고 정의하고 있다(조형숙 외, 2020; 법제처 국가법령정보센터, 2023).

① 사회보험제도

국민에게 발생하는 사회적 위험을 보험방식에 의하여 지원하는 제도이다. 사회적 위험으로부터 보호하기 위하여 강제적 가입방식에 의해 운영되는 프로그램이며, 모든 사람이 최저한의 기초생계를 유지할 수 있도록 소득을 보장해 주는 제도이다. 다시 말해, 사회보험제도는 사회적 위험을 예상하고 이에 대처함으로써 국민의 경제생활을 보장하려는 것이다. 우리나라는 아동과 그 가족을 대상으로 하는 사회보험제도는 발달하지 않았다. 그러나 국민연금과 고용보험 등이 모든 가구를 대상으로 한다는 점에서 아동복지정책의 한 범주라고 볼 수 있다(정옥분 외, 2020).

「사회보장기본법」에 '사회보험이란 국민에게 발생하는 사회적 위험을 보험의 방식으로 대처함으로써 국민의 건강과 소득을 보장하는 제도를 말한다.'라고 정의하고 있다. 사회보험 중에서 아동과 직접적으로 관련이 있는 정책은 아동수당, 소년소녀가정에 대한 공공부조가 있으며, 간접적으로는 의료보험이나 고용보험 등이 이에 해당된다. 우리나라의 4대 사회보험제도는 업무상의 재해에 대한 산업재해보상보험, 질병과 부상에 대한 건강보험과 질병보험, 사망, 노령 등에 대한 연금보험, 실업에 대한 고용보험제도가 있다.

② 공공부조(公共扶助)제도

「사회보장기본법」에 '공공부조란 국가와 지방자치단체의 책임하에 생활유지 능력이 없거나 생활이 어려운 국민의 최저생활을 보장하고 자립을 지원하는 제도를 말한다.'라고 정의되어 있다. 공공부조는 대부분 재원이 국가의 조세로 운영되고, 관련 제도로는 국민기초생활보장제도, 긴급복지지원제도, 의료급여 등이 있다.

공공부조는 과거에는 공적부조라는 말을 사용하였으나, 1995년 제정된「사회보장기본법」에서 공공부조로 변경되었다.

생계를 영위하는 데 어려움이 있는 취약계층이 자립할 수 있을 때까지 국가가 보호해 주는 구빈제도라고 볼 수 있다. 우리나라의 공공부조는 2001년부터 시행된「국민기초생활보장법」에 의하여 주로 이루어지고 있다. 취약계층에게 주어지는 무상원조이며, 현금 또는 현물급여를 통해 자립과 재활을 촉진하고 있다.

③ 사회복지서비스

「사회보장기본법」에 '사회서비스란 국가와 지방자치단체, 그리고 민간의 도움을 필요로 하는 모든 국민에게 보건의료, 교육, 고용, 주거, 문화, 환경 등의 분야에서 인간다운 생활을 보장하고 상담, 재활, 돌봄, 정보의 제공, 관련 시설의 이용, 역량 개발, 사회참여 지원 등을 통하여 국민의 삶의 질이 향상되도록 지원하는 제도를 말한다.'라고 정의되어 있다.

사회복지서비스는 취약계층 아동을 대상으로 지방자치단체에서 실시하는 아동복지서비스, 복지관 프로그램, 장애인 관련 서비스 등이 여기에 포함된다.

④ 데모그란트(Demogrant)

사회수당으로 불리기도 하는 데모그란트는 보편적 복지의 범주에 속하는 복지제도로 볼 수 있다. 데모그란트는 경제적 수준에 관계없이 특정 범주에 속한 인구계층이면 누구나 혜택을 받는 복지서비스이다. 사회수당은 보편주의 원칙에 따라 모든 국민에게 조세에 의하여 현금이나 서비스를 제공하는 것을 의미한다(정옥분 외, 2020). 사회수당은 영국과 호주 등에서 실시되고 있으며 정부가 모든 국민에게 일정액의 연금을 보장하는 것이 여기에 해당된다. 사회수당은 당사자의 경제적 수준이나 부양자의 유무에 관계없이 65세 이상의 노인에게 보편적으로 지급되는 노령연금 등 사회보장적 성격이 강한 것이 특징이다.

3) 아동복지 관련 정책

아동복지 관련 정책으로는 요보호아동 자립 지원, 제2차 아동정책 기본계획 수립, 정기적 아동실태조사 및 통계 정비, 입양, 가정위탁 지원, 공동생활가정 운영, 디딤씨앗통장, 아동수당 지급, 아동통합서비스 지원(드림 스타트) 등이 있다(보건복지부, 2015; 보건복지부, 2020; 아동권리보장원, 2023).

① 요보호아동 자립 지원

보호대상아동(아동복지시설, 가정위탁)의 자립 준비 역량을 강화하고 18세 이후 사회 진출 시 안정적인 자립 기반을 마련할 수 있도록 지원하는 것이 목적이다. 사업내용으로는 아동복지시설에서 보호 중인 아동의 자립 의지, 자립 기술 향상 및 경계선지능아동의 자립 능력 향상을 위한 맞춤형 자립지원서비스 제공 등이 있다. 자립 지원 대상은 아동복지시설에서 보호 중인 아동 또는 아동복지시설에서 보호 중인 경계선지능 아동이다.

② 아동정책 기본계획 수립

제1차 아동정책 기본계획 수립은 아동 관련 업무를 포괄하는 범정부 차원의 종합적인 아동정책에 대한 국가기본계획이다. 2002년 어린이보호육성종합대책, 2003년 어린이안전종합대책, 2004년 빈곤아동청소년종합대책, 2013년 유아교육발전기본계획 등 여러 정부부처에서 개별적으로 수립되었던 정책을 통합함으로써 2015년부터 5년간(2015～2019년) 시행할 우리나라 아동정책의 청사진을 제시하고 있다.

2011년 「아동복지법」 개정에서 아동정책 기본계획 수립을 위한 법적 근거(제7조, 제8조)를 마련하였다. 제1차 아동정책 기본계획의 비전은 '행복한 아동, 존중받는 아동'으로, 아동의 행복과 삶의 질을 정책 최우선 과제로 선정하였다.

제2차 아동정책 기본계획은 관계부처 합동으로 2020년 8월 수립하였다. 제1차 아동정책 기본계획을 통하여 아동의 보편적 복지 확대 등을 위해 노력하였다. 그러나, 아동의 행복 수준 향상에 한계를 느끼고 아동권리보장, 보호필요아동에 대한 국가책임 확대 등 새로운 방향 설정이 필요하다고 보았다. 더불어 보다 근본적인 아동의 행복 향상을 위해 복지, 교육, 여가·문화, 안전, 사법절차 등 정부정책 전반에 아동 중심 관점을 반영할 필요가 있었기에 제2차 아동정책 기본계획을 수립하게 되었다.

추진 방향은 실질적인 아동의 삶 변화, 일상 속에서 아동권리 적극 보장으로 아동 행복 체감도를 제고하고, '아동 중심' 관점으로 정책 패러다임 전환 및 아동 특성을 고려한 과제를 중점적으로 제시하였다.

주요 핵심 과제는 첫째, 권리주체로서 일상생활 속 아동의 권리 실현, 둘째, 미래 주역으로서 건강하고 균형있는 발달 지원, 셋째, 아동의 공정한 출발을 위한 국가책임 강화이다.

③ 입양

입양의 목적은 보호대상아동이 안정적인 가정환경에서 건전하게 성장할 수 있도록 지원함으로써 아동의 복지증진을 도모하는 것이다. 주요사업으로는 국내입양우선추진제, 국내입양가정에 대한 경제적 지원(입양기관에 지급하는 입양비용 지원, 보건복지부 허가기관 270만 원, 시도 허가기관 100만 원), 입양아동양육수당 지급(만 18세 전, 월 20만 원), 장애아동의 경우 장애아동 양육보조금 및 의료비 별도 지원(만 18세 전), 입양아동 심리치료비 지원, 입양축하금 지급, 국내외 입양인 사후서비스 지원, 공무원 입양휴가제 도입 등이 있다.

〈표 4-1〉 **연도별 국내외 입양 현황**

(단위 : 명, %)

구분	계	2012년 이전	2013	2014	2015	2016	2017	2018	2019	2020
국내	81,124 (32.6)	77,082 (31.8)	686 (74.4)	637 (54.4)	683 (64.6)	546 (62.0)	465 (53.9)	378 (55.5)	387 (55.0)	260 (52.9)
국외	168,096 (67.4)	165,367 (68.2)	236 (25.6)	535 (45.6)	374 (35.4)	334 (38.0)	398 (46.1)	303 (44.5)	317 (45.0)	232 (47.1)
계	249,220	242,449	922	1,172	1,057	880	863	681	704	492

④ 가정위탁 지원

가정위탁아동이 건선한 사회인으로 자랄 수 있도록 위탁 아동 및 위탁 부모에 대한 경제적·사회적 지원을 확대하고 있다. 가정위탁 지원의 목적은 보호대상 아동을 보호·양육하기를 희망하는 가정에 위탁 양육함으로써 가정적인 분위기에서 건전한 사회인으로 자랄 수 있도록 하는 것이다.

주요사업으로는 양육보조금 지원, 「국민기초생활보장법」에 의한 생계비 등 지원, 가정위탁아동 상해보험료 지원, 가정위탁아동 심리치료비 지원, 가정위탁아동에 대한 자립정착금 지원(지방이양), 가정위탁아동에 대한 대학진학자금 등 지원(지방이양), 위탁 가정 전세주택 지원(국토교통부), 전문아동보호비 지원, 아동용품구입비 지원(지방이양) 등이 있다. 대표적인 양육보조금 지원 내용을 살펴보면 다음과 같다.

〈표 4-2〉 양육보조금 지원 내용

연령	지원액
만 7세 미만(83개월까지)	월 30만 원 이상
만 7세부터 만 13세 미만(84～155개월)	월 40만 원 이상
만 13세 이상(156개월부터) *연장보호아동 포함	월 50만 원 이상

⑤ 공동생활가정 운영

공동생활가정은 보호대상아동에게 가정과 같은 주거여건과 보호, 양육, 자립 지원 서비스를 제공하는 것이다. 보호대상아동들을 대규모 집단시설 위주의 보호에서 소규모 가정 형태 보호로 전환하고, 지역사회 중심의 아동보호를 위한 새로운 보호 형태로 변화하고 있다. 1995년 국민복지기획단에서 마련한 국민복지 기본구상에 공동생활가정인 그룹홈 도입에 대한 부분이 논의되었고, 1996년 12월 그룹홈제도 도입을 결정하여 1997년부터 시범사업을 실시하였다. 이후 아동복지법상 아동복지시설 종류에 공동생활가정이 추가된 것은 2004년이다.

〈표 4-3〉 공동생활가정 지원 현황 (단위 : 개, 백만 원/ 연도 말 기준)

구분	2005	2015	2016	2017	2018	2019	2020
설치 수	154	480	510	533	558	578	591
지원예산	424	8,623	10,708	12,308	14,108	15,632	16,861

⑥ 디딤씨앗통장

저소득 아동의 사회진출 시 필요한 자립자금 마련에 도움을 주기 위하여 아동복지시설 아동, 가정위탁 아동 등을 대상으로 아동발달지원계좌(CDA: Child Development Account)를 2007년 4월 도입하였다. 이후 국민에게 쉽게 다가가기 위하여 명칭 공모전을 거쳐 선정된 '디딤씨앗통장'을 대국민 브랜드로 2009년부터 사용하게 되었다. 저소득층 아동의 사회진출 시 학자금, 취업, 창업, 주거마련 등에 소요되는 초기비용 마련을 위한 자산형성을 장기적으로 지원할 필요가 대두되었고, 아동에 대한 사회투자로 빈곤의 대물림을 방지하고 건전한 사회인 육성을 위하여 추진하였다.

사업내용은 아동이 후원 등을 통해 월 5만 원 이내의 금액을 저축하면 국가(지자체)에서 만 18세 미만까지 저축액의 2배에 해당하는 액수(1:2 매칭펀드)를 지원하여 만18세 이후 사회진출 시 학자금, 전세금, 창업자금 등으로 사용하도록 하고 있다. 지원 대상은 만 18세 미만 아동으로서 아동복지시설 생활아동, 가정위탁아동, 소년소녀가정, 공동생활가정 및 장애인시설 생활아동, 기초생활수급가정(중위소득 40% 이하 기준)의 아동이다.

⑦ 아동수당 지급

아동수당을 지급하여 아동 양육에 따른 경제적 부담을 경감하고 건강한 성장 환경을 조성함으로써 아동의 기본적 권리와 복지를 증진시키시 위함이다. 아동수당의 지원 근거는 아동수당법이며, 지원 대상은 만 8세 미만 모든 아동이 그 대상이다. 지원 금액은 아동 1인당 월 10만 원이며, 지원 방법은 현금 입금이 원칙이지만 시군구 조례로 정하는 경우 지역상품권으로 지급도 가능하나.

⑧ 아동통합서비스 지원(드림 스타트)

모든 아동에게 동등한 출발기회를 제공하고, 건강하고 행복하게 성장할 권리를 보장하기 위해 아동의 욕구와 강점에 초점을 둔 통합사례관리가 필요하다. 이에 '드림 스타트'를 도입하여 가족해체에 따른 가족기능 약화 및 사회양극화로 빈곤의 대물림 심화, 밀착형 서비스가 필요한 취약계층 아동에 대한 집중관리 등에 대한 부분을 지원하고 있다. 이 제도는 국가 성장잠재력 제고를 위한 선제적 인적 투자로써 아동에 대한 지원을 하고, 아동발달에 대한 조기 개입을 통하여 성장과 복지의 선순환을 달성하는 등 사회적 환원 효과가 높다. 드림 스타트는 「아동복지법」 제37조에 근거하여 취약계층 아동과 가족 중 사업대상 아동을 발굴하고 문제 및 욕구를 파악하여, 지역자원 연계를 통한 건강, 영양, 교육, 문화, 복지 등의 맞춤형 통합서비스를 제공하는 것이다.

〈표 4-4〉 드림 스타트 운영 현황

(단위 : 개소)

연도	2008	2009	2010	2011	2012	2013	2014	2015~
시·군·구 (사업실시단위)	32	75	101	131	181	211	219	229

지원 대상은 0세~만 12세(초등학생 이하) 아동 및 가족이며, 만 13세 이상 아동 중 초등학교 재학하고 있는 아동도 포함된다. 지원자 중에서 수급자 및 차상위계층 가정, 한부모가정(조손가정 포함), 학대피해아동 등에 대한 우선 지원을 원칙으로 하고 있다.

지원 내용은 아동의 양육환경 및 발달 상태에 따른 사례관리를 통해 건강, 기초학습, 사회성 함양, 부모교육, 가족지지 등 맞춤형 통합서비스를 제공한다. 또, 건강검진 및 건강관리, 기초학습 지원, 사회정서 증진 서비스, 부모 양육지원 등 아동발달 영역별 서비스도 하고 있다.

〈표 4-5〉 드림 스타트 지원 내용

서비스 영역	서비스 내용
신체 · 건강 서비스	• 건강검진 및 예방 : 신체 및 건강검진, 예방접종, 치과검진 및 관련 교육, 건강교육, 클리닉, 응급처치 및 영양 관련 교육 등 • 건강관리 : 질병 관련 치료지원 등
인지 · 언어 서비스	• 기초학습 : 기초학력검사, 기초학력배양, 독서지도, 경제교육 등 • 학습지원 : 교구재활용학습, 공부방, 도서관 운영, 보충학습, 예체능, 학습지 지원 등
정서 · 행동 서비스	• 사회정서 : 사회성발달, 정서발달, 아동권리교육, 아동학대 예방, 성폭력 예방, 다문화 관련 교육, 소방 및 안전교육, 진로지도 등 • 심리행동 : 심리상담 및 치료, 인터넷중독 상담 및 치료 등 • 보호 : 돌봄기관 연계, 야간 보호 및 교육 등 • 문화체험 : 체험학습, 영화 및 공연관람, 캠프 등
부모 및 가족, 임산부 서비스	• 부모교육 : 상담 및 교육, 자녀발달, 양육, 자조모임 등 • 부모지원 : 취업지원, 자활상담, 가계경제상담 등 • 양육지원 : 다문화가정지원, 취미, 여가, 안전 및 건강지원 등 • 임산부지원 : 산전산후관리 등

2. 아동복지 관련법

아동복지와 관련된 법에는 기본적인 인권을 보장하는 최상위 법인 「헌법」에 기초한다. 그러나 아동복지와 관련된 법은 「아동복지법」, 「영유아보육법」, 「입양특례법」, 「한부모가족지원법」, 「건강가정기본법」, 「청소년 기본법」, 「청소년 보호법」, 「청소년성보호법」 등이 있다(법제처 국가법령정보센터, 2023; 행정안전부 국가기록원, 2023).

〈표 4-6〉 **아동복지 관련법**

구 분		법 률
아동복지 관련법		아동복지법, 영유아보육법, 입양특례법, 한부모가족지원법, 건강가정기본법, 청소년 기본법, 청소년 보호법, 청소년성보호법
기타 아동 관련법	사회복지 관련법	사회보장기본법, 국민기초생활 보장법, 재해구호법, 사회복지사업법, 장애인복지법, 가정폭력방지법, 국민연금법, 국민건강보험법, 의료급여법, 고용보험법, 산업재해보상보험법
	보건, 위생 관련법	지역보건법, 국민건강증진법, 정신건강복지법
	교육 관련법	교육기본법, 평생교육법, 유아교육법, 특수교육법, 학교급식법, 학교보건법
	정보화 관련법	정보통신망법
	노동 관련법	근로기준법, 직업안정법, 최저임금법, 장애인고용법
	법무 관련법	소년법, 보호소년법

1) 아동복지법

1961년 12월 30일 「아동복리법」을 제정하여 1962년 1월 1일 시행하였고, 1981년 4월 13일 「아동복지법」으로 명칭과 전문 내용이 개정되었다. 1961년 법이 제정된 초기에는 선별주의적인 접근으로 구호적인 성격의 복지에 주안점을 두었다. 그러나 1981년 「아동복지법」으로 명칭과 전문 내용이 개정되면서 요보호아동뿐만 아니라 일반아동을 포함한 전체 아동의 복지를 고려하였다.

이 법은 아동이 건강하게 출생하여 행복하고 안전하게 자랄 수 있도록 아동의 복지를 보장하는 것을 목적으로 한다. 즉, 아동의 건강한 양육과 보호를 목적으로 복지를 보장함을 기본 정신으로 제정된 아동복지의 모법이다. 그 후 2020년 12월 29일 전문이 개정되었다. 국가와 지방자치단체의 책무, 아동복지정책의 수립 및 시행, 아동에 대한 보호서비스 및 아동학대의 예방 및 방지, 아동에 대한 지원서비스, 아동복지시설 등에 대한 내용을 담고 있다.

제2조(기본 이념) ① 아동은 자신 또는 부모의 성별, 연령, 종교, 사회적 신분, 재산, 장애유무, 출생지역, 인종 등에 따른 어떠한 종류의 차별도 받지 아니하고 자라나야 한다.
② 아동은 완전하고 조화로운 인격발달을 위하여 안정된 가정환경에서 행복하게 자라나야 한다.
③ 아동에 관한 모든 활동에 있어서 아동의 이익이 최우선적으로 고려되어야 한다.
④ 아동은 아동의 권리보장과 복지증진을 위하여 이 법에 따른 보호와 지원을 받을 권리를 가진다.

2) 영유아보육법

우리나라 보육제도는 취업여성들의 아동을 보호하는 탁아사업의 형태로 시작되었다가, 1980년대 후반부터 기혼여성의 사회진출을 적극적으로 지원하는 차원에서 사회적 책임문제가 제기되기 시작하였다. 1991년 「영유아보육법」 제정 이후 보육정책의 기조는 시설의 양적 확충에 초점이 맞추어져 왔다. 그 결과 시설 수 및 보육아동의 양적인 측면에서는 성과가 있었으나, 보육의 질적인 측면에서는 미흡한 실정이었다.

「영유아보육법」은 영유아의 심신을 보호하고 건전하게 교육하여 건강한 사회 구성원으로 육성함과 아울러 보호자의 경제적·사회적 활동이 원활하게 이루어지도록 함으로써 가정복지 증진에 이바지함을 목적으로 제정되었다. 즉, 보호자가 아동을 가정에서 양육할 수 없거나 아동이 장애를 가지고 있을 때, 가정환경에 결함이 있을 때 혹은 거주 지역의 환경이 아동의 건강한 성장에 부적절한 요인을 가지고 있을 때 가정을 대신하여 보호함으로써 아동복지의 증진을 촉진하기 위한 것이다.

제3조(보육 이념) ① 보육은 영유아의 이익을 최우선적으로 고려하여 제공되어야 한다.

② 보육은 영유아가 안전하고 쾌적한 환경에서 건강하게 성장할 수 있도록 하여야 한다.

③ 영유아는 자신이나 보호자의 성, 연령, 종교, 사회적 신분, 재산, 장애, 인종 및 출생지역 등에 따른 어떠한 종류의 차별도 받지 아니하고 보육되어야 한다.

3) 입양특례법

우리나라 최초의 입양 관련 법률은 1961년에 제정된 「고아 입양 특례법」으로서 외국인이 한국의 전쟁고아들을 양자로 하는 것에 대한 절차를 규정한 것이었다. 이후 1976년 12월 31일 국내외 입양을 촉진하기 위한 「입양특례법」이 제정되었으나, 입양과 관련한 국가의 역할은 관리·감독에 한정되었다. 1995년 「입양촉진 및 절차에 관한 특례법」을 통한 국내입양 아동에 대한 정부의 강력한 보호의지가 확인되었다. 그 후 이 법은 2010년까지 3차례에 걸쳐 개정되었다가 2011년 다시 「입양특례법」으로 전면 개정되면서, 아동에 대한 최선의 보호는 출신가정 내에서 양육되어져야 한다는 것과 최소한 출신 국가 내에서 양육되어야 한다는 것을 표방하였다(홍정화 외, 2019). 더불어 입양에 대한 국가의 개입 의무와 책임성을 강화하고, 국가와 지방자치단체가 필요한 조치 및 지원을 하도록 규정하며 그 범위를 확대해 오고 있다.

〈그림 4-1〉 **입양 관련법의 변화**

입양 관련 법률		
고아 입양 특례법	1961년	외국인이 한국의 전쟁고아들을 양자로 하는 것에 대한 절차를 규정
입양특례법	1976년	국내외 입양을 촉진
입양 촉진 및 절차에 관한 특례법	1995년	요보호아동의 입양 활성화 및 입양 촉진
입양특례법	2011년	입양숙려제도 도입, 국내외 입양 모두 법원 허가, 국내입양의 우선 추진 의무화 등 아동의 권익과 복지를 증진

4) 건강가정기본법

「건강가정기본법」은 사회의 변화에 따라 가족해체 현상이 급속도로 증가하여 지금까지 실시하고 있는 요보호대상자를 위주로 한 복지정책으로는 위기가정의 문제를 해결하는 데 한계가 있음을 인식하고 가정을 단위로 한 통합적이며 예방적 복지를 구현하기 위해 2004년 2월 제정되었다. 2005년 1월 1일부터 시행된 이 법은 건강한 가정생활의 영위와 가족의 유지 및 발전을 위한 국민의 권리·의무와 국가 및 지방자치단체 등의 책임을 명백히 하고, 가정문제의 적절한 해결방안을 강구하며 가족구성원의 복지증진에 이바지할 수 있는 지원정책을 강화함으로써 건강가정 구현에 기여하는 것을 목적으로 하고 있다.

제정 당시에는 보건복지부가 주무 부처였지만, 2005년 6월에 여성가족부로 이관되었다가 2008년 2월에 보건복지부로 변경되었고, 2010년 3월에 다시 여성가족부로 이관되었다. 여성가족부 장관은 관계 중앙 행정기관의 장과 협의하여 건강가정 기본계획을 5년마다 수립하여야 한다. 또한 국가 및 지방자치단체는 개인과 가족의 생활실태를 파악하고, 건강가정 구현 및 가정문제 예방 등을 위한 서비스의 욕구와 수요를 파악하기 위하여 3년마다 가족실태조사를 실시하고 그 결과를 발표하여야 한다. 2018년 법을 개정하면서 가족실태조사에 1인 가구의 연령별·성별·지역별 현황과 정책 수요 등에 관한 사항이 포함되도록 관련 규정을 신설하였으며, 이 법을 근거로 한국건강가정진흥원 설립 및 건강가정지원센터 설치 및 운영을 하고 있다.

5) 한부모가족지원법

모자가정에 대한 복지는「아동복지법」과 「생활보호법」에 의하여 이루어졌다. 영세모자가정의 경우에는 「생활보호법」에 근거하여 거택, 자활, 의료보호를 받았으나, 수급범위가 한정되고 모자가정에 대한 우선 조항이 없는 실정이어서, 모자보호시설(모자원)의 경우 「아동복지법」에 근거하여 입소혜택을 받고 있었다. 이러한 어려움으로 인해 1982년 부녀보호사업 전국연합회는 일본의 모자복지법과 거의 동일한 「모자복지법」 초안을 마련하였다. 그리고 1988년 여성개발원은 「모자복지법」 제정에 있어서 기초 자료를 작성한다는 취지하에 저소득층 모자가정에 관한 연구결과를 발표하였다. 「모자복지법」은 1988년 12월 9일 여성 의원을 중심으로 하여 국회보건사회위원회에 제안하였으며, 이 법안은 국회의 심의를 거쳐 1989년 4월 1일 제정되어 그해 7월 1일부터 시행되었다. 그 후 시대적 요구를 반영하여 보호대상인 모자가정을 확대해 부자가정에 대해서도 지원하도록 2002년 12월 18일 「모자복지법」을 「모·부자복지법」으로 변경하였다. 2007년 부모의 사망, 생사불명, 장애, 질병, 장기복역 등으로 부양받을 수 없는 아동과 조부 또는 조모로 이루어진 가정, 만 24세 미만의 청소년 한부모가정을 지원 대상 범위에 포함시켜 「한부모가족지원법」으로 개정되었다.

1989년 제정된 「모자복지법」은 배우자와 사별, 이혼, 유기, 별거 등의 사유로 배우자가 없거나 배우자가 있어도 노동 능력을 상실하여 여성이 생계를 책임지는 모자가정이 자립·재활을 할 수 있도록 지원함을 목적으로 하였다. 그 후 이혼의 급격한 증가와 경제 구조의 변화로 「모·부자복지법」으로 전면 개정된 것이다. 모·부자복지는 모·부자가정이 겪을 수 있는 문제를 해결하고 그들이 인간답게 살아갈 수 있도록 돕는 사회복지적인 노력과 활동이라고 할 수 있다. 그러나 다시 이 법을 「한부모가족지원법」으로 개정하여 한부모가정 세대주의 자격으로서 자녀와 함께 보다 종합적이고 체계적으로 복지서비스를 받을 수 있게 되었다. 국가는 모·부자가정의 복지와 권익의 향상을 위하여 노력해야 한다는 규정을 근거로 좀 더 구체적인 법적 근거를 마련하고 있다는 점에서 큰 의미가 있다.

6) 청소년 기본법

청소년육성정책에 관한 법률의 기본 법적 지위를 가진 법으로 1987년 「청소년

육성법」이 제정되었고, 이후 1991년 「청소년육성법」을 대체하여 「청소년 기본법」이 제정된 뒤 수차례 개정을 거쳐 현재에 이르고 있다. 「청소년 기본법」은 청소년 관련법 중의 기본법이며, 청소년 육성에 관하여 다른 법률보다 우선하여 적용한다. 청소년육성에 관한 법률을 제정하거나 개정할 때에는 「청소년 기본법」의 취지에 맞도록 하여야 한다. 이 법에서는 청소년의 권리와 책임에 대하여 규정하고 있다. 청소년의 기본적 인권은 청소년활동, 청소년복지, 청소년보호 등 청소년육성의 모든 영역에서 존중되어야 한다. 청소년은 인종, 종교, 성별, 나이, 학력, 신체조건 등에 따른 어떠한 종류의 차별도 받지 아니하며, 청소년은 외부적 영향에 구애받지 아니하면서 자기 의사를 자유롭게 밝히고 스스로 결정할 권리를 가진다.

「청소년 기본법」은 청소년의 권리 및 책임과 가정, 사회, 국가, 지방자치단체의 청소년에 대한 책임을 정하고 청소년정책에 관한 기본적인 사항을 규정함을 목적으로 하고 있다.

제2조(기본 이념) ① 이 법은 청소년이 사회구성원으로서 정당한 대우와 권익을 보장받음과 아울러 스스로 생각하고 자유롭게 활동할 수 있도록 하며 보다 나은 삶을 누리고 유해한 환경으로부터 보호될 수 있도록 함으로써 국가와 사회가 필요로 하는 건전한 민주시민으로 자랄 수 있도록 하는 것을 기본 이념으로 한다.

② 제1항의 기본 이념을 구현하기 위한 장기적·종합적 청소년정책을 추진할 때에는 다음 각 호의 사항을 그 추진 방향으로 한다.

1. 청소년의 참여 보장
2. 창의성과 자율성을 바탕으로 한 청소년의 능동적 삶의 실현
3. 청소년의 성장 여건과 사회환경의 개선
4. 민주·복지·통일조국에 대비하는 청소년의 자질 향상

7) 청소년 보호법

「청소년 보호법」은 1997년에 제정되어 수차례 개정된 법률로, 만 19세가 되는 해 1월 1일에 도달하지 못한 사람 즉, 청소년 보호법 기준 미성년자에게 유해한 매체물과 약물 등이 청소년에게 유통되는 것과 청소년이 유해한 업소에 출입하는 것 등을 규제하고 청소년을 유해한 환경으로부터 보호·구제함으로써 청소년이 건전한 인격체로 성장할 수 있도록 함을 목적으로 한다. 이 법은 우리 사회가 자율화되고 물질만능주의 경향이 심화됨에 따라 점차 심각해지고 있는 음란·폭력적인 청소년 유해매체물과 유해약물 등이 청소년에게 유통되는 것을 막고, 청소년 유해업소에 청소년이 출입하는 것 등을 규제함으로써 성장과정에 있는 청소년을 각종 유해한 사회환경으로부터 보호하고 청소년을 건전한 인격체로 성장할 수 있도록 하기 위하여 제정된 것이다.

「미성년자 보호법」을 대신해 제정되었으며, 법체계상 「청소년 기본법」의 하위 법률이다. 가끔 「소년법」과 혼동하는 사람이 많이 있지만 전혀 다른 법률이다. 「청소년 보호법」은 청소년이 행위의 객체(대상)가 되는 경우이고, 「소년법」은 청소년이 행위의 주체가 되는 경우이다.

3. 아동복지정책의 개선방안

아동에 대한 국가와 사회의 관심 증대와 함께 과거보다도 정부 차원에서 아동복지정책과 서비스가 확장되었음에도 아동의 행복지수는 여전히 낮고, 지역 간의 격차, 계층 간의 격차에 따른 불균형을 이루고 있다.

우리 아이들은 행복하지 않답니다

직장인 김 모씨(36)는 유치원에 다니는 여섯 살짜리 아들을 보면 안타까운 마음이 든다. 매일 아침 7시면 눈을 비비면서 일어나 영어유치원으로 향하는 모습을 보면 아무런 걱정 없이 마음껏 뛰놀던 자신의 어린 시절이 떠오르기 때문이다. 김 씨는 "어릴 때부터 좋은 친구들과 사귀라고 일부러 대치동 월셋집으로 왔다"면서 "피곤해하는 아들 얼굴을 보면 마음이 아프지만 혹시 뒤처질까 봐 아낌없이 과외를 시키고 있다"고 말했다. 1923년 제정된 어린이날이 올해로 100주년을 맞이했지만 극심한 교육 경쟁, 물신주의 등으로 어린이들 표정은 밝지 못하다.

어린 나이에 가족이나 또래 친구들과 어울리기보다 사교육 등으로 내몰리는 환경 영향이 크기 때문이다. 전문가들은 "한국은 아이들이 학업 스트레스를 많이 받는 대표적인 나라"라며 "스트레스를 덜 받거나 스트레스를 잘 풀 수 있는 환경을 만들어줘야 한다"고 입을 모은다.

4일 건강보험 심사평가원에 따르면 2020년 국내 5~14세 우울증 환자는 9,621명에 육박했다. 2017년에는 6,421명이었는데 불과 3년 만에 49.8% 급증한 셈이다. 같은 기간 전 연령대의 우울증 환자가 68만 169명에서 83만 7808명으로 23.2%가량 늘어난 것과 비교하면 어린이·청소년의 정신건강 문제가 훨씬 빠르게 악화되는 양상이다. 어린이들이 겪고 있는 정신건강 문제는 다른 나라들과 견주어 봐도 확연히 눈에 띈다. 지난해 말 한국방정환재단이 공개한 '한국 어린이·청소년 행복지수' 연구결과에 따르면 조사 대상인 경제협력개발기구(OECD) 22개국 중 한국 어린이·청소년의 행복지수가 22위로 꼴찌를 기록했다.

OECD 어린이 행복지수

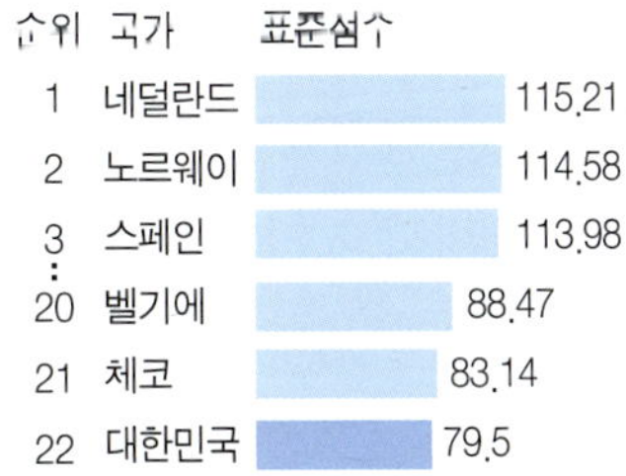

자료: 한국방정환재단
(OECD 2021년 22개국 조사, 초등학교 4-6학년 기준).

늘어나는 어린이 우울증 환자

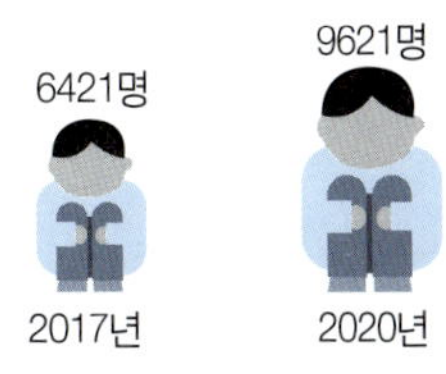

자료: 건강보험 심사평가원(5-14세 기준).

해당 조사에서 '행복을 위해 필요한 것'으로 돈, 성적 향상, 자격증 등의 '물질적 가치'를 언급한 아이들이 38.6%로 가장 많았다. 가족, 친구 등의 '관계적 가치'는 33.5%, 건강, 자유, 종교 등의 '개인적 가치'는 27.9%에 그쳤다. 관계적 가치를 꼽은 학생들이 상대적으로 행복점수가 높게 나타났는데, 2009년 대비 지난해에는 관계적 가치를 꼽은 비율이 10.8%p 줄어든 반면 물질적 가치는 9.5%p 증가했다.

출처 : 매일경제(2022. 5. 4). 우리 아이들은 행복하지 않답니다.

현대사회의 다양하고 복잡한 사회문제는 정부의 기능과 역할만으로는 해결할 수 없는 행정서비스의 구조적 특징이 있으므로 아동복지정책에 대한 재접근이 요구된다.

아동을 위한 정책의 핵심은 아동의 건강한 성장과 발달을 위한 것으로 기본적으로 아동의 권리를 보장하기 위한 것이어야 한다. 아동 중심적 관점을 기반으로 아동의 존재 그 자체로 존중하고 주체로서 아동 최선의 이익이 우선적으로 고려되어야 한다는 것이다. 그러나 현재 우리나라 아동정책은 아동의 권리와 건전한 육성이라는 본질적인 목표보다는 출산율 향상, 여성의 취업지원 등에 초점을 둔 정책이 개발되고 있다(김규수, 서영미, 2018).

이러한 점을 바탕으로 아동복지정책의 개선방안을 제시하고자 한다.

첫째, 아동복지정책의 주된 대상이 '아동'에서 '가족 전체'로 확대되어야 한다. 아동의 복지정책은 아동의 권리보장을 최우선에 두고, 가족 전체의 복지를 고려한 아동복지정책의 대상 확대가 요구된다. 아동정책 예산이 많은 비중을 차지하고 있었음에도 불구하고 부모가 체감하는 아동정책의 수혜는 높지 않았다. 가족구조의 다양화, 실업과 빈곤, 일가족양립의 관점에서 인구정책으로서의 가족을 포괄하는 아동정책이 필요하다.

둘째, 아동복지정책과 관련하여 책임 있는 행정 및 보고체계의 일관성 확립이 요구된다. 각 법령에 따른 여러 부처에서의 정책수립, 사업기획, 예산편성 등이 이루어지다 보니 분절과 누락이 발생하기도 한다. 따라서 이를 조정하고 체계적으로 관리할 수 있는 중앙정부의 책임담당관제를 마련하여 일관성 있는 하나의 보고체계로 통일하여야 한다.

셋째, 아동에 관한 법제 정비, 행정조직의 통합관리 및 기본법 제정이 필요하다. 아동에 대한 법제의 분화로 정책의 대상이 분산되어 각 부처에서의 중복과 누락, 혼선이 발생하고 있다. 아동의 생애주기상 연령기준은 영유아, 아동, 청소년으로 구분될 수 있는데, 법령상에서는 영아, 영유아, 유아의 범위가 불일치하고, 어린이의 개념도 법령마다 다르게 정의되고 있어 유아 또는 영유아에 대한 중복 부분의 정비가 필요하다. '아동'에 대한 의미도 각 개별 법에 따라 '아동', '청소년', '아동·청소년', '영유아', '유아', '영아', '어린이', '소년', '연소자', '미성년자' 등으로 달리 정의되고 있다. 또한 아동의 연령규정에서도 각 법령마다 기준과 범위가 일관성 없이 복잡하게 중복되어 발생하고 있다(장민선 외, 2018). 따라서 영유아, 어린이, 아동, 청소년의 연령정비를 통해 중복과 누락, 혼선이 발생하지 않도록 해야 한다.

더불어 아동정책을 수행하는 모든 행정조직 내에서 국 또는 과 단위로 통합관리할 필요가 있다. 현행 아동 관련법들과 「사회복지사업법」, 「청소년 기본법」 등의 아동과 연계된 법들 간의 관계를 정립하고 아동에 관한 기본법을 상위법으로 제정할 필요가 있다. 즉, 법과 제도를 통합하고 연계하는 컨트롤타워가 마련되어야 한다(국회보건복지위원회, 2019).

넷째, 아동복지서비스의 내실화와 다양화를 위하여 충분한 재원을 확보해야 한다. 이를 위해서는 아동복지 관련 시설 운영을 위한 재원을 충분히 확보하고, 해당 요구를 충족시키기 위한 정책과 제도를 실천하겠다는 의지가 있어야 한다. 아동은 국가 발전의 초석이라는 점을 인식하고 아동의 건전한 성장과 발달에 관련된 요보호아동을 위한 서비스와 일반아동을 위한 서비스 모두 적극적으로 개입하여야 한다(양정하, 2014).

다섯째, 아동복지 전문인력의 양성과 배치가 필요하다. 변화하는 아동과 가족의 욕구에 부응하여 제공되는 서비스를 확대하고 그 질을 높이기 위해 아동복지를 담당하는 아동복지 전담 공무원과 사회복지사의 확충과 전문성 확보가 필요하다.

♣ 생각 나누기 ♣

1. 제2차 아동정책 기본계획의 구체적인 내용을 찾아 분석하고 토론해 봅시다.

2. 우리나라와 다른 나라의 아동복지 정책과 제도를 찾아 비교해 봅시다.

아동복지서비스

제5장 아동복지서비스

아동복지서비스는 서비스를 받는 대상, 서비스를 제공받는 장소, 가족의 욕구수준 및 서비스의 기능에 따라 분류될 수 있다. 첫째, 서비스를 받는 대상에 따라서는 일반아동과 요보호아동으로 분류된다. 둘째, 서비스를 제공받는 장소에 따라서는 재가(가정 내) 또는 가정 외로 분류된다. 셋째, 가족의 욕구수준에 따라 분류된다. 넷째, 서비스가 가지고 있는 기능에 따라서 지지적 서비스, 보충적 서비스, 대리적 서비스로 분류된다(이순자 외, 2018; 이순형 외, 2016; 이은화 외, 2011; 한미현 외, 2011; 네이버 지식백과, 2023; 법제처 국가법령정보센터, 2023).

1. 서비스 대상에 따른 분류

아동복지서비스 대상은 일반아동과 요보호아동으로 구분하지만, 이는 행정 편의상 분류한 것이지 원칙적으로 대상을 구분하는 것은 쉽지 않다. 모든 아동은 일정 기간 타인의 도움이 필요하며, 자신의 생존과 권익을 위해 적극적인 행동을 하기 어려우므로 부모의 보호가 절대적으로 필요하다. 따라서 부모의 보호가 필요하다는 측면에서 보면, 일반아동과 요보호아동으로 구분하는 것은 무의미하다는 것이다(이순형 외, 2016).

아동복지는 빈곤, 학대, 비행, 장애 등의 문제로 보호가 필요한 요보호아동뿐만 아니라 일반아동 모두를 대상으로 한다. 또한 아동의 건강한 성장과 발달을 위해서는 부모가 필요하다는 점에서 아동의 부모도 그 대상으로 포함한다(이은화 외, 2011). 따라서 아동복지의 대상은 모든 아동과 그들의 부모라 할 수 있다(이순자 외, 2018). 그렇지만 본서에서는 일반아동 대상의 보편적 서비스와 요보호아동 대상의 선별적 서비스로 구분하여 살펴보고자 한다.

1) 일반아동 대상의 보편적 서비스

일반아동은 외부로부터의 특별한 지원이나 도움을 필요로 하지 않는 아동을 말한다. 즉, 아동이 그의 친부모와 가족과 함께 친가정에서 외부로부터 특별한 도움을 받지 않고 생활할 수 있는 아동을 의미한다(이순형 외, 2016).

「아동복지법」에서는 아동이 건강하게 출생하여 행복하고 안전하게 자랄 수 있도록 아동의 복지를 보장하는 것이 제정 목적이라고 하였다. 이는 우리나라의 아동복지정책이 일반아동과 요보호아동 모두를 대상으로 하는 보편적 서비스 제공을 기본 원리로 하고 있다는 것을 의미한다. 일반아동의 경우, 외부로부터 특별한 도움을 필요로 하지 않더라도 국민으로서 누려야 할 권리를 보장받아야 한다는 것이다. 다시 말해 일반아동을 위한 보편적 서비스는 아동의 잠재 능력을 보존하고 개발하며, 아동의 욕구를 충족시킴으로써 앞으로 발생할 수도 있는 문제를 예방할 수 있도록 지원하는 제반활동이라 할 수 있다.

일반아동을 위한 복지서비스로는 안전한 사회환경 조성, 아동수당제도, 아동 보육 및 교육 서비스, 모자보건서비스, 아동 놀이시설 확충 등 다양한 서비스가 포함된다(한미현 외, 2011). 더불어 만 5세 무상교육, 의무교육(초등학교, 중학교) 등이 보편적 서비스라고 볼 수 있다. 모든 아동에게 지급되는 아동수당제도는 많은 국가들이 시행하고 있다. 우리나라는 2018년 도입하여 현재 부모 소득과 관계없이 만 8세까지의 아동에게 1인당 월 10만 원이 지급되고 있다(네이버 지식백과, 2023).

아동복지정책 시행 초기에는 요보호아동을 대상으로 하는 아동복지서비스가 주를 이루었다. 그러나 사회 변화에 따른 현상(여성의 사회 진출에 따른 육아문제, 저출산, 고령화 등)이 사회문제로 대두되자 아동복지에 대한 관심이 증가하였다. 이에 아동복지의 책임이 국가와 사회에도 있다는 인식이 확산되면서 일반아동에 대한 복지서비스 정책이 확대되고 있다(이순자 외, 2018).

2) 요보호아동 대상의 선별적 서비스

요보호아동을 위한 복지서비스는 건강한 성장·발달에 대한 욕구 충족이 어려운 아동을 위해서 이루어지는 선별적 서비스로서, 요보호아동이란 아동 자신이나 그 아동을 양육하는 친부모나 가족구성원에게 개인적인 문제가 있거나 가정환경에 문제가 있어 외부로부터 특별한 도움을 받아야만 생활할 수 있는 아동을 말한다(이순형 외, 2016). 「아동복지법」 제3조에서는 요보호아동이라는 용어 대신 '보호대상아동'이라는 용어로 정의하고 있다. '보호대상아동이란 보호자가 없거나 보호자로부터 이탈된 아동 또는 보호자가 아동을 학대하는 경우 등 그 보호자가 아동을 양육하기에 적당하지 아니하거나 양육할 능력이 없는 경우의 아동을 말한다.'라고 규정되어 있다(법제처 국가법령정보센터, 2023)

우리나라의 경우 전체 아동을 대상으로 포괄적으로 제공되는 보편적 서비스보다 보호를 필요로 하는 아동을 대상으로 하는 선별적 서비스를 강조하여 왔다. 복지에 대한 이념, 제도 및 풍부한 재원도 부족했었기에 필요한 아동에게 구호적 측면에서 복지가 제공되는 것이 당연했다. 현대에 들어오면서 보호를 필요로 하는 아동의 개별적 욕구 충족을 위해 최적 수준의 외부 도움과 자원을 제공하는 등 전문적인 서비스를 지향하고 있다. 보호를 필요로 하는 아동에 대한 서비스는 거택보호, 가정보호, 위탁보호, 입양, 공동생활가정, 보호시설, 교호시설 등 광범위하게 운영되고 있다.

특히, 부적절한 양육환경에서 생활하는 아동의 경우 가정 밖 국가와 사회로부터 특별한 도움을 받아야 한다. 이러한 대표적 가정은 빈곤가정, 결손가정, 병리가정으로 구분된다(이순형 외, 2016; 이혜숙 외, 2009; 네이버 지식백과, 2003).

① 빈곤가정

가난을 공적인 영역에서 다룰 때 한자어인 빈곤(貧困)이라는 표현을 사용한다.

빈곤은 기본적인 욕구가 충족되지 않은 상태를 말하며, 세 가지 유형으로 나누어 볼 수 있다(네이버 지식백과, 2023).

첫째, 절대적 빈곤으로서 객관적으로 결정한 최저한도보다 미달되는 상태로 흔히 의식주 등 기본적 욕구를 해결하지 못하는 상태를 의미한다. 따라서 절대적 빈곤은 실질 경제성장이 계속되어 그 사회의 전반적인 생활수준이 향상되면 빈곤선 이하의 생활을 하는 사람의 숫자도 감소하게 된다.

둘째, 상대적 빈곤으로서 동일 사회 내의 다른 사람과 비교하여 적게 가지는 것을 말한다. 상대적 빈곤선은 특정사회의 구성원 대다수가 누리는 생활수준에 못미치는 수준을 말하는데, 이것은 사회적 관습과 생활수준에 따라 달라진다.

셋째, 주관적 빈곤으로서 자신이 충분히 갖고 있지 않다고 느끼는 것을 말한다. 제3자의 판단에 의해 객관적인 수준이 정해지는 것이 아니라 개인의 주관적인 판단수준에서 결정된다. 빈곤에 대한 대책으로는 사회보장정책, 기회평등대책, 노동시장정책, 조세정책 등이 있다.

우리나라는 급변하는 사회 속에서 사회적 관계망과 지지 자원이 부족한 가구에서 상대적으로 빈곤 탈출 가능성이 더욱 희박해져 빈곤이 장기화되고 있다. 비정규직의 증가와 고용불안정 등의 사회·경제지 변화는 새로운 빈곤계층을 형성하여 빈곤계층으로 유입되고 있다. 이로 인해 빈곤이 대물림되는 세습형 빈곤뿐만아니라 비빈곤층이 빈곤으로 추락하는 일이 발생하고 있다(이혜숙 외, 2009).

모든 가난이 국가나 사회의 책임은 아니며 개인의 책임도 존재한다. 하지만 인도주의와 관련된 인간성 존엄, 인격, 인권 등의 문제가 빈곤과 엮이지 않도록 「헌법」 제34조 제1항에는 '모든 국민은 인간다운 생활을 할 권리를 가진다.'고 명시되어 있다. 따라서 국민이 절대 빈곤에서 벗어날 수 있도록 기초생활보장제도를 통하여 생계급여, 주거급여, 의료급여, 교육급여 등을 제공하고 있다. 또 빈곤아동의 건전한 발달과 육성을 위하여 지역아동센터, 다함께 돌봄 등을 통하여 아동보호, 교육, 정서적 지원, 문화서비스 등 지역사회 내 방과 후 돌봄서비스를 필요로 하는 학령기 대상 아동을 중심으로 운영하고 있다.

② 결손가정

표준국어대사전에 따르면 결손가정은 '부모의 한쪽 또는 양쪽이 죽거나 이혼하거나 따로 살아서 미성년인 자녀를 제대로 돌보지 못하는 가정'으로 정의하고 있다. 결손의 한자어를 살펴보면, 차별적 표현을 내포하고 있는 것을 알 수 있다. 결손은 '이지러질 결(缺)', '덜 손(損)'을 사용한다. '이지러지다'라는 말은 어딘가 한 귀퉁이가 떨어지거나 찌그러져 있다는 뜻을 의미한다. 즉 결손은 어느 부분이 없거나 잘못되어서 불완전하다는 의미를 담고 있기 때문이다.

부부 중심의 가족을 기준으로 했을 때 편부모가정, 청소년가장가족 등 가족 중에 부, 모 혹은 양친이 없는 가정을 말하며, 재혼가정도 결손가정으로 간주한다. 하지만 결손가정이라는 말 자체에서 느껴지는 부정적 이미지 때문에 한부모가족, 조손가정 등으로 표현한다.

결손 원인으로는 기능적 측면에서 가족관계와 가족기능상의 장애를 들 수 있으며, 구조적 측면에서는 배우자가 질병, 사고, 재해 등으로 사망했을 경우, 이혼, 별거, 가출 등으로 결혼관계가 해소되었거나 부양의 의무를 하지 않는 경우, 장기간의 입원이나 수감으로 동거할 수 없는 경우, 미혼부모가족 등을 들 수 있다.

편부모가정은 전통적인 가족형태에서 형성되는 가족 지지체계가 부족하므로 자녀 양육에 대한 책임이 가중된다. 자녀의 부적응 행동, 낮은 자아개념 형성 등의 문제가 나타날 수 있다. 그러나 편부모가 충분한 애정과 관심을 가지고 일관된 훈육태도로 양육을 할 경우 원만하게 성장할 수 있다(네이버 지식백과, 2003).

'결손가정'과 '정상 가족' 사이

군부대에서 총기난사 사건이 터지면서 이른바 '관심 사병'에 대한 논의가 분분하다. 관심 사병이란 군 당국에서 부대생활에 잘 적응하지 못하는 병사들을 이르는 말이며, 관심 사병으로 판정하는 기준이 적응에 아무 문제가 없어도 기초생활수급자나 한부모가정 출신 병사는 으레 관심 사병으로 분류된다고 한다. 부모의 결별과 재혼으로 조부모 손에서 자란 오바마 미국 대통령도 한국군에 입대했다면 꼼짝없이 관심 사병이 되었을 것이라고 1인 시위하는 한부모는 말한다.

'결손가정'은 초중등학교에서도 익숙한 표현이었으나 지금은 한부모가정이란 말로 대체되었다. 결손가정 학생들이 말썽을 피우게 되면 그 원인이 결손이라는 걸 확인하는 수순이다. '결손(缺損)'은 이지러질 결(缺) 자에 덜 손(損) 자를 쓰는 낱말이다. 표준국어대사전에서는 '어느 부분이 없거나 잘못되어서 불완전함'으로 풀이하고 있다. 따라서 결손가정이란 낱말엔 부모 가운데 어느 한쪽이 없는 경우를 일종의 결함 상태로 바라보는 관점이 담겨 있다. 물론 그 기준은 '양친 구존(俱存)'이 정상이라는 전제다.

우리 사회는 유달리 다름을 쉽게 받아들이지 못한다. 장애나 성적 소수자, 혼혈인, 다문화가정에 대한 차별과 소외가 일상적으로 존재하는 이유다. 결혼과 출산, 양육 따위의 선택적 삶도 성인이면 으레 갖추어야 하는 필수적인 것으로 인식되는 이유도 같다.

혼인하지 않은 여성을 미완 또는 불완전한 존재로 인식하는 것에도 역시 결핍의 관점이 도사리고 있다. 성인 여성이면서 아내와 어머니가 아니라는 사실은 여성으로 마땅히 갖추어야 할 지위를 갖지 못한 결핍의 상태로 인식되는 것이다.

장애는 완전한 신체나 정신의 결핍이고, 성적 소수자는 이성애를 기준으로 한 성 정체성의 결핍이다. 혼혈이나 다문화가정은 이른바 혈통에서의 결핍이다. 한부모가정을 결손으로 바라보는 것은 이런 문화적 토양에서 말미암은 것이다.

출처 : 직썰(2014. 7. 25). '결손가정'과 '정상 가족' 사이.

③ 병리가정

병리가정은 가정의 지지체계가 무너지고, 기능이 약화되어 문제가 있는 가정을 의미한다. 이상가족, 일탈가족 등 가족을 둘러싼 내부적, 외부적 조건에 있어서 문제가 있는 경우로 경제, 교육, 보호, 휴식 등 가족의 기능이 불가능한 경우로서 가족 내에서 갈등과 불화가 발생한다. 병리가정에 나타나는 현상은 심각한 부부갈등, 별거, 이혼, 폭력, 학대 등이 나타난다. 폭력, 학대, 만성질환, 약물중독 및 알코올 중독인 부모 등과 생활하는 아동이 대표적인 병리가정의 아동들이다.

두 아이의 죽음… 여전히 계속되는 '자녀 살해 후 자살'

어린이날을 며칠 앞두고 두 아이가 살해당했다. 한 아이는 아빠에게, 다른 아이는 엄마에게. 서울 노원구 아파트에서 30대 부부와 돌이 채 안 된 아기가 숨진 채 발견됐다. 경찰은 남편이 아내를 살해한 뒤 옥상에 올라가 투신한 것으로 추정했다. 그는 혼자 뛰어내리지 않았다. 의사 표현도 못하는 아기를 안고 몸을 던졌다. 그에겐 극단적 '선택'이었겠지만, 그것은 아기를 살해하는 행위였다. 아무리 부모라도 자식을 죽음에 이르게 할 권리 따위는 없다. 아이는 세상에서 가장 믿고 의지했을 이에게 영문도 모른 채 인생의 모든 기회를 박탈당하며 잔혹한 최후를 맞았다.

해마다 20명 안팎의 극단적 선택을 하는 부모에게 아이들은 살해당한다. 최근 10여년 사이 희생된 아이는 2009년 33명과 2018년 32명으로 금융위기와 경기 침체로 경제난이 심해진 때였다. 이런 어려움을 감당하지 못해 극단적 선택을 하는 이들이 자녀를 살해하는 배경에는 그것이 아이를 위하는 길이라는 그릇된 인식이 자리 잡고 있다. 내가 없으면 아이가 보살핌을 받지 못해 더 고통스러울 거라는 사회안전망 불신과 자녀를 부모의 소유물처럼 여기는 구시대적 관념이 그런 생각을 조장해 왔다.

제도적 결함은 뜯어고치면 되지만, 인식의 오류에서 비롯된 병리현상은 잘못된 생각을 바로잡는 과정을 거쳐야 해소할 수 있다. 단 한 명의 아이도 이렇게 희생되는 일이 없어야 하기에, 아무리 어려워도 우리는 그 길을 가야 한다. 독일은 자녀 살해 문제에 대응하기 위해 지난 20년간 연방아동보호법, 아동보호협력정보법 등 여러 건의 법률을 개정했다. 실질적 보호 효과와 함께 입법과정을 통한 인식개선 효과를 겨냥한 조치였다. 우리 형법은 부모 살해에 가중처벌 규정을 두고 있지만, 자녀 살해에는 그런 조항이 없다.

출처 : 국민일보(2023. 5. 4). 두 아이의 죽음… 여전히 계속되는 '자녀 살해 후 자살'.

2. 서비스 제공 장소에 따른 분류

아동복지서비스를 제공받는 아동이 어디에 있는가에 따라 분류하는 방법이다. 아동이 부모 또는 보호자가 있는 원가정에서 생활하면서 필요한 서비스를 제공받는 재가 서비스가 있고, 아동이 원가정을 떠나 시설이나 다른 가정에서 생활하면서 제공받는 가정 외 서비스가 있다(공계순 외, 2019; 장인협, 오정수, 2004; 정익중, 오정수, 2021).

1) 재가서비스(가정 내 서비스: in-home service)

「아동복지법」에 보면 '아동은 완전하고 조화로운 인격발달을 위하여 안정된 가정환경에서 행복하게 자라나야 한다.'라고 되어 있다. 이처럼 아동복지의 기본이념과 아동복지를 실현함에 있어서 강조되는 가정보호 원칙 등을 볼 때 가정 내에서의 아동양육과 보호는 매우 중요하다. 가정 내에서 이루어지는 재가서비스가 필요한 이유는 다음과 같다.

첫째, 가족의 구조적 결손은 없지만 가정이 아동에게 심각한 스트레스를 주는 가정환경

둘째, 가족의 구조적 결손은 없지만 아동의 건강한 발달과 성장에 역기능적인

위험 요소를 가지고 있는 환경

셋째, 한부모가정이나 조손가정과 같이 가족의 구조적 결손 때문에 가족기능의 원만한 수행이 어려운 환경인 경우이다. 이러한 환경에 처한 아동이 원가정에서 생활하면서 필요한 서비스를 제공받는 형태의 아동복지가 재가서비스이다.

재가서비스는 가정의 결핍된 부분을 보충해 줌으로써 가정의 해체나 붕괴를 막아 주는 기능을 수행하며, 동시에 서비스 대상 가정의 약점을 보완하고 강점을 지원하여 위기를 극복할 수 있도록 돕는다(공계순 외, 2019). 특히, 부모 자녀 관계에 문제가 있어 아동의 성장과 발달에 부정적 영향을 줄 경우 이루어지는 상담서비스가 이에 속한다.

2) 가정 외 서비스(out-home service)

가정 외 서비스는 아동이 가정을 떠나 일정기간 동안 시설이나 위탁가정 등에 거주하면서 양육 및 보호를 받는 경우를 의미하지만, 가정에서 생활하면서 특정기간 동안 가정 밖의 시설에서 양육과 보호 서비스를 제공받는 경우도 있다. 가정을 떠나 서비스를 받는 사업은 가정위탁보호사업, 입양사업, 시설보호사업 등이 있으며, 가정에서 생활하면서 서비스를 받는 사업은 어머니가 직장에 있는 동안 보육시설에서 아동이 보호와 양육서비스를 제공받는 경우 등이 해당된다.

3. 가족 욕구수준에 따른 분류

가족의 욕구수준에 따른 분류는 욕구수준의 증가에 따라 모든 가정→추가 지원이 필요한 가정→특별한 지원이 필요한 가정→위기가정→가정 밖 서비스의 형태로 나타난다. 욕구수준이 증가할수록 대상자의 수는 적어진다(정익중, 오정수, 2021).

1) 모든 가정을 위한 서비스

가족의 욕구수준 중에서 가장 아래에 위치한 모든 가정을 위한 서비스는 모든 가정의 아동을 위한 보편적인 서비스이다. 예를 들면, 건강, 보호, 교육, 여가활동 등이 해당된다.

2) 추가 지원이 필요한 가정을 위한 서비스

보편적인 가정보다는 약간의 추가적인 지원이 필요한 가정을 대상으로 서비스가 제공된다. 예를 들면, 가정방문 프로그램, 가정지원센터의 서비스, 부모 및 아동교육 프로그램 등이 여기에 해당된다.

3) 특별한 지원이 필요한 가정을 위한 서비스

개별적 가정에 요구되는 특별한 지원이 필요한 가정을 위해 관련 서비스가 제공된다. 예를 들면, 약물남용 치료서비스, 정신건강 서비스, 단기보호 서비스, 가정폭력 서비스, 부모 부재(감옥, 가출, 연락두절 등)로 지원이 필요한 아동을 위한 서비스 등이 해당된다.

4) 위기가정을 위한 서비스

위기가정 서비스는 욕구수준이 높은 단계로서 가정이 원만하게 유지되기 어려운 경우에 제공된다. 예를 들면, 집중적 가족보존 서비스, 학대아동 보호 서비스 등이 해당된다.

5) 가정 밖 서비스

아동이 자신의 가정에서 보호받지 못하는 상황이 오면, 아동은 자신의 가정을 떠나 외부의 가정이나 시설에서 보호를 받는다. 가정을 떠난 외부 서비스에는 비행아동을 위한 교정시설, 치료시설, 그룹홈, 위탁가정 등이 해당된다.

〈그림 5-1〉 **가족 욕구수준에 따른 분류**

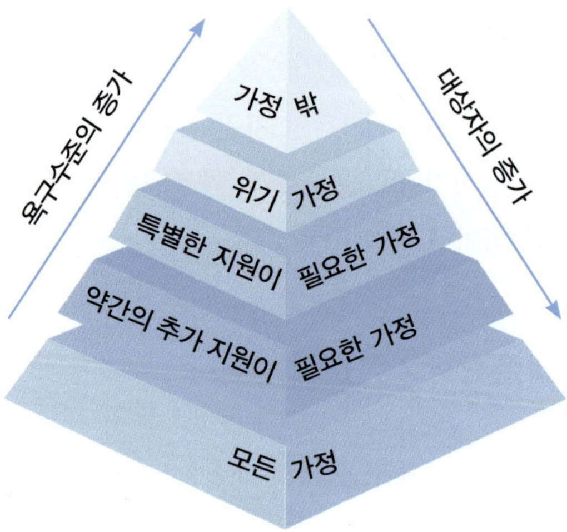

출처 : Shireman(2003).

4. 서비스 기능에 따른 분류

서비스의 기능에 따른 분류는 아동 양육의 일차적 책임은 아동의 부모와 가정에 있는 것을 전제로 한다. 카두신(Kadushin)은 아동복지사업의 기능을 가정 내 부모 역할과 관련지었으며, 이를 토대로 아동이 속한 원가정에 제공되는 서비스가 어떠한 기능을 갖는지에 따라 지지적 서비스, 보충적 서비스, 대리적 서비스로 나누었다. 카두신의 이러한 분류는 지지적(supportive), 보충적(supplementary), 대리적(substitute) 서비스의 영문 첫 글자에 기초해서 '3S모형'이라고 불리기도 한다(이순자 외, 2018; 이순형 외, 2016; Kadushin, 1980).

1) 지지적 서비스(supportive service)

지지적 서비스는 가정의 역할을 지원하고 강화하는 것을 목적으로 한다. 가정의 적응기능을 향상시키고, 가족 스스로 건강한 가정을 가꾸어 가도록 지원하는 아동복지서비스로서 아동이 속한 원가정의 기능이 원활하게 이루어지고 부모와 아동이 각자의 역할을 제대로 해낼 수 있도록 외부에서 지원해 주는 서비스이다. 즉, 가정이 긴장 상태에 있거나 이혼, 별거 등과 같은 이유로 가정 내에서 아동의 안녕과 행복을 위협하는 적신호가 보일 경우 제공되는 서비스이다. 가족 내에서 균열 및 해체가 일어날 수 있는 가정을 대상으로 가정의 기능을 강화시켜 주고, 가족관계의 긴장을 완화시켜 주어 건강한 부모-자녀 관계를 형성하도록 돕는다.

지지적 서비스는 가족구성원의 역할을 대신해 주거나 침해하지 않으면서 가정의 기능을 지원하고 강화해 주는 서비스이다. 아동상담, 부모 및 가족 상담, 부모교육 등 아동이 가정에서 생활하면서 부모와 아동이 각자의 책임을 효율적으로 수행할 수 있도록 지원하고 능력을 강화시켜 주는 복지서비스를 말한다.

지지적 서비스 프로그램은 개별상담, 집단상담, 가족치료, 부모교육 등이며, 아동상담소, 가정상담소, 사회복지기관 등에서 가정기반 서비스를 제공하고, 부모의 능력을 지지·강화하여 아동의 욕구를 충족시키고 가족관계를 개선하며 가족의 기능을 회복하고 유지하도록 지원한다.

2) 보충적 서비스(supplementary service)

보충적 서비스는 아동의 부모가 부모로서의 역할을 제대로 수행할 수 없는 상황에서 부모의 역할을 일부 대신해 주는 보완적 서비스라고 불리기도 한다. 즉,

부모의 양육이 부적절하거나 부족할 때 가족의 형태를 유지한 채 아동 양육 기능의 일부를 보조하고 보완해 주는 역할을 한다. 보충적 서비스는 사회가 부분적으로 아동 양육에 대한 책임을 분담하고 부모 역할의 일부를 보충함으로써 아동이 부모로부터 분리되지 않고 가정에서 부모와 생활할 수 있도록 보장하는 것이므로 치료적이며, 예방적이라고 볼 수 있다.

빈곤가정 지원을 위한 소득보완사업, 아동수당, 취업모를 위한 보육서비스, 부모가 일시적으로 역할을 할 수 없을 때 일시적으로 아동을 돌봐 주는 가정조성사업 등이 보충적 서비스에 해당한다.

3) 대리적 서비스(substitute service)

아동은 자기가 태어난 가정에서 성장·발달해야 한다. 그러나 가정이 이혼, 질병, 사망, 가출, 실직, 부모의 질병 등으로 제 기능을 상실하여 아동에게 필요한 최소한의 보호와 양육을 제공할 수 없게 된 경우 사회가 부모의 양육기능을 전적으로 대리할 필요성이 제기된다.

대리적 서비스는 부모와 가족이 기능을 하지 못하여 양육기능을 대신해 주는 것으로 아동이 다른 가정이나 시설에서 생활할 수 있도록 하는 아동복지서비스이다. 부모가 역할을 수행할 수 없는 상황에서 부모가 아닌 제3자가 아동에게 부모 역할을 대신하는 서비스를 의미한다.

대리적 서비스는 아동이 가정을 떠나 가정위탁이나 입양 또는 시설수용 등에 의해 일시적 또는 영구적으로 보호를 받게 된다. 가정위탁, 입양, 시설보호서비스 등이 이에 속하며, 아동복지서비스에 있어 아동을 양육하기 위한 최후의 대책이라고 할 수 있다.

〈표 5-1〉 서비스 기능에 따른 분류

분류	서비스 내용	서비스 종류
지지적 서비스	가정이 긴장 상태에 있거나 이혼, 별거 등과 같은 이유로 가정 내에서 아동의 안녕과 행복을 위협하는 적신호가 보일 경우 제공되는 서비스	개별상담, 집단상담, 가족치료, 부모교육 등
보충적 서비스	부모의 양육이 부적절하거나 부족할 때 가족의 형태를 유지한 채 아동양육 기능의 일부를 보조하고 보완해 주는 서비스	소득보완사업, 아동수당, 취업모를 위한 보육서비스, 아동을 돌봐 주는 가정조성사업 등
대리적 서비스	부모와 가족이 기능을 하지 못하여 양육기능을 대신해 주는 것으로 아동이 다른 가정이나 시설에서 생활할 수 있도록 하는 아동복지서비스	가정위탁, 입양, 시설보호서비스 등

♣ 생각 나누기 ♣

1. 지지적 서비스, 보충적 서비스, 대리적 서비스에 해당되는 정책 및 제도를 찾아서 발표해 봅시다.

2. 아동복지서비스의 긍정적 사례를 찾아 발표해 봅시다.

3. 빈곤과 빈곤의 대물림을 해결하기 위해 우리가 지원할 수 있는 아동복지 실천방안에 대해 생각하고 토론해 봅시다.

아동복지의 기본 전제와 원칙

제6장 아동복지의 기본 전제와 원칙

1. 아동복지의 기본 전제

아동이 최적의 상태로 발달하는 데 도움을 주기 위하여 시행하는 모든 아동복지서비스에 기본적으로 고려되어야 할 조건들이 있다. 아동복지가 실현되기 위해서는 아동의 건전한 성장과 발달에 필요한 욕구가 충족되어야 하며 이를 실현하기 위하여 필요한 기본 전제를 여러 학자들이 제시한 바 있다(공계순 외, 2019, 재인용).

〈표 6-1〉 아동복지의 기본 전제

학자	기본 전제
장인협, 오정수(2004)	안정된 가정생활, 경제적 안정, 보건 및 의료보호, 교육, 노동, 오락, 특수보호
이순형 외(2016)	부모 및 가정, 교육 및 훈련, 보건 및 의료, 놀이 및 여가, 노동 및 피착취, 특수보호
공계순 외(2019)	가정과 부모, 경제적 안정, 교육, 보건 및 의료, 놀이와 여가, 유해노동으로부터의 보호, 특별보호
미국 사회사업백과사전(1965)	가족생활, 부모의 보호, 적절한 가정경제 · 주거, 건강과 의료보호, 교육, 유희나 교우, 윤리적 표준, 이념과 가치, 교육적 · 직업적 지도, 법적 보호
Frederickson(1957)	부모의 계몽, 가정생활, 심신 보건, 경제적 안정, 종교, 교육, 놀이, 착취에서의 해방, 특수서비스

위에서 살펴본 아동복지 실천의 전제를 바탕으로 공통적으로 제시된 아동복지의 기본 전제는 안정된 가정환경, 경제적 안정, 보건 및 의료, 교육, 건전한 놀이 환경의 제공, 아동노동의 보호로 나누어 볼 수 있다.

1) 안정된 가정환경

아동복지에 있어서 안정된 가정환경은 최우선 기본 전제이다. 가정환경은 아동에게 미치는 영향력이 매우 크기 때문에 안정된 환경에서 양육하고 보호하여야 한다. 부부 중심의 핵가족은 과거 대가족에 비하여 자녀 양육에 대한 기능과 역할이 약화되어 있다. 자녀를 돌봐 주는 사람의 부재로 가족 내 갈등이 일어나기도 하고, 이로 인하여 출산을 기피하거나 외둥이 가족이 되고, 맞벌이 부부, 한부모가족 등도 증가하여 가정의 안정성이 위협받고 있다. 따라서 경제적 수준과 주거조건 등이 아동의 양육체계에 취약한 환경이 되어 가족구성원 간에 갈등이 야기되고 정서적 안정감이 결여되어 문제적 가정이 되기도 한다. 따라서 가정에서 부모나 보호자가 영유아의 영양, 수면 등 적절하고 안정된 보육환경을 제공하는 일이 매우 중요하다.

또한 자녀 양육에 있어서 극단적인 과잉보호나 과잉통제, 방임, 무관심, 지나친 훈육이나 체벌은 좋지 않은 부모의 양육태도이다. 부모는 아동이 건강한 인격을 형성할 수 있도록 일관적인 양육태도를 보여야 하며, 자녀가 신체적·정신적으로 건강하게 성장할 수 있도록 도와주어야 한다.

아동은 부모와 가정에서의 일상생활을 통하여 사회에 필요한 기본적인 관습이나 행동 및 가치판단의 기준을 학습하면서 점차 또래집단, 친구, 이웃, 학교, 직장, 일반사회로 확장되면서 사회적 인간으로 성장해 나간다. 또한 가정에서의 아동 양육은 본능적 욕구 충족에 관심과 보호 및 정성을 기울이며, 이러한 아동과 가족구성원과의 관계는 아동의 인격발달과 인간관계 형성의 기반이 된다. 그러나 오늘날 사회는 아동에게서 안정된 가정환경을 박탈하고 있다. 현대사회의 급변하는 환경 속에서 가족이 구조적 취약성을 노출하고 있기 때문이다. 더불어 가족의 위기와 해체 현상이 증가하고 있어 건전한 아동복지 실현의 기반을 위협하고 있다. 따라서 가정환경의 안정과 기능 강화를 위해 부모교육을 제공하고, 갈등 상황에 있는 가족문제 해결을 위하여 가족상담 서비스 등도 실시하여야 한다(정익중, 오정수, 2021).

「아동복지법」에 근거한 아동복지서비스는 안정된 가정환경을 바탕으로 실시되어야 한다. 가정환경이 안정적이지 못하여 유발되는 갈등과 고통은 아동들에게 행복하고 안전한 환경에서 자랄 권리를 제공하지 못하는 결과를 초래하므로 이에 대한 사회와 국가의 책임과 권리를 정책적으로 수행해야 할 것이다.

2) 경제적 안정

아동에게 심신의 안정감을 주기 위해서는 아동의 욕구가 가정 내에서 충족되어야 한다. 특히 경제적 안정성은 부모의 역할과 아동의 발달에 직접적인 영향을 주기 때문에 빈곤으로 인하여 가정의 요구와 아동의 정서적 안정감에 영향을 주는 일이 없도록 최소한의 복지를 해야 한다. 경제적 어려움이 있는 빈곤가정에 대한 각종 복지정책은 아동복지에 있어서 기본적 요소이다.

가르바리노(Garbarino, 1992)는 "아동복지의 지표가 되는 것은 가정의 빈곤이다. 또한 빈곤은 가정 기능의 수준을 측정하는 지표이기도 하다."라고 하면서 가정의 경제적 안정이 아동복지에 필수적인 조건임을 강조하였다. 아동의 기본적인 욕구를 충족하기 위해서는 의식주를 포함한 영양, 건강, 교육 등에 대한 부분도 충족되어야 한다. 빈곤가정 아동은 신체적으로 영양이 부족할 수 있으며, 이로 인하여 건강 상태까지 위협받을 수 있어 아동발달의 장애요인이 되기도 한다. 정서적으로는 불안감으로 인해 인간관계와 인격형성에 문제가 발생하기도 하고, 교육기회와 문화적 경험의 결핍으로 지적 자극이 부족하여 인지발달과 학습 능력에도 부정적인 영향을 미친다.

결국 가정의 빈곤은 아동의 물질적 결핍도 문제지만 교육, 건강, 비행, 기회, 문화적 불평등과 결핍을 초래하여 아동의 신체적, 사회적, 정서적, 문화적, 심리적 박탈감을 느끼게 한다. 특히 부모가 교육에 대한 관심 부족과 경제적인 이유로 교육기회를 박탈할 경우 학업성취도 및 지능발달이 저조할 수도 있으며, 은둔형 외톨이가 되거나 원활하지 못한 인간관계로 말미암아 우울증 증상 등으로 사회에 문제가 되는 범죄나 비규범적 행동이 나타나기도 한다.

따라서 국가는 빈곤가정 아동을 위해 기초생활보장제도, 아동수당제도, 아동양육비 지원, 무료급식, 건강진단, 방과 후 교육 등을 통하여 경제적 안정을 지원해 주고 있다. 하지만 빈곤노인에 대한 경제적 지원은 미흡하여 노동소득의 감소와 공적 연금 소득이 낮은 은퇴자들로 인해 노인 빈곤율이 상승하였다. 우리나라의 노년층 빈곤율은 경제협력개발기구(OECD) 국가 중에서 가장 높으며, 노인의 빈곤문제는 더욱 심화되고 있다. 이에 국가와 지방자치단체가 체계적이고 실효성 있는 노인 빈곤 퇴치와 예방 및 지원을 위해 「노인의 빈곤예방 및 지원 등에 관한 법률안」을 김도읍 국회 법제사법위원장이 발의했다. 이와 같은 노년층의 빈곤문제를 해결하지 않고 초고령사회를 맞이한다면 아동 및 청소년이 생산가능인구가 될 때 경제적·사회적으로 큰 혼란이 예상된다(부산일보, 2023. 2. 2).

상대적 빈곤율이란 전체 인구 중 빈곤 위험에 처한 인구의 비율을 의미한다. 상대적 빈곤선을 설정한 이후 이를 바탕으로 상대적 빈곤율을 계산한다. 상대적 빈곤선은 전체 인구의 중위소득을 기준으로 하여 중위소득의 50%에 해당하는 소득으로 정의한다.

〈표 6-2〉 **연도별 기준 중위소득**

(단위 : 원)

구분	2015	2020	2021	2022	2023
1인 가구	1,562,337	1,757,194	1,827,831	1,944,812	2,077,892
2인 가구	2,660,196	2,991,980	3,088,079	3,260,085	3,456,155
3인 가구	3,441,364	3,870,577	3,983,950	4,194,701	4,434,816
4인 가구	4,222,533	4,749,174	4,876,290	5,121,080	5,400,964
5인 가구	5,003,702	5,627,771	5,757,373	6,024,515	6,330,688
6인 가구	5,784,870	6,506,368	6,628,603	6,907,004	7,227,981

출처 : 통계청 국가통계포털(www.kosis.kr).

〈표 6-3〉 **연도별 상대적 빈곤율**

(단위 : %)

구분	2011	2016	2017	2018	2019	2020	2021
상대적 빈곤율	18.6	17.6	17.3	16.7	16.3	15.3	15.1

출처 : 통계청 국가통계포털(www.kosis.kr).

3) 보건 및 의료

아동의 건강과 관련된 보건 및 의료는 아동복지의 기본이다. 아동의 건강은 신체적인 영양과 질병관리 및 심리적 건강까지 포함한다. 아동이 성장하는 동안 질병의 조기 발견 및 치료를 위하여 예방접종 및 건강검진을 지원하고 기초건강관리를 제공하여 질병 및 영양실조를 사전에 예방하고 있다.

아동의 건강과 안전 및 산모의 출산과 양육을 지원하기 위하여 임신·출산 진료비, 출산장려금, 산모·신생아 건강관리, 예방접종 등을 지원하고 있다. 이러한 의료서비스는 경제적으로 어려움을 겪고 있거나 열악한 환경에 있는 아동을 위한 정기적인 무료검진과 의료지원까지 포함하고 있다.

더불어 국민건강보험 보장률이 65%대이지만 4대 중증질환(암, 심장질환, 뇌혈관질환, 희귀난치성질환)의 보장률은 77%이며, 특히 희귀난치성질환의 보장률은 86.2%이다. 건강보험이라는 공공보험은 필요한 보편복지임에는 틀림없으나 보장성 확대에 따른 지속적인 수요증가로 보험료 인상 또한 불가피하다.

〈그림 6-1〉 공적 보험 및 연금 도입시기

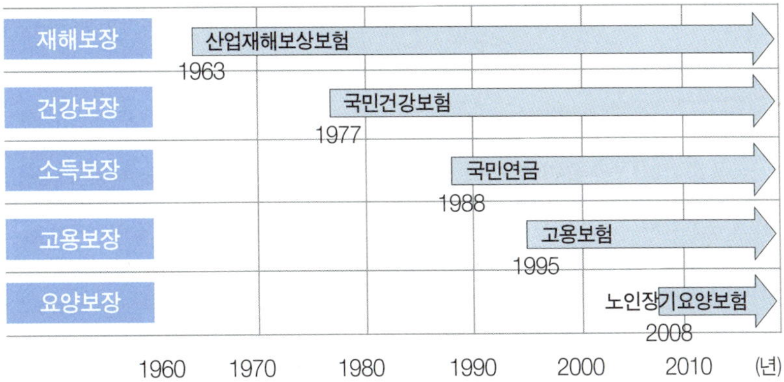

출처 : 국민건강보험(www.nhis.or.kr/nhis/index.do).

4) 교육

아동은 성장·발달에 따라 적절한 교육을 받음으로써 올바른 인격을 갖춘 민주사회 시민으로 성장할 수 있도록 해야 한다. 이러한 교육기회가 박탈당하게 되면 이후 아동이 성인으로 성장해서 긴 시간 동안 사회와 국가에 부담을 주게 될 것이다.

우리나라 「헌법」 제31조에는 '모든 국민은 능력에 따라 균등하게 교육받을 권리를 가진다.'라고 명시되어 있다. 이에 따라 초등학교와 중학교는 의무교육으로 하여 아동의 교육받을 권리를 실현하고 있다. 또한 가족기능의 약화와 맞벌이 부부 증가 등으로 영유아교육에 대한 요구가 증가하고 있어 국가와 사회에서 영유아 보육과 교육을 책임지기 위해 영유아를 위한 무상 교육기회를 제공하고 있다. 특수한 장애를 가진 아동에게는 특수교육의 기회를 제공하여 중복장애 및 조기개입을 통한 중증 장애로의 전환을 사전에 방지할 수 있어야 한다. 더불어 타고난 잠재력을 최대한 발휘하여 사회의 구성원으로 삶을 살아가는 데 필요한 기반을 마련해 주어야 한다.

우리나라는 의무교육의 양적인 확대를 위한 제도적 기반을 마련하는 데 치중하여 왔으나 교육의 질적인 향상과 방법에 대한 방안도 모색되어야 한다. 국가가 교육여건과 교육비용을 책임지고 학부모들은 아동을 학교에 보내는 의무를 규정한 것이 의무교육이다. 의무교육이라고 해서 100% 무상교육이라고 볼 수는 없다. 수업료가 무상이고, 학습준비물, 현장학습, 교복 및 체육복 구입비 등 교육 목적으로 요구되는 비용들은 학부모가 부담하고 있기 때문이다. 특히 학교 운영 지원비, 보충학습비, 학교발전기금, 각종 행사 찬조금, 교실 냉난방시설비 등까지 학부모에게 의존하는 경우도 있다(송정애, 2022).

대한민국 헌법

제31조 ① 모든 국민은 능력에 따라 균등하게 교육을 받을 권리를 가진다.

② 모든 국민은 그 보호하는 자녀에게 적어도 초등교육과 법률이 정하는 교육을 받게 할 의무를 진다.

③ 의무교육은 무상으로 한다.

④ 교육의 자주성·전문성·정치적 중립성 및 대학의 자율성은 법률이 정하는 바에 의하여 보장된다.

⑤ 국가는 평생교육을 진흥하여야 한다.

⑥ 학교교육 및 평생교육을 포함한 교육제도와 그 운영, 교육재정 및 교원의 지위에 관한 기본적인 사항은 법률로 정한다.

최근에는 영유아교육의 중요성이 강조되고 있다. 빈곤하거나 불우한 가정에서 교육의 기회를 누리지 못하고 자란 아동들은 성인이 되어서 빈곤에서 탈피하지 못하거나 인격형성에 문제를 가지는 성인으로 성장하기도 한다(정익중, 오정수, 2021). 이 때문에 저소득층 아동들을 대상으로 하는 프로그램들이 여러 나라에서 실시되었다. 미국의 헤드 스타트(Head Start) 프로그램, 영국의 슈어 스타트(Sure Start) 프로그램, 호주의 페어 스타트(Fair Start) 프로그램 등이 저소득층 아동을 위한 프로그램으로 시행되었다. 우리나라의 경우에는 2000년대 이후 저소득층 빈곤아동을 위한 위 스타트(We Start) 프로그램이 시행되고 있다.

소득 상위 20% 가구의 자녀 사교육비, 하위 20%의 8배

소득 상위 20% 가구의 초·중·고교생 자녀 사교육비가 하위 20% 가구의 8배에 달하는 것으로 나타났다. 부모 세대의 교육격차가 가구의 소득격차로, 그 소득격차가 다시 자녀 세대의 교육격차로 이어진다는 사실을 보여 주는 분석결과도 나왔다. 학력이 초등학교 졸업인 가구주를 둔 가구의 70.5%가 소득 1·2분위인 하위 40%에 해당했다. 이 중 36.9%는 소득 하위 20%인 1분위 가구였다. 반면 가구주가 초졸인 가구가 소득 상위 20%인 경우는 1.8%에 불과했다.

부모 세대의 학력이 높아질수록 소득은 물론 자녀의 사교육비도 늘어났다. 김회재 의원은 "교육격차가 소득격차로, 소득격차가 교육격차로 이어지는 악순환을 끊으려면 먼저 아이들의 교육격차를 해소해야 한다."며 "프랑스의 우선교육정책을 벤치마킹해 교육격차가 심한 지역이나 계층에 대폭적인 교육투자를 해야 한다."고 말했다.

프랑스의 우선교육정책은 교육격차가 심한 지역을 우선교육네트워크를 통해 대폭 지원하는 정책이다. 주요 사업으로는 취약지역 유치원과 초등학교에 추가적인 예산 제공, 1교실 2교사제 확대, 학급 인원수 축소, 유치원 취학 지원, 교사 급여 확대 등이 있다.

소득분위 · 가구주 학력별 자녀 사교육비

(2021년 3분기 기준, 만 7~18세 자녀를 둔 가구/ 단위 : 만 원)

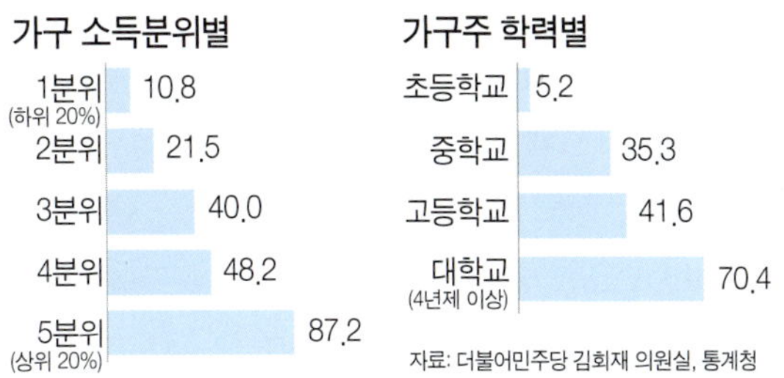

자료: 더불어민주당 김회재 의원실, 통계청

출처 : 연합뉴스(2022. 1. 25.). 소득 상위 20% 가구의 자녀 사교육비, 하위 20%의 8배.

5) 건전한 놀이환경의 제공

아동이 건강하게 성장·발달하는 데 중요한 것은 의식주를 포함하여 다양한 부분이 있지만 건전한 놀이 기회 및 환경을 제공하는 것도 필요하다. 아동에게 있어서 놀이는 삶의 전부이기 때문이다. 뛰어놀면서 신체가 조화롭게 발달하고, 놀이를 통하여 추상적인 사고를 하며, 협동심, 타인의 감정에 대한 이해, 정서적 안정감 등을 놀면서 배우고, 놀면서 사회관계를 형성하고 대인관계 기술을 습득하게 된다. 더불어 놀이를 통하여 억압되고 좌절된 욕구나 감정을 해소할 수 있어 신체적·정신적으로 건강한 성인으로 성장할 수 있는 촉진제가 되기 때문에 건전한 놀이환경의 제공은 중요하다.

현대사회에서는 이러한 놀이의 중요성을 간과하는 것 같다. 아이들이 뛰어놀 수 있는 운동장이 좁아지고, 그나마 남은 땅을 우레탄, 인조 잔디 등으로 덮어 하루 종일 흙 한번 밟아 볼 수 없는 환경을 만들었다. 예술 및 체육 관련 과목들의 축소로 인하여 긴장과 부정적 감정을 해소할 수 있는 기회를 박탈하고 있으며, 여가를 보내기 위한 놀이시설과 환경의 부족으로 아동들은 인터넷 게임, 비디오방, 룸까페, 사이버 도박, 디지털 성범죄, 약물복용, 마약음료 등 유해한 환경으로 내몰리고 있다. 성인들의 돈벌이와 기업의 이윤추구를 위한 광고에 아이들은 조금씩 심신이 위태로워지고 나약해지고 있다.

따라서 아동과 청소년을 위한 놀이시설 및 놀이공간과 프로그램을 마련하여 아동의 여가 및 오락활동, 문화활동을 할 수 있는 권리를 보장해 주어야 한다.

- 2022년 초등학교 4~6학년, 중·고등학생이 평일에 자유롭게 활용할 수 있는 여가시간은 2~3시간 24.1%, 1~2시간 23.5%, 3~4시간 17.2%, 5시간 이상 13.8% 순이었다.
- 2022년 10대 청소년의 주 평균 인터넷 이용시간은 24.3시간으로 전년 대비 0.6시간 감소하였고, 20대는 33.4시간으로 전년 대비 3시간 증가하였다.

여가활동 시간

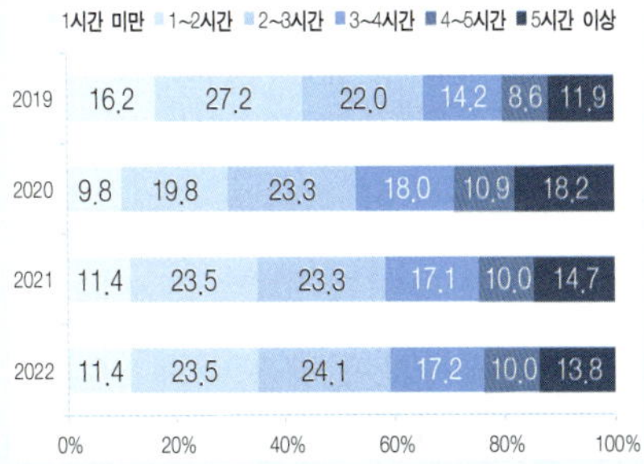

인터넷 이용시간(주 평균)

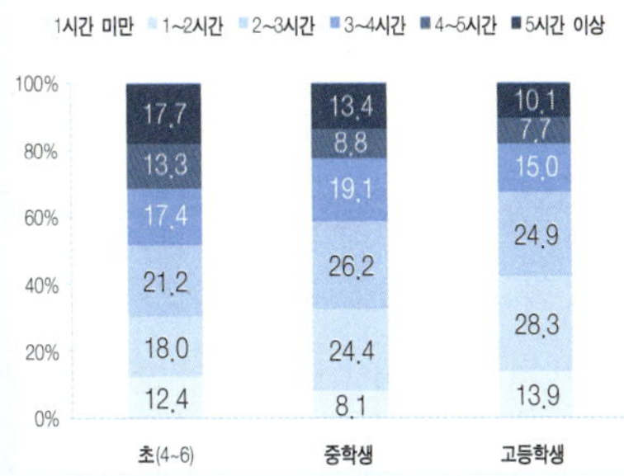

출처 : 한국청소년정책연구원(2022). 아동청소년인권실태조사.

- 2022년 10대 청소년 10명 중 4명(40.1%) 이상이 스마트폰 과의존 위험군이며, 중·고등학생 중 4.5%는 흡연, 13.0%는 음주 경험이 있었으며, 초등학생 4~6학년과 중·고등학생의 최근 1년 내 가출 경험률은 3.6%이며, 가장 주된 가출 이유는 부모님과의 문제(56.6%)였다.

스마트폰 과의존

출처 : 과학기술정보통신부, 한국지능정보 사회진흥원(2023). 스마트폰 과의존 실태조사.

흡연 및 음주

출처 : 교육부, 질병관리청(2023). 청소년건강행태조사.

출처 : 여성가족부(2023).

6) 아동노동의 보호

아동은 미성숙한 존재로 부모나 성인으로부터 보호받아야 하는 대상이다. 미성숙한 아동을 대상으로 노동이나 유해한 환경에 노출하여 착취를 하는 등의 행위는 없어야 한다. 아동의 노동은 성장·발달이 덜 이루어진 상태이므로 신체적 발달을 저해하고, 지능발달 및 인성발달에도 좋지 않은 영향을 미친다. 물론 아동이 노동을 하는 것이 무조건 부정적이지만은 않다. 가사 일을 돕거나 동생을 돌보는 등의 일이 아동의 성장과 발달에 부정적인 영향을 미치는 것은 아니다. 다만 그 수준이 일상적인 수준을 넘어서는 노동이라면 부정적인 영향을 받을 수도 있다. 가정환경의 영향으로 과도한 가사노동과 심리적인 상처를 받는 경우에는 성장에 장애를 가져올 뿐만 아니라 학교생활과 학우관계에까지 영향을 주게 된다.

아동이 노동을 해야 하는 가장 큰 원인은 가정의 빈곤이다. 아동에게 과도한 노동을 시키는 부모는 대부분 직업이 없거나 임금이 낮은 저소득계층이어서 안정된 일자리나 수입이 필요한 경우가 많다. 이러한 가정의 경우, 아동학대를 당할 가능성이 높으므로 노동으로부터 보호를 받을 권리를 보장해 주어야 한다.

국제노동기구(International Labour Organization: ILO)의 '취업의 최저연령에 관한 협약'에서는 취업최저연령을 15세 미만으로 정할 수는 없다. 다만 경제나 교육체계가 미비한 국가에서는 예외적으로 최저연령을 14세로 규정할 수 있도록 하였다. 아동의 건강이나 안전, 도덕에 유해한 업무에 종사시킬 수 있는 최소 연령은 18세 이상이어야 한다고 규정하고 있다. 우리나라는 「근로기준법」에 15세를 취업최저연령으로 규정하였다.

유엔아동권리협약에 따르면, 아이들은 모든 착취로부터 보호받고 교육받을 권리를 가진다. 그러나 아동노동에 연루된 아이들은 적절한 노동 조건도, 급여도 보장받지 못한 채 일터에서 오랜 시간 노동력을 착취당하고 있다. 매년 6월 12일은 '세계 아동노동 반대의 날'이다. 이날은 2002년 국제노동기구(ILO)가 전 세계 어린이들의 아동노동을 근절하기 위해 제정한 날이다. 1989년 국제연합(UN) 회원국의 만장일치로 채택된 '유엔아동권리협약' 제32조에는 '모든 아동은 경제적으로 착취당해서는 안 되며 건강과 발달을 위협하고 교육에 지장을 주는 유해한 노동으로부터 보호받아야 한다.'고 명시되어 있다. 하지만 일부 개발도상국에서는 값싼 노동력을 원하는 사업주와 생계문제 앞에 놓인 취약계층의 필요로 아동노동이 암묵적으로 용인되고 있다. 2020년 발표된 국제노동기구(ILO)의 아동노동(5~17세) 통계를 보면 완만하게 감소하던 아동노동의 수가 다시 증가한 것으로 나타났다. 2000년에 첫 조사를 시작한 이래 4년마다 통계를 발표하고 있는데, 최초 2억 4,600만 명에서 2016년 1억 5,100만 명으로 꾸준히 감소세를 보여 왔다. 하지만 2020년에는 다시 1억 6,000만 명을 기록하며 증가세로 돌아섰다. 이는 전 세계 아동 10명 중 1명이 노동 현장에서 일을 하고 있다는 것을 의미한다. 또 그중 거의 절반에 달하는 아동은 아주 유해한 환경에서 일하고 있다(국민일보, 2023. 6. 12).

우리나라 「아동복지법」 제17조에서는 누구든지 아동을 학대하거나 착취하는 행위를 금지하고 있다.

제17조(금지행위) 누구든지 다음 각 호의 어느 하나에 해당하는 행위를 하여서는 아니 된다.

1. 아동을 매매하는 행위
2. 아동에게 음란한 행위를 시키거나 이를 매개하는 행위 또는 아동에게 성적 수치심을 주는 성희롱 등의 성적 학대행위
3. 아동의 신체에 손상을 주거나 신체의 건강 및 발달을 해치는 신체적 학대행위
4. 아동의 정신건강 및 발달에 해를 끼치는 정서적 학대행위
5. 자신의 보호·감독을 받는 아동을 유기하거나 의식주를 포함한 기본적 보호·양육·치료 및 교육을 소홀히 하는 방임행위
6. 장애를 가진 아동을 공중에 관람시키는 행위
7. 아동에게 구걸을 시키거나 아동을 이용하여 구걸하는 행위
8. 공중의 오락 또는 흥행을 목적으로 아동의 건강 또는 안전에 유해한 곡예를 시키는 행위 또는 이를 위하여 아동을 제3자에게 인도하는 행위
9. 정당한 권한을 가진 알선기관 외의 자가 아동의 양육을 알선하고 금품을 취득하거나 금품을 요구 또는 약속하는 행위
10. 아동을 위하여 증여 또는 급여된 금품을 그 목적 외의 용도로 사용하는 행위

국내 및 국외에서도 노동으로부터 아동을 보호하기 위한 다양한 제도적 장치와 복지대책이 마련되어야 할 것이다.

아동노동 인구 20년 만에 증가, 1억 6,000만 명 이르러

유니세프와 국제노동기구(ILO)가 펴낸 '아동노동 2020 동향과 전망' 보고서에 따르면 지난 4년간 아동노동 인구가 840만 명 증가했고, 코로나19로 어린이 수백만 명이 학교 대신 일터에 나가면서 아동노동 수가 1억 6,000만 명에 이른다고 밝혔다. 2000~2016년 9,400만 명으로 감소하며 하향세를 보였던 아동노동 인구가 20년 만에 처음으로 증가세로 바뀌었다고 강조했다.

특히 5~11세 어린이 수가 크게 증가해 현재 전 세계 아동노동 인구의 절반 이상을 차지한다. 건강, 안전, 윤리적 측면에서 어린이에게 유해한 환경에서 일하는 5~17세 아동노동자는 2016년 이후 650만 명 증가해 7,900만 명에 이른다.

아동노동자는 70%(1억 1,200만 명)가 농업, 20%(3,140만 명)가 서비스, 10%(1,650만 명)가 일반 산업군에 종사하고, 5세~11세 아동노동자 중 28%, 12세~14세 아동노동자 중 35%가 학교에 다니지 않고 있다. 아동노동은 모든 연령대에서 남자 어린이 비중이 높으나, 여자 어린이가 주당 최소 21시간 집안일을 한다고 감안하면 성비는 비슷하다. 또 농촌 지역 어린이의 노동 비율(14%)이 도시 지역(5%)보다 3배 가까이 높다.

출처 : 유니세프(2021. 6. 11). 아동노동 인구 20년 만에 증가, 1억 6,000만 명 이르러.

2. 아동복지의 기본 원칙

아동의 건전한 성장과 발달을 위하여 다양한 아동복지 정책과 서비스가 요구된다. 아동복지는 사회복지서비스의 한 분야이기는 하지만 대상이 아동이라는 점에서 아동발달의 특성과 권리적 측면을 동시에 고려하여야 한다. 장인협 등(2013), 이순자 등(2018), 공계순 등(2019), 김현자(2019), 송정애(2022) 등은 아동복지의 기본 원칙으로 권리와 책임의 원칙, 보편성과 선별성의 원칙, 예방성과 치료성의 원칙, 개발성의 원칙, 전문성의 원칙을 제시하였다. 이러한 내용을 바탕으로 종합하여 아동복지서비스를 전개할 때 고려되어야 할 기본 원칙을 제시하면 다음과 같다.

1) 권리와 책임의 원칙

아동을 위한 건전한 육성대책은 아동, 부모, 국가 및 사회, 세 주체 간의 권리와 책임에 기반을 두고 있어야 한다. 즉, 아동복지의 책임은 부모뿐 아니라 국가 및 사회도 책임지고 있기에 대상 아동을 포함하여 책임과 권리의 주체로 인식되어야 한다는 것이다. 이 중에서 어느 한 부분에서 갈등이나 부적응 등이 생기면 많은 문제를 야기하게 된다. 따라서 어느 한 주체가 일방적인 권리와 책임을 갖는 것이 아니라 각 주체에 부여된 권리와 책임이 상호 유기적인 관계로 균형을 이루는 것이 중요하다고 할 수 있다.

① 아동의 권리와 책임

모든 아동은 하나의 인격체로서 성인과 같이 자신의 행복 추구 및 성장·발달을 위한 권리를 갖는다. 아동은 부모와 상관없이 독자적인 권리를 지닌 존재이며 또한 보호나 지도를 받아야 하는 미성숙한 인간으로서 심신이 건강하게 태어나고, 교육과 지도를 통해 성장·발달할 권리를 가지고 있다. 따라서 아동복지사업을 전개하는 데 있어서 아동의 권리는 그 바탕이 되어야 한다.

② 부모의 권리와 책임

부모가 어린 자녀를 보호하고 양육하는 과정에서 요구되는 환경들이 아동의 성장·발달에 가장 큰 영향력을 발휘한다. 아동의 일상생활 습관 형성, 교육 및 종교 신념을 포함하여 부모의 영향력은 클 수밖에 없다. 부모의 권리에는 양육권, 법적 후견인으로서의 권리, 사회에 대해 요구할 권리가 있으며, 아동을 대신하여 아동의 이익을 최우선으로 하는 의사 결정을 해야 할 권리와 책임도 있으며, 재정적 지원, 신체적 보호, 정서적 보호 등 광범위한 부모의 책임도 있다.

그러나 현대사회에서는 가족 내 부모 역할 모델이 부재하고, 다양한 가족기능을 요구하는 현대 상황에서는 부모의 역할과 의무에 대한 교육과 서비스가 절실하다. 부모의 권리와 책임은 사회나 국가로 많이 전이되었지만, 아동의 보호와 양육의 1차적인 책임은 여전히 부모에게 있다.

③ 사회 및 국가의 권리와 책임

사회 및 국가는 국민의 뜻을 수렴하여 아동복지의 방향과 실제를 결정하고 집행하는 주체이다. 의무교육을 통해 부모의 권리나 의사와 관계없이 아동을 위한 교육권을 보장하고, 발달의 1차적 환경이 유해하거나 상실된 경우에는 적극 개입하여 아동의 발달을 위한 최선의 결정을 내려야 하는 책임과 권리를 가진다. 또한 국가는 아동의 복지와 관련된 정책의 개발을 위해 입법하고 법을 집행하는 과정에서 권리를 행사하여 아동을 건전하게 육성할 책임과 의무를 갖는 것이다. 아동이 가능하면 원가정에서 성장할 수 있도록 지원하고, 불가피할 경우, 가정과 유사한 환경에서 성장할 수 있도록 조치하거나 아동을 가정에서 분리 보호해야 할 때에는 가급적 빠른 시일 내에 가정으로 복귀할 수 있도록 지원해야 한다.

결국, 아동복지의 발전적 전개를 위하여 아동, 부모, 국가 및 사회 세 당사자 각각의 주체가 권리와 책임을 확립하고 재규정하여 철저하게 수행해야 할 것이다.

〈표 6-4〉 **아동, 부모, 사회 및 국가의 권리와 책임**

주체	권리	책임
아동	• 생존 및 발달 권리	• 부모와 국가의 요구와 기대에 부응할 책임
부모	• 아동보호 및 양육 권리	• 자녀 보호, 양육, 교육시킬 책임
사회 및 국가	• 부모의 부적절한 양육에 대한 제재 권리	• 아동복지 증진 책임 • 부모를 대신하여 아동을 보호하고 양육 및 교육할 책임

출처 : 송정애(2022).

2) 보편성과 선별성의 원칙

아동복지서비스에서 보편성과 선별성은 동시에 적용될 수 있다.

① 보편성의 원칙

아동의 성별, 부모의 사회적 지위 등에 관계없이 모든 아동을 대상으로 동일한 수준에서 예방적 서비스를 목적으로 제공되는 것이다. 이 원칙은 각종 문제를 예방하고자 하는 평등의 이념이 전제되어 있으며, 아동수당, 무상보육, 가정양육수당, 무상 급식, 무상 의무교육 등이 해당된다. 다시 말해, 아동이 있는 전체 가정에 수당을 지급하여 아동의 성장과 발달을 위한 최소한의 환경을 마련해 주는 것이나 전체 아동이 동등한 수준의 교육을 받을 수 있게 무상교육을 제도화하는 것이다.

② 선별성의 원칙

특수한 문제나 요구를 가진 아동이 대상이다. 아동에 대한 복지를 추구하는 데 조건이나 기준을 정하고 이에 따라 아동복지의 대상과 사업을 제한하는 원칙을 말한다. 이 원칙은 자발적이든 비자발적이든 상관없이 개인적인 결함이 존재한다는 전제하에서 이러한 문제를 보완하거나 소멸시키기 위한 최소한의 보호 조치로 적용되는 것이다. 따라서 열등 처우의 원칙이 불가피하기에 해당 아동들에 대한 낙인 효과를 초래할 수도 있다. 공공부조, 차등보육제도, 장애수당 등이 여기에 속한다.

권리로서의 아동복지를 지향하는 현 시점에서는 과거의 선별주의 원칙에 의한 복지정책보다는 모든 아동을 대상으로 하는 보편주의적 복지를 지향하고 있다.

3) 예방성과 치료성의 원칙

예방성의 원칙은 문제가 발생하기 전에 필요한 원칙이다. 아동기에 발생하는 문제들은 일생에 영향을 미치기 때문에 미연에 방지해야 한다. 그러므로 아동복지에서 가장 바람직한 것은 아동에게 문제가 발생하지 않도록 예방하는 것에 초점을 두어야 한다.

치료성의 원칙은 문제가 발생한 후에 실시되는 사후 조치에 필요한 원칙이다. 조기발견, 조기개입 등을 통하여 확인된 문제에 대해 즉각적으로 개입하고 치료를 실시한다. 이러한 개입을 통하여 문제가 악화되는 것을 미연에 예방할 수 있다고 보는 것이 기본 원칙이다(송정애, 2022). 아동 관련 문제가 발생하지 않도록 하기 위하여 정책 수립 및 시행을 하고, 아동학대 및 아동 관련 실태조사를 실시하여 신고체계를 구축하고, 문제 발생 시 이에 대한 치료 및 해결을 하기 위한 다양한 대책도 마련해 두어야 한다.

4) 개발성의 원칙

개발성의 원칙이란 아동이 가진 능력을 최대한 발휘할 수 있도록 하는 것이다. 모든 아동이 적용을 받지만 특히 발달상의 지원이 필요한 장애 및 영재 아동, 해체가정 및 취약가정의 아동이 주된 대상자가 되기도 한다.

시대·사회적 변화와 함께 아동의 욕구 및 발달과업이 달라지고 많은 사람들이 아동의 권리나 복지의 필요성에 대해 공감하고 있으므로 과거 사후 복지 지향적 아동복지 체계에서 이제는 개발 지향적 체계를 적용해야 한다. 따라서 아동복지사업은 아동의 욕구를 발견하고 변화를 예측하며 사회구조나 경제조건에 맞춰 예방적·적극적 아동복지대책과 더불어 사회·경제적 문제에 대한 적극적 개발 기능이 요청된다. 다시 말해, 앞으로의 아동복지는 개발적 기능의 원칙을 고려해 아동복지의 여러 제도적 변화를 모색하여야 할 것이다. 더불어 아동복지 정책과

제도를 마련할 때는 사회·경제적 변화와 더불어 아동의 욕구나 문제가 무엇인지를 이해하고 사회와 국가에 필요한 아동복지 정책과 제도를 개발해야 한다.

5) 전문성의 원칙

아동복지서비스는 시대적 상황에 따라 변화하는 과정에 있다. 아동은 살아가는 환경에서 무엇을 경험하는가에 따라 사회성과 정서성이 발달하며 언어나 인지 능력, 신체가 급격히 변화한다. 이러한 아동들의 욕구나 사고 및 행동의 발달에 관한 전문적 지식과 기술이 없이는 아동을 이해하기 어렵다.

따라서 아동들의 건전한 발달을 위해서는 아동 및 인간 발달을 이해하는 전문적 기구와 전문기관이 요청되며 아동 관련 프로그램을 직접 기획하고 설계할 수 있는 역량을 가진 전문가가 요구된다. 특히 사회복지의 한 분야로 생각해 오던 아동복지의 실천에 있어서 아동 관련 정책을 개발하고 프로그램을 기획하고 실천할 수 있는 전문인력 양성 또한 필요하다.

♣ 생각 나누기 ♣

1. 국민건강보험과 관련된 기사를 찾아 토론해 봅시다.
2. 낙태 중에서도 특히 청소년(미성년자)의 출산과 낙태에 대하여 어떻게 생각하는지, 그리고 이에 대한 대책을 중심으로 논의해 봅시다.
3. 전 세계 아동노동 인구 현황에 대한 조사를 통하여, 아동노동 착취에 대한 실태를 파악하고, 이에 대한 대처방안을 토론해 봅시다.

제2부

아동복지의 실천

장애아동을 위한 아동복지실천

제7장 장애아동을 위한 아동복지실천

1. 장애와 장애아동의 이해

1) 장애의 개념

장애(障碍, disability)란 사전적 의미로는 '신체 기관이 본래의 제 기능을 하지 못하거나 정신 능력에 결함이 있는 상태'를 말한다. 1975년 12월 제30차 유엔총회에서 채택한 '장애인 권리선언문' 제1조에서는 '장애인이란 선천적이든 후천적이든 관계없이 신체적, 정신적 능력의 불완전으로 인하여 개인의 일상생활이나 사회생활에 필요한 것을 자기 자신으로서는 완전하게 또는 부분적으로 확보할 수 없는 사람을 말한다.'라고 정의하고 있다. 또한 미국 사회보장청에서 내린 장애의 정의는 '의학적으로 판정하여 12개월 동안 계속될 것으로 또는 죽음에 이를 것으로 기대되는 신체적, 정신적 손상으로 인해서 상당한 소득활동에 참여하지 못하는 것'으로 되어 있다. 이 정의에 의하면 의학적으로 분류되는 모든 기관계통, 즉 근골격계, 감각·언어계, 호흡계, 심장계, 소화기계, 신장·비뇨기계, 내분비계, 피부계, 정신계, 악성 신생물 등 기타 어떠한 손상이라도 의학적 장애로 판정될 수 있다는 것이나, 다만 이런 의학적 손상이 일상생활 혹은 경제활동에 제한을 초래하는 경우에 이를 장애로 인정한다는 것이다(나은우, 2012).

장애의 판정은 각 나라에서 지정한 사회적 서비스의 수혜자격을 부여하기 위한 판단에서 이루어지는 것이다. 이러한 사회적 서비스의 수혜자격 부여를 위한 장애의 판단체계는 세계 여러나라의 장애의 기준을 정하는 데 결정적인 영향을 미쳤다. 이때 사회적 서비스의 주요 내용은 기능적·구조적 손상으로 인한 소득상실을 복지시스템에 의해 보조하거나 사회적 불이익으로 인한 불평등을 해소하기 위해 차별금지 수단의 지원을 받는다. 1980년 세계보건기구(WHO)는 국제질병 기준을 근간으로 장애를 기능장애, 능력장애, 사회적 분리의 개념으로 구분하고 있다(황수경, 2004).

우리나라의 경우 모든 정책적 고려에서 장애의 기준을 「장애인복지법」에 준하고 있다. 「장애인복지법」에서 장애인은 포괄적으로 '신체적·정신적 장애로 인하여 장기간에 걸쳐 일상생활 또는 사회생활에 상당한 제약을 받는 자(제2조 제1항)'로 정의하며, 1989년 제정 당시에는 주로 신체·정신상의 일차적 장애에만 국한하다가 최근 신장, 심장, 간질환 등 내부기관의 장애와 중증 간질장애, 안면기형 등을 추가하면서 사회적 활동까지의 장애까지 포함하는 개념으로 장애의 범주를 확대하고 있다.

장애의 개념은 협의의 개념과 광의의 개념으로 구분된다. 협의의 개념으로서 장애는 신체 또는 정신기능의 저하와 이상, 상실 또는 신체 일부의 훼손 등을 가리키는 의학적 측면에 초점을 둔 것이며, 광의의 개념으로서 장애는 의학적 측면뿐만 아니라 그로 인해 발생되는 능력의 저하와 사회적 불이익까지를 포함한다(정옥분 외, 2020).

이처럼 장애에 대한 정의는 나라마다 학자마나 다양하나. 이러한 장애를 하나로 규성하기는 쉽지 않지만 몸과 마음 그리고 정신의 기능이 온전하게 기능하기 위해 도움을 필요로 하는 존재라는 측면에서 본다면 장애에 대한 바른 이해는 무엇보다 중요하고 안전하고 건강한 삶을 돕기 위해 장애에 대한 바른 정립이 필요하다.

장애인을 이해하기 위해 2021년 「장애인복지법 시행령」에 따라 장애인을 분류하면 다음과 같다.

〈표 7-1〉 **장애인의 분류**

대분류	중분류	소분류	세분류
신체적 장애	외부 신체 기능의 장애	지체장애	절단장애, 관절장애, 지체기능장애, 변형 등의 장애
		뇌병변장애	뇌의 손상으로 인한 복합적인 장애
		시각장애	시력장애, 시야결손장애, 겹보임(복시)
		청각장애	청력장애, 평형기능장애
		언어장애	언어장애, 음성장애, 구어장애
		안면장애	안면부의 추상, 함몰, 비후 등 변형으로 인한 장애
	내부 기관의 장애	신장장애	투석치료 중이거나 신장을 이식받은 경우
		심장장애	일상생활이 현저히 제한되는 심장기능 이상
		간장애	일상생활이 현저히 제한되는 만성·중증의 간기능 이상
		호흡기장애	일상생활이 현저히 제한되는 만성·중증의 호흡기기능 이상
		장루·요루장애	일상생활이 현저히 제한되는 장루·요루
		뇌전증장애	일상생활이 현저히 제한되는 만성·중증의 뇌전증
정신적 장애	발달장애	지적장애	지능지수가 70 이하인 경우
		자폐성장애	소아청소년 자폐 등 자폐성장애
	정신장애	정신장애	조현병, 조현정동장애, 양극성정동장애, 재발성 우울장애, 뇌의 신경학적 손상으로 인한 기질성 정신장애, 강박장애, 투렛장애(Tourette's disorder), 기면증

출처 : 「장애인복지법 시행령」(2021. 8. 11.).

2022년 보건복지부에서는 심한 장애와 심하지 않은 장애로 구분하고, 이러한 장애를 다른 측면에서 기능장애, 능력장애, 사회적 불리로 구분하여 설명하고 있다.

첫째, 기능장애(impairments)는 '심리적, 생리적 또는 해부학적 구조나 기능의 상실 또는 비정상'을 의미한다. 일시적 혹은 영구적인 손실이나 비정상이 특징이며 정신적인 기능체계를 포함한 신체의 다른 구조의 비정상, 결손 등도 포함된다. 기능장애에는 지적장애, 언어장애, 청각장애, 시각장애, 내과적 장애, 골격계 장애, 신체기형, 정신적 장애 등이 포함된다.

둘째, 능력장애(disabilities)는 '신체의 손상으로부터 야기된 것으로 인간에게 정상적인 것으로 간주되는 범위 내에서 또는 그러한 방식으로써 활동을 수행하는 능력이 제약되거나 결여되는 것'을 뜻한다. 즉, 기능장애의 직접적 결과로서 개인의 활동상의 능력 제한이 발생되는 것을 말한다. 여기서 말하는 장애에는 태도장애, 의사소통 장애, 개인 일상생활 동작장애, 운동장애, 가사활동 장애, 상황적 장애 등이 포함된다.

셋째, 사회적 불리(handicaps)는 사회적 차원의 장애에 대한 개념으로 '신체의 손상이나 장애로 인해 정상적인 역할 수행이 어렵거나 방해하는 개인에 대한 불이익'을 말한다. 이는 기능장애나 능력장애가 사회화된 것으로 일반적인 사회생활에 대한 참여가 제한을 받거나 지장을 초래하는 것을 말한다. 사회적 불리에는 신체적 자립 불리, 이동성 불리, 직업상 불리, 사회통합 불리 등이 포함된다(황수경, 2004).

세계보건기구(WHO)는 1998년 건강에 대한 새로운 개념으로 기존의 육체적, 정신적, 사회적 안녕에 영적인 안녕을 추가하기로 결정하였다. 즉, 건강이란 개인 중심의 내재적인 문제에서만 비롯되는 것이 아니라 환경, 문화, 정치, 교육 등이 다면적으로 작용하면서 이루어진다. 이렇게 건강에 대한 정의와 개념이 바뀌면서 장애에 대한 생각도 바뀌고 있다. 그러므로 1980년 제정된 세계보건기구의 국제장애분류는 여러 건강상의 조건을 가지고 있는 사람들의 다양한 경험을 포괄하지 못하고 있으므로, 여러 단계의 논의를 거치면서 2001년에 국제기능장애건강분류(International Classification of Functioning, Disability and Health : ICF)를 발표하였다(법제처 국가법령정보센터, 2017). ICF가 세계보건기구에 의해 승

인되면서 의학계에도 ICF에 의한 큰 영향이 나타나고 있다. 그들은 건강 상태(health conditions)란 급성 혹은 만성질환, 이상, 외상과 함께 임신, 노화, 스트레스, 선천성 기형, 혹은 유전적 성향을 포함하는 매우 넓은 의미로 정의하고 있다. 세계보건기구의 ICF와 「장애인복지법」에 명시된 장애에 대한 개념을 살펴보면 다음과 같다.

〈표 7-2〉 **세계보건기구의 국제기능장애건강분류(ICF)**

<table>
<tr><th></th><th colspan="2">부분 1 : 기능과 장애</th><th colspan="2">부분 2 : 문맥적 요소</th></tr>
<tr><th>구성요소</th><th>신체 기능과 구조</th><th>활동과 참여</th><th>환경적 요소</th><th>개인적 요소</th></tr>
<tr><td>분야</td><td>• 신체 기능
• 신체 구조</td><td>• 생활 분야(작업과 활동)</td><td>• 기능과 장애에 영향을 미치는 외부적 요인</td><td>• 기능과 장애에 영향을 미치는 내부적 요인</td></tr>
<tr><td>구성 및 지표</td><td>• 신체 기능의 변화(생리학적)
• 신체 구조의 변화(해부학적)</td><td>• 표준적 환경에서 과업을 수행할 수 있는 능력(capacity)
• 현재의 환경에서 과업의 수행능력(performance)</td><td>• 육체적, 사회적, 행태적 특징을 촉진하거나 억제하는 효과</td><td>• 개인의 행태에 미치는 효과</td></tr>
<tr><td rowspan="2">긍정적 측면</td><td>• 기능적 · 구조적 정상 상태</td><td>• 활동 / 참여</td><td rowspan="2">• 촉진제</td><td rowspan="2">–</td></tr>
<tr><td colspan="2">• 기능(Functioning)</td></tr>
<tr><td rowspan="2">부정적 측면</td><td>• 신체 / 기능의 손상</td><td>• 활동의 제한
• 참여의 제약</td><td rowspan="2">• 억제제</td><td rowspan="2">–</td></tr>
<tr><td colspan="2">• 장애(Disability)</td></tr>
</table>

출처 : 세계보건기구(2001).

2) 장애아동의 개념

일반적으로 장애아동은 장애를 가진 아동을 말한다. 그러나 장애아동을 더 구체적으로 정의할 수도 있다. 장애아동에 대해 개념을 몇 가지로 살펴보면 다음과 같다(Harris & White, 2013; Simon, 2003; 법제처 국가법령정보센터, 2017). 또한 영국에서 1948년에 만든 「국민부조법(National Assistance Act)」과 1989년에 만든 「아동법(Children Act)」에 따르면, 장애아동은 다음과 같은 상황에 있는 아동을 말한다.

첫째, 보지 못하거나, 듣지 못하거나 말하지 못하고 있다.

둘째, 어떤 종류의 정신적 어려움을 겪고 있다.

셋째, 질병, 부상, 타고난 기형, 기타 장애 때문에 영원히 크게 어려움을 겪고 있다.

영국에서 2005년에 만든 「장애차별법(Disability Discrimination Act)」에 따르면, 장애아동은 일반적으로 매일 하는 활동을 할 수 있는 능력에 심각하고 장기적으로 좋지 않은 영향을 미치는 신체적 장애나 정신적 장애를 가지고 있는 아동을 말한다.

우리나라의 「장애아동 복지지원법」에 따르면, 장애아동은 18세 미만의 사람 중에서 「장애인복지법」에 따라 등록한 장애인을 말한다. 그리고 우리나라의 「장애인복지법」에서는, 장애인은 '신체적·정신적 장애로 오랫동안 일상생활이나 사회생활에서 상당한 제약을 받는 사람'이라고 정의하였다. 그러므로 여기에 근거할 경우, 장애아동은 신체적·정신적 장애로 오랫동안 일상생활이나 사회생활에서 상당한 제약을 받는 18세 미만의 사람이라고 볼 수 있다. 하지만 장애아동에 대한 개념과 장애아동의 범위는 문제가 되는 경우가 많다. 장애와 관련해 다음과 같은 논쟁을 계속하고 있는데, 이러한 장애아동에 대한 정의와 장애아동의 범위를 정하는 것이 간단하지 않음을 다음의 논쟁에서 알 수 있다(Marchant, 2001).

첫째, 어떤 아동을 장애아동으로 보아야 하는지와 관련된 논쟁이 있다. 예를 들어, 미국에서는 많은 아동이 읽는 데 어려움을 겪는 것으로 알려져 있다. 이런 증상을 실독증(失讀症, dyslexia)이라고 부르는데, 실독증 아동을 장애아동으로 보아야 하는지 여부와 관련해 논쟁이 있을 수 있다.

둘째, 일시적으로 또는 잠재적으로 장애를 겪는 아동을 어떻게 보아야 하는지와 관련된 논쟁이 있다. 예를 들어, 초기 암에 걸린 아동을 장애아동으로 보아야 하는지 여부와 관련해 논쟁이 있을 수 있다.

장애와 관련해 어떤 것이 올바른 정의인지에 대해서는 일치된 답이 없는 실정이다. 따라서 장애아동에 대한 정의와 장애 아동의 범위에 대한 논쟁은 앞으로도 계속될 것으로 예상된다.

2. 장애아동의 현황

1) 장애아동의 유형

장애아동을 바라보는 교육적 시각은 부족한 부분에서 생기는 결함을 보기보다는 자립하고 잘 할 수 있는 능력을 키워 주는 교육이 되어야 한다. 우리나라 「장애인 등에 대한 특수교육법」에 의하면 장애아동의 유형을 시각장애, 청각장애, 지적장애, 지체장애, 정서·행동장애, 자폐성장애(이와 관련된 장애를 포함), 의사소통장애, 학습장애, 건강장애, 발달지체, 그밖에 대통령령으로 정하는 장애로 분류하고 있다.

2) 장애유형별 출현율

2019년 말 기준 등록장애인은 전체 인구 대비 5.1%인 261만 8,000명으로 나타났다. 연령별로 보면, 70대가 58만 2,000명으로 22.2%이며, 60대는 58만 4,000명으로 22.3%로 등록장애인 수가 가장 많다. 전체 인구 대비 장애인 등록 비율도 60대 이상(60대 9.3%, 70대 16.2%, 80대 21.6%)에서 높게 나타났다. 성별에서는 남성 장애인의 비율이 151만 명으로 57.8%이며, 여성 장애인은 110만 명인 42.2%이다. 장애유형별로 살펴보면, 지체장애 122만 3,000명, 46.7%, 청각장애 37만 7,000명, 14.4%, 시각장애 25만 3,000명, 9.7%, 뇌병변장애 25만 2,000명, 9.6% 순으로 비율이 높았으며, 가장 낮은 유형은 뇌전증장애 7,000명, 0.3%, 심장장애 5,000명, 0.2%, 안면장애 3,000명, 0.1% 순으로 나타났다. 심한 장애로 등록된 장애인은 98만 명(37.6%), 심하지 않은 장애로 등록된 장애인은 163만 명(62.4%)이었다. 지역별로는 경기도 등록장애인 수가 560만 명(21.4%)으로 가장 많았으며, 세종이 1만 2,000명(0.5%)으로 가장 적게 나타났다.

〈그림 7-1〉 **연령별 등록장애인 수 및 전체 인구 대비 비율**(2019년) (단위 : 명, %)

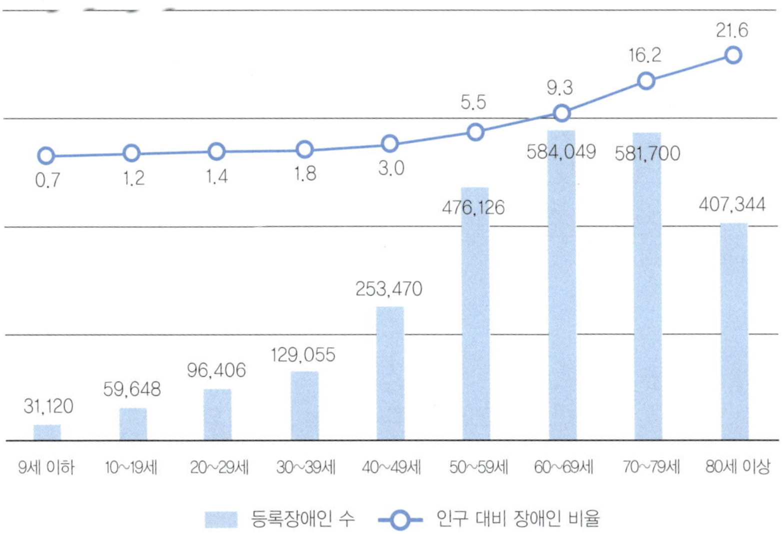

출처 : 통계청 국가통계포털(www.kosis.kr).

〈표 7-3〉 **장애유형별 인구수**(2022년)

(단위 : 명)

장애유형별(1)	장애유형별(2)	2022년		
		계	남자	여자
합계	소계	2,652,860	1,534,655	1,118,205
지체	소계	1,176,291	683,183	493,108
시각	소계	250,767	148,909	101,858
청각·언어	소계	448,573	240,081	208,492
	청각	425,224	223,500	201,724
	언어	23,349	16,581	6,768
지적	소계	225,708	135,959	89,749
뇌병변	소계	245,477	141,222	104,255
자폐성	소계	37,603	31,324	6,279
정신	소계	104,424	52,921	51,503
신장	소계	105,842	62,955	42,887
심장	소계	5,078	3,281	1,797
호흡기	소계	11,451	8,433	3,018
간	소계	15,066	10,507	4,559
안면	소계	2,725	1,596	1,129
장루·요루	소계	16,779	10,436	6,343
뇌전증	소계	7,076	3,848	3,228

출처 : 통계청(2022).

우리나라에서는 「장애인복지법」 제31조에 의해 장애인 실태조사를 주기적으로 실시하고 있다. 1990년 1차 조사 이후 5년마다 실시되었으며, 2007년 법이 개정되면서 3년마다 실시하는 것으로 변경되었다. 우리나라의 2022년 장애 추정 인구수는 약 265만 명이며, 장애유형에는 지체, 시각, 청각·언어, 지적, 뇌병변,

자폐성, 정신, 신장, 심장, 호흡기, 간, 안면, 장루·요루, 뇌전증이 있으며 남자는 약 153만 명이며 여자는 약 111만 명이다. 이와 같은 유형 중 가장 많은 유형은 지체장애로 44.3%이고, 다음으로는 청각장애 16%, 시각장애 9.5%, 뇌병변장애 9.3%, 지적장애 8.5%가 뒤를 이었다. 희소 장애유형은 뇌전증장애 0.3%, 심장장애 0.2%, 안면장애 0.1%순이었다. 2022년 한 해 동안 새로 등록한 장애인 8만 명에서는 청각장애가 32%, 지체장애가 16.7%, 뇌병변 15.2%, 신장 10.3%순으로 비중이 컸다. 연령대별로는 60대가 62만 6,000명으로 전체 비중의 23.6%로 가장 컸고, 다음으로 70대가 57만 4,000명 21.6%로 뒤를 이었다.

3) 장애가정과 장애아동이 겪는 어려움의 실태

(1) 장애가정이 겪는 어려움

장애인 실태조사에 따르면 장애인 가구의 경제적 인식 및 상황에 대해 하층으로 인식하는 경향이 높았다. 즉, 자신의 경제 상태에 대해 상층 혹은 중층으로 인식하는 비율은 38.5%로 2014년도에 비해 다소 높아졌으나, 여전히 전체 장애인이 61.5%는 자신의 가구를 경제적으로 어려운 저소득 가구라고 응답했다(보건복지부, 2017).

이는 실제적인 소득에서도 같은 결과를 나타냈다. 장애인 가구의 월평균 소득은 2017년 기준으로 242만 원으로 장애인 연금과 기초연금액 상승 등에 따른 공적 이전 소득 증가로 인해 2014년에 비해 6.7% 높은 증가율을 보이긴 하나 전국 가구의 월평균 소득과 비교하면 현저히 낮다. 이들이 장애를 발견하거나 장애로 인해 지출하는 비용은 월 165만 원으로 장애인 보조기기에 대한 공적 급여 항목이 증가했음에도 불구하고 여전히 많은 비용이 지출되고 있어 경제적 어려움이 크다는 것을 알 수 있다(보건복지부, 2017). 이러한 어려움으로 인해 장애가정은 국가 및 사회에 소득보장, 의료보장, 고용보장 등을 요구하고 있다. 이는 과거에 요구하는 사항과 유사한 경향이나 장애인 건강관리(장애 예방 포함)가 비교적 큰 폭으로 증가한 부분에서 차이가 나는 것을 볼 수 있다.

장애아동 가족은 자녀 양육과정에서 차별을 경험한 적이 있으며 특히 장애아동을 위한 보험 가입 시에 차별을 가장 많이 경험하였으며, 차별을 경험할 때는 주로 장애인 단체에 도움을 구하고 있었다. 또한 장애인을 형제자매로 둔 비장애인의 심리·정서적 어려움도 있다. 이들은 생애주기별로 경험하는 어려움이 다르기 때문에 심리·정서적 어려움을 덜어 주기 위해서는 장애를 이해하고 대처할 수 있도록 적절한 교육과 상담 등이 필요하고 특히 형제자매들에게 장애에 대한 정확한 정보를 제공하는 것이 필요하다.

(2) 장애아동이 겪는 어려움

장애아동은 일반아동에 비해 일상생활을 하는 데 도움이 더 요구되기 때문에 돌봄서비스와 일상생활을 지원할 수 있는 서비스가 필요하다. 보통 장애인은 일상생활 수행 시 도와주는 사람이 있다(83.3%). 장애인활동지원 서비스 대상자 확대와 이에 따른 예산 증가 등으로 인해 돌봄서비스가 확대되어 활동 보조인 등 공적 돌봄서비스 제공자가 도움을 주고 있으나(13.9%), 주 도움 제공자는 가족구성원(81.9%)으로 여전히 가족 부담이 높은 것으로 나타났다(보건복지부, 2017).

또한 교육을 제공받을 때도 어려움이 있었다. 장애인 교육 정도를 알아봤을 때 일반인들과 차이가 더 확연히 나타났다. 무학 및 초등학교 졸업자는 감소의 영향을 보이고 있으나 대학 이상 학력자가 15.2%로 2014년도와 유사하다. 장애인 중에서 학교에 다니지 않았거나 중퇴한 이유로는 경제적인 어려움이 가장 큰 영향을 미쳤다. 만 25세 미만 장애인의 경우에는 심한 장애로 다닐 수 없었다는 의견이 가장 많았다. 보건복지부(2017)에서 장애아동을 위해 시설 확대 및 지원을 추진하고 있지만 부모들은 장애아동을 위한 보육·교육 시 이를 전담할 수 있는 시설이 부족하다고 느끼고 있다. 조사 대상 중 '장애아 전문 어린이집 확대' 20.8%, '장애아동 발달재활 사업 확대를 통한 재활 지원'이 19.9%로 나타났다. 또한 특수교육을 받을 때 도움을 줄 수 있는 보조 인력이 필요하다고 12.4%가 응답하였다.

장애아동권리에 있어서 교육에 대한 권리에서 보면 국가와 지방자치단체는 사회통합의 이념에 따라 장애아동의 연령·능력·장애의 종류 및 정도에 따라 충분히 교육받을 수 있도록 교육 내용과 방법을 개선하는 등 필요한 정책을 강구하여야 한다는 것을 명시하고 있으며, 국가와 지방자치단체는 장애아동의 교육에 관한 조사·연구를 촉진하여야 하며, 장애아동에게 전문 진로교육을 실시하는 제도를 강구하여야 한다는 책임을 강조하고 있다. 하지만 장애아동이 초등학교 입학 전 이용할 수 있는 보육유형은 다양하게 나타났는데, 어린이집이나 유치원을 다니지 않는 이유는 주변에 아동을 보낼 곳이 없기 때문이다. 이는 장애아동의 등하교 시 여러 가지 불편함이 발생할 수 있고 교사의 장애에 대한 이해 부족과 편견으로 인해 어린이집이나 유치원을 이용하는 것이 어려운 것으로 나타났다.

이처럼 교육기관에서는 교육을 필요로 하는 장애아동이 그 학교에 입학하려는 경우 장애를 이유로 입학 지원을 거부하거나 입학시험 합격자의 입학을 거부하는 등의 불리한 조치를 하여서는 안 되며, 모든 교육기관은 교육 대상인 장애아동의 입학과 수학(修學) 등에 편리하도록 장애의 종류와 정도에 맞추어 시설을 정비하거나 그밖에 조치를 함으로써 장애아동의 교육권을 보장해 주어야 한다.

3. 장애아동을 위한 아동복지의 실천방향

「장애인복지법」에서는 장애인과 장애아동을 위한 복지서비스에 대한 항목을 명시하고 있다. 장애인복지 실시기관은 경제적 부담 능력을 고려하여 장애인이 부양하는 자녀 또는 장애인인 자녀의 교육비를 지급할 수 있는데, 교육비 지급 대상·기준 및 방법 등에 관하여 필요한 사항은 보건복지부령으로 정한다. 국가와 지방자치단체는 장애아동에게 보호자의 경제적 생활수준 및 장애아동의 장애 정도를 고려하여 장애아동수당을 지급하여 장애아동을 지원하고 있다. 또한 장애인을 보호하는 보호자에게 그의 경제적 수준과 장애인의 장애 정도를 고려하여 장애로 인한 추가적 비용을 보전하게 하기 위하여 보호수당을 지급하고 있다. 각 서비스의 대상과 내용을 생활지원, 건강지원, 교육지원으로 나누어 살펴보면 다음과 같다.

1) 생활지원

(1) 장애아동수당

장애아동수당은 장애로 인하여 생활이 어려운 장애아동의 생활안정 지원과 복지 증진 및 사회통합을 도모하기 위해 지원하는 서비스이다. 지원 대상은 만 18세 미만의 등록장애인으로서, 국민기초생활보장 수급자 및 차상위계층이다. 서비스의 내용은 두 가지로 나눌 수 있는데, 중증장애아동수당(중증장애인)과 경증장애아동수당이다. 중증장애아동수당(중증장애인)에서 국민기초생활보장 생계 또는 의료급여 수급자는 2023년 기준으로 월 22만 원을 지원받고 국민기초생활보장 주거 또는 교육급여 수급자(단, 생계 또는 의료급여 수급자 제외)와 차상위계층은 월 17만 원을, 보장시설 수급자(생계 의료)는 월 9만 원을 지원받는다. 경증장애아동수당에서 국민기초생활보장 생계 또는 의료급여 수급자는 월 11만 원을, 국민기초생활보장 주거 또는 교육급여 수급자(단, 생계 또는 의료급여 수급자 제외)와 차상위계층은 월 11만 원, 보장시설 수급자(생계, 의료)는 월 3만 원을 지원한다(법제처, 2023). 장애아동수당 지급액은 다음과 같다.

〈표 7-4〉 **장애아동수당 지급액**

구분	생계 또는 의료급여 수급자	주거 또는 교육급여 수급자	차상위계층	보장시설 수급자 (생계 또는 의료)
중증장애인	월 22만 원	월 17만 원	월 17만 원	월 9만 원
경증장애인	월 11만 원	월 11만 원	월 11만 원	월 3만 원

출처: 보건복지부(2023).

- 주거 또는 교육급여 수급자(생계 또는 의료급여 미수급자)는 법적으로 기초생활수급자이나 차상위계층에 해당하는 혜택을 부여하므로, 차상위 장애아동수당을 신청토록 안내한다.
- 보장시설 수급자(생계 또는 의료)의 경우 퇴소 시 재가 장애아동수당을 지급한다.
- 장애아동수당(주거, 교육, 차상위) 대상자가 시설 입소 시 차상위 자격을 유지하면 장애아동수당(주거, 교육, 차상위)을 계속 지급한다.

(2) 양육지원

장애가족 양육지원사업에서는 이웃과 함께하는 가족 돌봄 문화를 정착하고 장애아동에 대한 인식의 전환을 위해 지역사회의 자원봉사자가 장애아 돌봄서비스를 제공한다. 만 18세 미만 장애아동을 양육하는 가정을 지원해 주며, 전국가구 평균소득 100% 이하인 1~3급 장애아동을 선정하고(대상자로 선정되고 나서 지원을 받는 중간에 만 18세가 됐을 때는 해당 사업기간 종료일까지 지원), 다른 법령(또는 국가 예산)에 따라 장애아가족 양육지원사업과 유사한 재가서비스(장애인 활동보조 지원서비스 등 기타 이에 준하는 서비스)를 받는 경우에는 선정 대상에서 제외된다. 한 가정당 연 480시간의 돌봄서비스와 휴식지원 프로그램을 지원한다. 기타 지원서비스로는 학교 우유급식으로 성장기에 있는 기초생활수급자와 차상위계층 등의 학생에게 학교 우유급식을 공급함으로써 체력 증진과 영양 불균형을 해소하기 위한 서비스로 특수교육대상자에게 지원한다. 그리고 사랑의 그린 PC 보급으로 장애인, 다문화가정, 북한이탈주민 등 정보 소외계층에게 사랑의 그린 PC를 무상 보급하여 정보활용 능력을 향상시키고 정보 격차를 해소하기 위한 서비스이다.

2) 건강지원

(1) 국립중앙청소년치료재활센터 운영

국립중앙청소년치료재활센터에서는 정서나 행동에 어려움을 겪는 청소년이 건강하게 성장하도록 종합적이고 전문적인 서비스를 제공하는 기숙형 상담·치료기관을 운영하고 있다. 대상은 정서적·행동적 장애를 가진 만 9~18세의 청소년으로 서류심사와 심층면접을 통해 입교나 퇴교가 판정되며, 입·퇴교판정위원회의 심사를 통해 선정한다. 정서·행동장애 청소년 대상별로 맞춤형 치유·재활서비스 제공을 위해 국립중앙청소년디딤센터 운영 사업비 및 인건비를 지원하는데, 오름과정(1개월 1회, 60명), 디딤과정(4개월 2회, 120명), 힐링캠프(4박 5일 28회, 860명)로 나누어 지원하고 있다(노병일, 2021).

(2) 발달재활서비스

발달재활서비스에서는 장애아동의 인지, 의사소통, 적응행동, 감각, 운동 등의 기능향상과 행동발달을 위한 재활서비스를 지원하고, 관련 정보를 제공한다. 전국가구 평균소득의 150% 이하인 만 18세 미만 등록장애아동을 지원하는 사업으로 장애유형은 뇌병변장애, 지적 장애, 자폐성장애, 청각장애, 언어장애, 시각장애이며, 중복장애도 해당된다. 6세 미만의 경우에는 등록장애아동이 아니더라도 장애가 예견되어 재활치료가 필요하다는 의사 진단서와 검사 자료로 등록 기준을 대체할 수 있다. 발달재활서비스에 소요되는 비용은 다음과 같이 차등 지원되며 언어, 청각 능력, 미술, 음악, 행동, 놀이 ,심리, 운동 등의 재활서비스를 제공받을 수 있다.

(3) 특수교육대상자 치료지원서비스

특수교육대상자 치료지원서비스는 효과적인 교육을 위해 특수교육대상자의 다양한 치료를 지원하는 것으로 특수교육대상자 중 치료지원 대상자를 지원한다. 즉, 특수교육대상자가 치료지원을 희망하면, 진단 평가를 실시하여 치료지원 대상자를 선정한다. 대상자로 선정이 되면 치료사 채용, 바우처, 치료지원 제공 기관(병·의원, 장애인복지관, 사설치료실 등)을 통해 물리치료, 작업치료 등을 지원받을 수 있다.

(4) 발달장애인 부모상담 지원사업

발달장애를 가진 자녀를 양육하고 부양하는 부모의 심리적 부담을 덜어 주고, 가족관계가 더 좋아질 수 있도록 전문 심리상담을 지원하는 서비스가 있다. 발달장애인(지적, 자폐성장애인) 자녀를 둔 부모 및 보호자를 지원하는 것으로 전국 가구 평균소득 150% 이하(2016년 4인 기준 796만 원)인 가구가 선정 대상이다. 발달장애인 부모상담 지원사업에 선정이 되면 발달장애 자녀를 양육 중인 부모에게 개인 심리상담 바우처 16만 원을 12개월 동안 제공하며, 우울척도 판정결과 우울증이 의심되는 수준이거나, 기준 이하인 경우라도 스트레스 등 다른 심리·정서 검사 후 지원연장이 필요하다고 판단되는 경우 1회(최대 12개월)에 한하여 지원 연장이 가능하다.

(5) 중도시각장애인 재활훈련 지원

산업재해, 교통사고, 질병 등 후천적 요인으로 인해 중도에 시력을 잃은 중도시각장애인을 지원하는 사업으로 후천적 시각장애인을 위하여 맞춤형 재활 및 교육 프로그램을 실시하고 사회에 잘 적응하여 삶의 질을 향상시킬 수 있도록 지원한다. 신청은 한국 시각장애인 연합회에 직접 방문하거나 전화 등을 통해 신청한다.

(6) 저소득 장애인 등록 진단서 발급비 및 검사비 지원

생계급여 및 의료급여 수급자와 보훈보상 대상자에게 장애인 등록 진단 비용과 장애 심사를 받기 위한 검사비 일부를 지원하여 경제적인 부담을 덜어 주기 위한 사업으로 생계, 의료급여 수급자가 신규 장애인 등록을 하거나 재판정 시기가 도래하여 재진단을 받아야 하는 경우에 지원한다.

(7) 장애인 의료비 지원

장애인 의료비 지원은 저소득 장애인이 안정적이고 건강한 생활을 영위할 수 있도록 의료비를 지원하는 사업으로 의료급여 2종 수급권자인 등록장애인과 차상위 본인부담 경감 대상 등록장애인(만성 질환자, 18세 미만 장애아동 포함)을 지원한다. 이때 장애인 의료비는 장애인에게만 지원되고 장애인과 세대를 같이 하는 비장애인에게는 지원하지 않으며, 지원 대상자가 의료기관을 이용할 때 발생하는 본인부담금의 일부 또는 전액을 지원받을 수 있다.

3) 교육지원

(1) 장애아 보육료 지원

어린이집을 이용하는 장애아 보육료를 지원하여 부모의 경제적 부담을 경감하는 제도로 장애인복지카드(등록증)를 소유한 미취학 만 5세 이하의 장애아동이 지원 대상이나 다음의 아동에 대해서는 예외적으로 지원받을 수 있다.

- 「장애인 등에 대한 특수교육법」 제15조에 따라 특수교육대상자로 선정된 만 3~5세 아동이 특수교육대상자 진단·평가 결과 통지서를 제출한 경우
- 취학연령이 되었음에도 부득이하게 질병 등의 사유로 일반 초등학교 및 특수학교에 취학하지 못한 장애아동
- 장애인복지카드 또는 특수교육대상자 진단·평가 결과 통지서를 미소지한 만 5세 이하 영유아도 장애 소견이 있는 의사 진단서를 제출할 경우
- 장애아가 부득이하게 휴학한 경우에도 보육료 지원 가능(단, 장애인복지카드 소지자는 만 6세 이상~만 12세까지 지원, 특수교육대상자 진단·평가 결과 통지서를 제출한 경우 만 6세 이상~만 8세까지 지원 가능)

단, 장애아동이 정부지원을 받는 특수학교(유치원 또는 초등학교 과정)를 이용할 경우 장애아 무상 보육료 지원은 불가하며 초등학교 과정 아동은 방과 후 보육료 지원이 가능하다.

(2) 방과 후 보육료 지원

어린이집을 이용하는 영유아의 방과 후 보육료를 지원하여 양육의 부담을 줄이고 원활한 경제활동을 돕기 위한 정책으로 차상위 이하(법정 저소득층 포함) 및 장애아동에 해당되는 취학아동이 방과 후에 어린이집을 일일 4시간 이상 이용하는 경우 지원한다. 장애아동의 경우, 교사 대 아동 비율을 1:3으로 반을 편성하고, 방과 후 및 장애아보육 보수교육과정을 이수한 교사를 별도 배치하여 보육 시 장애아 보육료의 50%인 21만 9,000원을 지원한다(6개월 이내에 방과 후 및 장애아 보수교육과정을 이수할 것을 전제로 교사를 배치한 경우에는 별도 교사를 배치한 것으로 간주). 다만 교사 대 아동 비율(1:3)을 준수하지 않거나, 방과 후 및 장애아보육 보수교육 과정을 이수한 교사를 배치하지 않은 경우, 정부지원시설은 월 10만 원, 정부미지원시설은 시·도지사가 정한 만 5세아 보육료 수납한도액의 50%를 지원받을 수 있다.

(3) 시간연장형 보육료 지원

시간연장형 보육은 일반 어린이집 운영시간 이후 19시 30분부터 24시까지 어린이집에서 보육하는 것을 말한다. 시간연장형 보육료 지원사업은 만 0~2세 종일반 보육료(맞춤반 보육료 지원아동은 휴일보육료만 지원 가능), 만 3~5세 누리과정 보육료, 다문화 보육료(취학 전)를 지원받는 아동을 대상으로 지원하는 서비스이다. 야간 보육료는 주간에 어린이집을 이용하지 않는 아동이 야간에 이용하는 경우에만 지원이 가능하며(취학아동은 야간 보육료 지원 불가), 야간 보육을 이용하거나 24시간 보육을 할 경우에는 24시간 지정 어린이집을 이용하는 경우에만 지원받을 수 있다. 24시간 보육료는 부모가 야간에 경제활동에 종사하는 가정, 한부모 또는 조손가정 등의 아동으로 주간보육도 이용하고 야간보육이 불가피하다고 판단되는 아동을 대상으로 지원된다.

(4) 국립특수학교 및 특수학급 지원

국립특수학교(급)의 특수교육보조원, 종일반 운영 및 특수교육대상자의 방과 후 학교 경비를 지원하여 장애학생의 학습권을 보장하는 서비스로 국립특수학교(급)에 재학 중인 장애학생을 지원한다. 특수교육보조원 지원 대상은 특수교육대상학생 중에서 중증장애 학생을 우선 지원하며, 방과 후 교육비, 종일반은 특수교육대상학생 희망자 전원에게 지원된다.

(5) 장애학생 정보격차 해소 지원

특수교육대상자와 교사를 위해 교수·학습지원 콘텐츠를 개발하고 사이트를 운영하여 정보격차 해소를 지원하는 것으로 특수교육대상자 및 보호자, 특수학교 및 특수학급 교사, 일반학교 교사 및 학생 등을 지원한다. 특수교육대상자는 시각 장애인, 청각 장애인, 지체 장애인, 지적 장애인, 자폐성 장애인, 정서행동 장애인, 의사소통 장애인, 학습 장애인, 건강 장애인, 발달지체 장애인이 대상이며 특수교육 교수-학습 콘텐츠를 개발하여 사이트를 운영하여 교육을 지원받을 수 있다.

(6) 특수학교 설립 확대와 인식개선교육 확대

특수지원이 지역 간, 학교 간 균형적으로 제공될 수 있도록 대중에게 특수학교 설립에 대한 필요성을 홍보하여 이를 기반으로 특수학교 설립 및 특수교육 지원이 활성화되도록 한다. 또한 특수학교를 졸업한 후 스스로 자립할 수 있는 사회 기반을 제공하여야 할 것이다. 그리고 무엇보다도 가장 중요한 것은 우리 사회 곳곳에 존재하는 장애인에 대한 사회적 편견을 깨뜨릴 수 있는 교육과 인식개선이 이루어져야 한다.

(7) 장애아동 진단·판정과 서비스 연계

장애아동은 비용 부담, 정보 부족 등의 이유로 진단과 판정 서비스를 받지 못하는 경우가 많이 있으므로 서비스를 받을 수 있는 기회를 확충해야 할 것이다. 정확한 진단과 판정 서비스는 장애아동을 위한 정확하고 효과적인 재활치료에 중요한 요인이므로 상호연계가 필요하다. 특수교육지원센터 등을 통해 서비스 대상을 선정하고 각각의 특성에 맞는 재활 프로그램을 제공할 수 있도록 재활치료기관과의 협력이 필요하다.

(8) 장애아동 재활서비스 관계 행정부처 협력체계 구축

장애아동의 재활서비스는 장애의 진단과 판정 그리고 재활서비스까지 일련의 연속적인 과정으로 이루어져야 하기 때문에 각 부처 간의 상호 협력체계 구축을 통해 포괄적인 서비스를 제공하여야 한다. 이를 위해서는 각종 관련 시책을 주관하는 행정부처 간의 상호 협력체계가 구축되어야 한다. 또한 장애아동의 입장에서 전문적이고 효율적인 재활서비스를 받을 수 있도록 각 기관 간의 정보공유와 교류가 활성화되어야 한다.

♣ 생각 나누기 ♣

1. 장애아동이 사회에 잘 적응하도록 돕기 위한 복지서비스에는 어떤 것이 있는지 찾아서 발표해 봅시다.

2. 현대사회에서 발생하는 후천적 장애요인을 찾아 토론하고, 이를 예방할 수 있는 방법에 대해 논의해 봅시다.

빈곤아동을 위한 아동복지실천

제8장 빈곤아동을 위한 아동복지실천

1. 빈곤과 빈곤아동의 이해

1) 빈곤의 개념

빈곤(貧困, Poverty)은 일반적인 부족, 결핍을 말하거나 일정양의 물질적 소유물이나 돈을 잃게 되는 현상을 말한다. 이것은 사회, 경제, 정치적인 요소를 포함한 다면적인 개념이다. 빈곤은 만성적이거나 일시적인 개념으로 생각될 수 있고 거의 대부분 불평등과 관련이 되어 있다. 빈곤이 무엇인지 정의하기 위해서는 두 가지 개념, 즉 절대적 빈곤과 상대적 빈곤을 생각할 필요가 있다. 기본적인 생존을 위한 조건을 충족되지 않은 사람들이 보편적 의미에서의 빈곤층이라고 할 수 있지만, 항상 보편적 의미의 절대 빈곤만을 기준으로 삼을 수는 없다. 어느 곳이든 인간의 필요는 동일하지 않고, 각각의 사회마다 통용되는 빈곤의 기준도 다르기 때문에 사회 안에서의 상대적인 박탈감으로 인해 발생하는 상대적 빈곤 또한 존재한다. 예를 들어, 냉장고를 사용하지 않는 사회에서는 냉장고의 소유 자체가 생존 조건의 기본적인 요소가 아니지만, 현대의 산업국가에서 냉장고는 필수품처럼 여겨질 뿐만 아니라 냉장고의 소유 여부는 상대적 빈곤으로 나타나기도 한다. 이처럼 빈곤은 하나의 잣대로만 기준을 삼을 수 없으며, 이러한 이유에서 사회학적 접근을 통해 절대적 빈곤과 상대적 빈곤의 개념을 모두 살펴볼 필요가 있다(김애란 외, 2021).

우리나라는 1954년 '의무교육 완성 6개년 계획'에 따라 초등학교 의무교육이 실시된 이래 교육이 아동빈곤의 부정적 효과를 상쇄하고 상향 이동을 가능케 하는 주요한 수단으로 기능해 왔다. 하지만 외환위기를 전후로 교육의 사회이동 기능이 쇠퇴했음은 물론이고, 오히려 교육 서열화와 불평등이 계층 지위와 사회 불평등을 강화하는 역기능을 하고 있다는 비판이 제기되고 있다. 교육으로 혹은 교육만으로는 더 이상 아동의 미래 빈곤을 예방하기 어렵다는 것이 오늘날의 대체적인 시각이다. 이러한 비판과 더불어 저출산은 아동복지에 대한 관심을 환기시키는 직접적인 배경이 되었다. 외환위기 이후 출산율이 급격히 하락하여 합계출산율이 2005년 1.08명까지 떨어지면서 사회적 지속가능성이 위협받는 상황에 이르자 저출산 문제가 국가의 최대 현안 중 하나가 되었다. 하지만 교육 불평등과 저출산에 대한 정부와 사회의 적극적 관심에도 불구하고 아동빈곤에 대한 관심은 의외로 크지 않았다. 아동빈곤은 '아동복지'의 하위 영역으로 다루어지면서 통합사례관리, 지역아동센터, 교육복지우선투자사업, 한부모 양육비 지원과 같은 정책들이 실시되고 있지만, 이러한 프로그램들은 '아동빈곤정책'이라는 큰 우산 아래 체계적인 목표와 방향 속에서 움직이기보다는 개별 영역에서 제각기 운용되고 있는 실정이다.

이와 같이 아동빈곤정책이 상대적으로 주목받지 못하는 것은 일차적으로 아동빈곤이 노인빈곤이나 청년빈곤만큼 현안이 될 정도로 심각한 수준이 아니라는 인식에서 기인한다. 이러한 요인과 더불어, 아동빈곤정책의 범위와 영역이 매우 모호하다는 점도 아동빈곤정책이 상대적으로 관심 영역에서 벗어나게 된 요인으로 작용하고 있다. 아동빈곤의 직접적인 원인은 대부분 부모 혹은 보호자의 저소득이기 때문에 이를 경감하거나 해소하기 위한 노동시장정책이나 소득지원정책을 아동빈곤정책에 포함시킬 수 있느냐의 문제부터 제기된다. 아동빈곤의 다차원적 요소 대부분이 아동보다는 아동가구에 개입해야 할 영역이기도 하다. 또한 아동빈곤정책의 주요한 부분은 교육정책과 중첩되어 있다. '고유한 아동빈곤정책의 영역'이 무엇인지에 대한 정책적 판단이 쉽지 않다는 것은 아동빈곤정책 수립의 어려움 중 하나이다(여유진, 2017).

2) 빈곤아동의 개념

빈곤아동은 빈곤이라는 개념과 아동이라는 개념의 합성어이다. 가장 간단하게는 빈곤아동이란 빈곤한 가정의 만 18세 미만의 아동으로 말할 수 있다. 우리나라 「아동의 빈곤예방 및 지원 등에 관한 법률」에 의하면, 제2조에서 '아동빈곤'을 '아동이 일상적인 생활여건과 자원이 결핍하여 사회적·경제적·문화적 불이익을 받는 빈곤한 상태'로 정의하며, '빈곤아동'을 '생활여건과 자원의 결핍으로 인한 복지·교육·문화 등의 격차를 해소하기 위하여 지원이 필요한 아동'으로 정의한다. 즉 경제적 특성뿐 아니라 사회·문화적 특성을 포함하는 복합적인 현상으로 정의하며, 복지·교육·문화 등의 격차를 해소하기 위하여 사회적·경제적·문화적 지원이 필요한 아동을 모두 포함한다(김성경 외, 2014).

빈곤아동이란, 아동 자신이 빈곤하기보다는 아동이 속한 가족의 빈곤을 의미한다. 보다 구체적으로 국제연합(UN)과 경제협력개발기구(OECD) 주요 국가에서 사용하고 있는 법적 규정에 의하면 18세 미만의 아동이 속한 가족이 빈곤할 때, 빈곤아동이라고 부른다(김미영, 2018; 초록우산어린이재단 복지사업본부, 2017).

「아동의 빈곤예방 및 지원 등에 관한 법률」에 따르면 빈곤아동은 복지·교육·문화 격차 해소를 위해 지원이 필요한 아동을 뜻한다. 기초생활수급자 아동, 한부모가족 아동, 다문화가족 아동, 학대아동 등이 해당된다. 국제연합아동기금(유니세프) 등 국제기준과 「아동복지법」에 따라 연령기준은 만 18세 미만으로 청소년까지 포함된다. 「아동의 빈곤예방 및 지원 등에 관한 법률」 제3조 제3항과 동법 시행령 제2조에서 규정하고 있는 '빈곤아동'의 정의는 다음과 같다.

> **제3조(정의)**
> ③ "빈곤아동"이란 생활여건과 자원의 결핍으로 인한 복지·교육·문화 등의 격차를 해소하기 위하여 지원이 필요한 아동을 말하며, 그 구체적인 기준은 보건복지부령으로 정한다.

제2조(빈곤아동의 기준) 「아동의 빈곤예방 및 지원 등에 관한 법률」(이하 "법"이라 한다) 제3조 제3호에 따른 빈곤아동은 다음 각 호의 어느 하나에 해당하는 아동을 말한다.

1. 「아동복지법」 제3조 제4호 및 제5호에 따른 보호대상아동 및 지원대상아동
2. 「국민기초생활보장법」 제2조 제2호에 따른 수급자인 아동
3. 「한부모가족지원법」 제4조 제2호에 따른 한부모가족 및 「다문화가족지원법」 제2조 제1호에 따른 다문화가족의 아동 등 복지·교육·문화 등의 격차를 해소하기 위하여 사회적·경제적·문화적 지원이 필요하다고 보건복지부장관이 인정하는 아동

2019년도 빈곤통계연보에 따르면 아동빈곤율은 2018년 시장소득 기준 13.1%, 가처분소득 기준 12.3%로 전년 대비 모두 감소한 것으로 나타났다(한국보건사회연구원, 2019). 최근의 자료로는 2019년 통계청 인구주택총조사 결과 주거빈곤 상태에 있는 아동은 전국적으로 52만 가구, 94만 명으로 추산되고 있다. 그리고 2019년 최저주거기준미달 가구 250가구를 대상으로 진행한 서울시 주거실태조사에 따르면, 조사가구 아동의 75.5%가 현재의 주거환경으로 인해 질병을 경험한 것으로 드러났다(김애란 외, 2021).

우리나라 아동의 물질적 빈곤과 결핍에 대한 현황에서 다음의 아동결핍지수(Child Deprivation Index)에 대한 분석에서는 보건복지부의 '2018년 한국아동종합실태조사' 원자료를 활용하였으며, 만 0~8세 아동가구는 보호자를 대상으로, 만 9~18세 미만 아동은 보호자와 아동을 대상으로 조사하였다. 아래의 본 조사는 아동의 물질적 결핍 수준에 대해 유니세프 이노첸티(Innocenti)의 14개 항목 유아결핍지수(Child Deprivation Index)를 활용하여 측정하였다. 아동결핍지수를 구성하는 14개의 결핍 항목은 경제적으로 더욱 발전한 사회에서 아동의 성장과 발달에 필요한 기준으로 고려될 수 있는 소유(possesstions), 서비스(services), 기회(opportunities)의 결핍을 측정할 수 있도록 설계되었으며, 구체적으로 다음과

같은 내용으로 구성된다. 아동결핍지수는 전체 14개 문항 중 2개 이상의 항목에 '아니요'라고 응답한 아동의 비율을 의미한다(류정희, 2019).

〈표 8-1〉 **아동결핍지수의 14개 항목 구성**

번호	항목
1	하루에 세끼를 먹는다.
2	하루에 적어도 한 번은 육류 또는 생선을 섭취한다.
3	신선한 과일이나 채소를 매일 섭취한다.
4	아동의 연령과 발달수준에 맞는 책을 보유하고 있다.
5	야외활동을 할 수 있는 기구들이 있다.
6	정기적인 여가활동을 하고 있다.
7	실내에서 즐길 수 있는 게임이나 기구들이 있다.
8	학교나 보육기관에서 주최하는 행사 또는 현장학습에 참가하기 위한 돈을 지불할 수 있다.
9	학교나 보육기관에서 내주는 과제나 책을 읽기 위해 충분한 면적과 채광이 적당한 공간이 있다.
10	인터넷이 연결되어 있다.
11	다른 사람에게 물려받지 않은 새 옷이 있다.
12	적어도 두 켤레의 신발을 가지고 있다.
13	친구들을 집으로 초대하여 놀거나 식사를 같이 할 수 있는 기회가 종종 있다.
14	생일 파티나 가족 행사 등을 할 기회가 있다.

출처 : 보건복지부(2018a).

2. 빈곤이 아동성장에 미치는 영향

거시적 차원에서 빈곤은 사회해체를 낳는 심각한 문제다. 어느 지역사회에서 다수의 빈곤층이 존재한다는 것은 빈곤하지 않은 다른 계층과 집단에 심각한 위협이 될 수밖에 없다. 빈곤이 원인이 되어 유발되는 비행과 범죄의 희생자는 지역사회의 주민이고, 빈민을 구제하기 위해 유지해야 하는 사회복지제도와 서비스는 지역사회와 국가에 상당한 경제적 부담이 된다. 장기적인 안목에서 가장 우려할 만한 것은 빈민집단이 정치적 불안을 일으키고 결국은 사회체제를 전복시킬 수 있는 위험을 안고 있다는 점이다(최일섭, 최성재, 2000).

미시적 차원에서 빈곤은 그 상황에 처해 있는 개인과 가족에게 삶과 죽음이라는 인간생존 자체의 심각한 문제다. 이들에게 빈곤은 먹을 것이 없고, 입을 것이 없고, 집이 없거나 집이 있다 하더라도 불결하고 유해하며, 교육을 제대로 받을 수 없어서 경제활동에 참여할 수 없고, 부적절한 영양과 의료혜택을 받을 수 없어 심한 질병을 앓게 되거나 삶을 일찍 마감하게 만들 수 있는 요인이다. 또한 이들은 물질주의가 만연한 사회에서 열등감을 느끼면서 대인관계를 유지할 수밖에 없으며, 심한 경우 사회이 도덕과 규범에 벗어나는 행동을 하지 않을 수 없는 상황에 놓이게 된다. 빈곤 자체도 문제이지만 이것이 비행, 범죄, 알코올중독 등 수많은 병리현상의 원인이 되기 때문에 더욱 심각한 사회문제다(정익중, 오정수, 2021).

아동빈곤은 아동이 발달하는 데 부정적으로 영향을 미칠 가능성이 크다. 이것은 가족이 빈곤 상태에 놓이는 원인이 무엇인지에 상관없이 그렇다(노병일, 2021). 그리고 아동빈곤은 아동과 관련된 여러 영역에서 영향을 미칠 가능성이 크다. 왜냐하면 빈곤은 다양한 차원(영역)과 관련되는 특성을 지니기 때문이다. 따라서 아동빈곤은 아동의 신체적·정서적·인지적·사회적 복리수준을 낮추는 요인으로 작용할 수 있다(Downs, Moore, & McFadden, 2009). 이렇게 될 경우, 아동빈곤은 여러 측면에서 아동발달에 좋지 않은 방향으로 영향을 미칠 가능성이 크다. 무엇보다도 6세 이전에 빈곤을 경험하는 것은, 아동이 발달하는 데 부정적으로 영향을 미치는 것으로 알려져 있다. 특히 아동빈곤은 아동기 초기에 뇌가 발달하는 데 부정적으로 영향을 미치는 것으로 알려져 있다(Logan, 2011; Song & Lu, 2002). 또한 아동빈곤은 아동의 전 생애에 걸쳐서 영향을 미칠 가능성이 크다. 예를 들어 일반아동에 비해서, 빈곤 상태에서 지내는 아동은 다음과 같은 상황에 놓여 있는 것으로 알려져 있다(Click, 1998; Gystavsson & Segal, 1994).

첫째, 영양이 부족할 가능성이 더 크고, 또한 질병에 걸릴 가능성이 더 크다. 즉, 일반아동에 비해서 빈곤아동은 건강하지 못할 가능성이 더 크다. 둘째, 학대를 경험할 가능성이 더 크다. 셋째, 다칠 가능성이 더 크고, 또한 사고로 사망할 가능성이 더 크다. 즉, 일반아동에 비해서 빈곤아동은 안전하지 못할 가능성이 더 크다. 넷째, 질이 좋은 교육을 받지 못할 가능성이 더 크다. 다섯째, 사는 동네가 생기가 없고 위험할 경우, 무력감을 느끼고 우울해질 가능성이 더 크다. 그리고 그 결과, 일반아동에 비해서 빈곤아동은 정서적 발달과 사회적 발달에서 불리할 가능성이 더 크다. 또한 아동빈곤은 아동권리에도 부정적으로 작용할 가능성이 크다.

따라서 아동빈곤 때문에 아동은 자신의 권리를 누리지 못하는 경우가 많다(Harris & White, 2013; Spicker, Leguizamón, & Gordon, 2007). 예를 들어, 자신의 권리를 주장하지 못한다거나 자신이 가진 능력을 완전히 발휘하지 못하는 경우 사회에 안전하고 동등한 구성원으로 참여하지 못한다(노병일, 2021). 한편 아동빈곤이 아동발달에 어떤 영향을 미치는지를 알아보고자 할 때에는, 다음과 같은 세 가지 영역에 주목하는 경우가 많다. 먼저 빈곤이 인지적 발달에 미치는 영향이 있다는 것이고, 다음으로는 빈곤이 공부를 잘하는 것에 미치는 영향이 있다는 것이며, 마지막으로 빈곤이 사회적·정서적 발달에 미치는 영향이 있다는 것이다(McLoyd, 2000). 대체로 위의 세 가지 영역 중에서, 빈곤은 사회적·정서적 발달보다는 인지적으로 발달하고 학습을 잘하는 측면에 더 크게 영향을 미치는 것으로 알려져 있다. 이처럼 빈곤은 아동의 삶에 많은 영향을 미치며 성장하는 과정에서 빈곤으로 인한 부정적으로 영향은 성장을 저해하는 요소가 될 수 있다.

실제로 아동의 주거빈곤, 교육빈곤, 의료빈곤은 아동성장과 상호 밀접한 관련이 있다. 아동 주거빈곤이란 「주거기본법」에 규정되어 있는 최저주거기준미달 가구의 아동을 의미하며, 2015년에 발표한 인구주택총조사에 의하면 우리나라는 전체 아동의 9.7% 해당하는 94만 4,000명이 주거빈곤아동으로 나타났다. 주거빈곤의 구체적인 양상은 과도한 주거비 부담, 음식·난방·교육 등에 대한 지출 감소, 과밀, 열악한 주거환경으로 나타나며, 이는 아동의 신체건강, 정신건강, 학업성취, 안전에 영향을 미친다(최은영 외, 2013). 교육빈곤은 한국교육개발원의 '2017년 교육격차 실태 종합분석'에 따르면, 소득계층별 수학성취도 격차가 해를 거듭 할수록 심화되고 있는 경향을 보였다. 그동안 교육은 빈곤의 대물림 악순환에서 벗어나는 것을 중요시 여겨 왔으나, 부모의 소득과 정보에 따라 격차가 벌어지면서 교육의 기회가 점점 더 감소하고 있다. 의료빈곤에 관해서는 먼저 빈곤아동의 건강문제나 아동기의 건강형평성에 관한 연구와 논의와 함께 개선방안을 마련하고 있지만, 여전히 많은 취약계층 빈곤아동들이 충분한 건강과 성장 잠재력을 확보하는 데 어려움을 겪고 있다(김혜련, 2012).

3. 빈곤아동을 위한 아동복지의 실천방향

1) 빈곤아동과 복지의 관련성

아동복지는 아동빈곤과 밀접하게 관련되어 있다. 그리고 현대사회에서 아동빈곤은 도덕적으로도 그대로 둘 수 없는 사회문제에 속하고 있다(McDonald, 2007). 그러므로 아동빈곤을 근본적으로 없애고 빈곤을 겪는 아동과 가족에게 개입하는 것은 매우 중요한 의의를 지니게 된다. 아동빈곤을 없애는 것이 중요한 이유를 몇 가지 제시하면 다음과 같다. 첫째, 아동빈곤을 없애는 것은 아동의 발달과 관련해 중요하기 때문이다. 실제로 아동빈곤은 아동이 발달하는 데 매우 부정적으로 영향을 미치는 요인의 하나가 되고 있다. 둘째, 아동빈곤을 없애는 것은 국가의 사회적·경제적 측면에서 중요하기 때문이다. 아동빈곤은 아동 개인에게 해를 끼치지만, 국가 전체에도 경제적으로 크게 해를 끼치고 있다. 예를 들어, 빈곤 상태에서 자라서 성인이 되는 아동이 많을수록, 국가의 미래 노동력은 생산성이 낮아질 가능성이 크다. 또한 빈곤아동을 연구하는 어느 기관의 경우, 국가의 미래를 위해 가장 현명하게 투자하는 방법의 하나는 아동빈곤을 줄이는 것이라고 주장한 바 있다(Song & Lu, 2002; NCCP, 2002).

2) 빈곤아동의 현황

아동빈곤은 전 세계적으로 널리 퍼져 있다. 우리나라에서는 말할 것도 없고, 선진국에서도 아동 빈곤율은 낮지 않은 편이다. 따라서 아동빈곤은 전 세계적인 현상이라고 볼 수 있다. 예를 들어 미국의 경우, 역사를 통해서 많은 아동은 빈곤 상태에서 생활해 왔다. 특히 1980년대에 들어서는 '빈곤의 아동화(juvenilization of poverty)'라는 용어까지 등장한 바 있다. 빈곤의 아동화는 빈곤 상태에서 사는 아동의 수가 증가하는 것을 의미한다. 그리고 우리나라에서도 빈곤 상태에서 생활하는 아동은 적지 않은 편이다(노병일, 2021)

〈그림 8-1〉 **빈곤율 및 소득 10분위별 아동 분포** (단위 : 천 명, %)

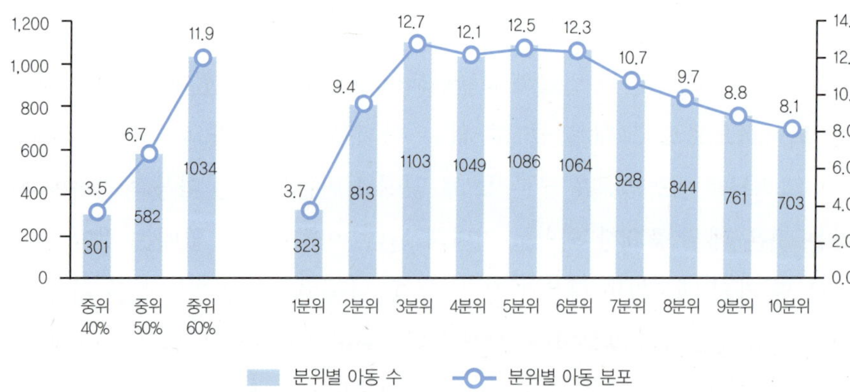

출처 : 한국보건사회연구(2017).

3) 빈곤아동과 가족을 위한 지원방안과 프로그램

(1) 빈곤아동과 가족을 위한 지원방안

아동과 가족이 빈곤 상태에 놓이면 물질적 어려움이 당연히 따르지만, 동시에 심리적 어려움도 따르게 된다. 따라서 빈곤아동과 가족을 효과적으로 돕고자 하는 프로그램이나 방안에서는 다음과 같은 측면에 주목하는 경향이 있다(Chafel & Hadley, 2001). 첫째, 소득을 늘리는 측면이 있다. 사실, 경제적 어려움과 이에 따른 부정적 결과를 줄이기 위한 근본적인 방법은 가족의 경제적 상태를 개선하는 것이다. 둘째, 서비스 측면이 있다. 가족이 소득을 더 얻도록 항상 도와줄 수는 없지만, 이런 가족을 서비스에 연결시켜 주는 것은 항상 가능할 수 있다. 이 경우, 다음과 같은 점에 유의할 필요가 있는데 빈곤과 관련된 어려움을 중복해서 겪고 있는 가족에게는, 폭넓고 통합된 사회적 지지체계를 갖추는 서비스와 연결시켜 주어야 한다. 그리고 이런 서비스에서는 먹고 입고 자는 것과 그 외 의료와 같은 기본적 욕구를 다루어야 하고, 또한 삶의 질을 개선하는 것도 다루어야 한다. 이러기 위한 프로그램의 예로 직업훈련, 일반 교육, 글 읽기 연습, 좋은 질의 보육, 부모교육 프로그램이 있다. 그리고 크게 불리한 상황에서 자라는 아동과 가족에게 가장 효과적인 프로그램은 폭넓고 체계적인 서비스를 제공하는 특징을 가지는 경우가 많다. 이런 프로그램을 통해서 빈곤아동과 가족이 가진 여러 가지 욕구를 융통성 있게 충족시켜 줄 수 있다(Schorr, 1988). 이처럼 이런 프로그램은 의료제도, 정신건강제도, 사회서비스제도, 교육제도의 한 부분으로 제공할 때에도 효과적이다. 좁은 관점에서 볼 때에는 관련이 없지만, 큰 관점에서 볼 때에는 서로 분리될 수 없는 다양한 서비스를 제공하는 경향이 있다. 그리고 프로그램에서는 가족의 환경과 지역사회의 환경에서 아동의 욕구에 주목하면서 서비스를 제공하고 있다(노병일, 2021).

한편 일부 학자의 경우, 다음과 같은 점을 강조하고 있다. 먼저 이전에 효과적인 결과를 보여 준 프로그램을 적용할 경우, 불리한 상황에서 자라는 아동의 환경을 크게 개선할 수 있다. 그리고 심각한 빈곤 상태와 사회적으로 고립된 상태에서 자라는 가족과 아동에게 효과적인 프로그램과 덜 불리한 상황에서 자라는 가족과 아동에게 효과적인 프로그램은 서로 크게 다를 수 있다. 이처럼 빈곤아동이 경제적 안정을 누리게 하기 위해서는, 빈곤아동에게 소득을 제공하거나 자산을 형성하게 해 줄 필요가 있다. 빈곤아동에게 소득을 제공하거나 자산을 형성해 주는 방안은 다음과 같다(Schorr, 1988).

첫째, 아동지원보험이다. 아동지원보험(child support assurance)은 한부모가족에서 사는 아동에게 적절한 소득을 보장해서 빈곤을 없애고자 하는 방안이다. 구체적으로 아동지원보험은 다음과 같은 방식으로 운영되고 있다(Gilbert & Terrell, 2014). 이러한 아동지원보험은 정부가 매달 일정 금액을 자동적으로 부모에게 지급한다. 그리고 동시에 정부는 아동과 함께 살지 않는 아버지에게 이 금액의 전부 또는 일부를 정부에게 납부하도록 요구한다. 아동지원보험은 빈곤한 한부모 여성에게 도움을 줄 수 있다. 아동 양육비를 받고자 할 때에는, 시간이 많이 걸리고 법적으로 어렵고 개인적으로 힘들게 노력해야 하는 경우가 적지 않다. 아동지원보험은 이런 어려움을 줄이는 데 특히 도움이 될 수 있다(Gilbert & Terrell, 2014).

둘째, 아동저축계좌이다. 이것은 아동이 나중에 성인이 되어 대학교에 가거나 사회생활을 하기 위해서는 자금이 필요하다. 그러나 빈곤아동의 가족은 이런 자금을 가지고 있지 않은 경우가 많다. 이런 상황을 고려해, 빈곤아동에게 자산을 형성해 주기 위해 등장한 방안이 아동저축계좌(childern's savings account)이다(노병일, 2021). 아동저축계좌에서는 정부가 빈곤아동의 은행계좌에 자금을 지급하고 있다. 이런 자금은 빈곤아동이 나중에 사용할 수 있는 종잣돈의 역할을 할 수 있다. 구체적으로 아동저축계좌의 경우, 소득이 적은 가족에서 자라는 아동이 나중에 대학교에 다니거나 창업하거나 주택을 마련할 때에 필요한 초기 비용을 마련해 주고자 한다. 따라서 아동저축계좌에서는, 이런 비용을 준비하기 위한 자산을 형성하기 위해 아동을 적극적·장기적으로 지원하는 데 주목하고 있다. 그러므로 아동저축계좌는 빈곤층이 장기적으로 자산을 형성하도록 도와주기 위한 '사회투자 전략(social investment strategy)'의 하나라고 볼 수 있다(Gilbert & Terrell, 2014). 이러한 아동저축계좌에 해당되는 것으로 우리나라는 '아동발달지원계좌(child develop-ment account)'가 있다. 우리나라에서는 아동발달지원계좌를 '디딤씨앗통장'이라고 부르고 있다. 우리나라의 디딤씨앗통장은 '저소득층 아동(보호자, 후원자)이 매월 일정 금액을 저축하면 국가(지방자치단체)에서 아동이 준비된 사회인으로 성장할 수 있도록 도와주는 지원사업'을 말한다.

(2) 빈곤아동과 가족을 위한 프로그램

빈곤아동과 가족을 위한 프로그램은 이미 발생한 문제를 해결하기 위해 가능하면 일찍 개입하는 프로그램을 말한다. 그러나 일반적으로 조기개입 프로그램은 다음과 같은 상태에 있거나 있을 가능성이 있는 취학 전 아동에게 제공하는 프로그램을 의미하는 경우가 많다. 이러한 경우 아동과 가족의 강점을 더 키우고, 아동과 가족을 보호하는 요인을 더 늘리고 때에 따라서는 아동과 가족에게 더 오랜 기간 동안 지원한다(Harris & White, 2013). 그러므로 조기개입 프로그램에서는 아동에게만 주목할 수도 있고, 또는 아동과 가족 모두에게 특히 관심을 가지고 있다. 따라서 조기개입 프로그램을 주장하는 사람들의 경우, 빈곤에서 벗어나기 위해서는 빈곤아동에게 어린 시기에 학습과 관련된 인지적 능력을 향상시켜 주어야 한다는 점을 강조하고 있다. 왜냐하면 이럴 경우에 빈곤아동은 학교를 중단하지 않게 되기 때문이다. 그리고 그 결과, 빈곤아동이 나중에 일자리를 얻을 가능성은 더 커지고 빈곤을 겪을 가능성은 더 줄어들기 때문이다(McLoyd, 2000).

빈곤아동과 가족을 위한 프로그램은 효과가 있는 것으로 나타나고 있다. 즉, 아동기 초기에 가정의 외부에서 체계적으로 개입하고 지원할 경우, 아동이 나중에 자라서 취약한 상태에 놓일 가능성이 줄어드는 것으로 밝혀지고 있다. 무엇보다도, 어린 시기에 교육 영역에서 조기에 개입하여 인지적으로 자극하는 것은 긍정적 효과가 있는 것으로 나타나고 있다. 조기개입 프로그램의 효과를 구체적으로 살펴보면 다음과 같다. 첫째, 단기적으로 볼 때, 학교 성적이 좋아지고, 비행이 줄어들고, 학교를 퇴학하거나 자퇴하는 사례가 줄어들고 있다. 이것은 사회 전체적으로 보아도 비용 측면에서 유리하다. 둘째, 장기적으로 볼 때, 아동에게 긍정적으로 영향을 미치고 있다(Brooks−Gunn, 1997; Schorr, 1988).

(3) 선진국과 우리나라의 조기개입 프로그램

빈곤아동과 가족을 위해 선진국과 우리나라에서는 조기개입 프로그램을 실시해 오고 있다. 빈곤아동을 위해서 선진국에서 실시하고 있는 조기개입 프로그램에서는 '스타트(Start)'라는 표현을 사용하는 경우가 많다. 미국과 영국과 우리나라의 조기개입 프로그램을 살펴보면 다음과 같다. 'Start'는 여러 선진국에서 쓰고 있는 빈곤층 아동 지원사업의 일반 명칭이다. 미국의 '헤드 스타트(Head Start)', 캐나다의 '페어 스타트(Fair Start)', 영국의 '슈어 스타트(Sure Start)' 등 외국의 빈곤층 아동 지원 프로그램에는 'Start'란 말이 들어간다. 빈곤층 아이들에게 교육·복지 면에서 공정하고 확실한 출발선(start)을 마련해 줘 성인이 됐을 때 가난에서 벗어날 수 있게 한다는 게 기본 정신이다(노병일, 2021).

① 미국의 헤드 스타트

헤드 스타트(Head Start)는 미국의 조기개입 프로그램이다. 구체적으로 헤드 스타트는 소득이 적은 가족에서 사는 어린 아동이 학교에서 더 잘하도록 도와주는 프로그램을 말한다(Office of Head Start, 2015). 헤드 스타트는 존슨(Johnson) 대통령이 실시한 '빈곤과의 전쟁(War of Poverty)'의 한 부분으로 등장하였다. 처음에 헤드 스타트는 몇 주 동안 실시하는 시범 프로그램이었다. 그러다가 그 후에 헤드 스타트는 매일 서비스를 제공하고 여러 가지 프로그램을 실시하는 방향으로 나아가고 있다(Office of Head Start, 2015; McLoyd, 1992).

헤드 스타트의 경우, 보육시설, 아동의 가정, 기타 장소에서 어린 아동이 폭넓게 발달하는 것을 지원하고 있다. 이에 따라 헤드 스타트에서 관심을 가지는 영역은 늘어나고 있다. 그러나 헤드 스타트의 경우, 빈곤아동에게 교육기회를 제공하는 것에 주로 관심을 가지고 있다(Office of Head Start, 2015).

헤드 스타트에서 제공하는 서비스의 예로 조기학습서비스, 건강서비스, 가족의 복리와 관련된 서비스가 있다. 구체적으로 헤드 스타트의 주요한 내용은 다음과 같다(Administration for Childern and Families, 2007; Office of Head Start, 2015). 첫째, 아동과 가족에게 교육 서비스, 건강 서비스, 영양 서비스, 사회서비스, 기타 서비스를 제공해 아동이 사회적·인지적으로 더 잘 발달하도록 함으로써, 아동이 학교생활을 더 잘하게 하고 있다. 둘째, 부모가 아동의 학습과정에 관여하게 하고 있다. 그리고 부모가 교육, 글 읽기, 고용과 관련해 정한 목표를 달성하도록 도와주고 있다(노병일, 2021). 그동안의 연구에서 헤드 스타트는 아동이 학교에 다니는 동안에 전반적으로 효과가 있는 것으로 나타나고 있다.

② 영국의 슈어 스타트

슈어 스타트(Sure Start)는 영국의 조기개입 프로그램이다. 취약 상태가 다음 세대로 되풀이되는 것을 인시한 영국 정부는 취약 시역에 사는 아동에게 새로운 조치를 취할 것을 발표하였고, 1999년에 이런 조치를 실시하였다. 이런 조치가 바로 슈어 스타트이다. 한마디로 슈어 스타트는 모든 아동이 삶을 가장 잘 시작하도록 해 주고자 하는 정부 프로그램을 말한다(Statham & Eisenstadt, 2001).

슈어 스타트의 목적은 아동이 태어나기 이전과 그 이후에 아동과 가족의 건강과 복리수준을 높여주는 데 있다. 왜냐하면 이렇게 되면, 아동이 학교에 갈 나이가 될 때에 아동이 잘 성장할 수 있기 때문이다. 그리고 슈어 스타트에서는 아동과 가족을 대상으로 하는 새로운 서비스를 개발하는 것을 목적으로 삼고 있다. 하지만 슈어 스타트에서는 지역에서 아동과 가족에게 제공하는 현재의 서비스를 가다듬어서 더 가치 있게 만드는 것도 목적으로 삼고 있다(Statham & Eisenstadt, 2001).

그리고 슈어 스타트에서는 다양한 프로그램을 제공하고 있다. 이런 프로그램은 보편적 프로그램과 지역의 특정한 구역이나 취약집단을 대상으로 하는 선별적 프로그램을 모두 포함하고 있다. 이와 관련해 슈어 스타트에서는 조기교육, 보육서비스를 함께 제공하고 있다. 무엇보다도 슈어 스타트의 경우, 보편적이고 무료의 조기교육 서비스와 질이 좋은 보육 서비스를 함께 제공하고 있다(Department for Childern, Schools and Families, 2007). 구체적으로 슈어 스타트에서는 다음과 같은 방법을 통해서, 아동과 부모와 지역사회가 더 나은 방향으로 나아가고자 한다(Department for Childern, Schools and Families, 2007). 첫째, 모든 아동이 보육서비스를 받을 수 있는 기회를 늘린다. 둘째, 어린 아동의 건강이 좋아지고, 어린 아동이 정서적으로 더 발달하게 한다. 셋째, 부모가 부모 역할을 잘하도록 지원하고, 또한 부모가 일자리를 갖도록 지원한다(노병일, 2021).

③ 우리나라의 드림 스타트

우리나라의 경우, 선진국의 조기개입 프로그램과 비슷한 것으로 희망 스타트(Hope Start)를 실시한 바 있다(희망 스타트, 2007). 그러다가 우리나라에서는 드림 스타트(Dream Start)를 실시하고 있다. 드림 스타트는 '취약계층 아동에게 맞춤형 통합서비스를 제공하여 아동의 건강한 성장과 발달을 도모하고 공평한 출발 기회를 보장함으로써 건강하고 행복한 사회구성원으로 성장할 수 있도록 지원하는 사업'을 말한다(드림 스타트, 2017). 우리나라에서 드림 스타트를 실시한 이유는 다음과 같다. 첫째, 가족이 불안정해지고 사회에서 소득 차이가 커짐에 따라 아동빈곤 문제가 심각해지고 있기 때문이다. 둘째, 사회에서 빈곤아동에게 투자하는 것은 큰 가치가 있기 때문이다. 드림 스타트의 대상은 0세(임산부)부터 만 12세(초등학생)까지의 아동과 가족이다. 그리고 드림 스타트의 경우, 신체·건강 영역, 인지·언어 영역, 정서·행동 영역, 부모의 양육 영역에서 여러 가지 서비스를 제공하고 있다(노병일, 2021).

♣ 생각 나누기 ♣

1. 선진국과 우리나라에서는 빈곤아동과 가족을 위해 조기개입 프로그램을 실시하고 있는데, 이런 프로그램에서는 '스타트'라는 표현을 사용합니다. 만약 내가 빈곤아동을 위한 정책을 입안할 수 있는 사람이라면 사용하고 싶은 프로그램 이름을 생각해 봅시다.

2. 조기개입 프로그램의 예로 미국의 헤드 스타트, 영국의 슈어 스타트, 우리나라의 드림 스타트가 있습니다. 내가 정책 입안자라면 실시하고 싶은 조기개입 프로그램을 만들어 보고 그에 따른 이유와 기대 효과에 대해 토론해 봅시다.

학대아동을 위한 아동복지실천

제9장 학대아동을 위한 아동복지실천

1. 학대아동의 이해

1) 학대 받은 아동의 개념

학대 받은 아동은 연구자에 따라 다양하게 정의되고 있으며, 시대와 문화적 배경에 따라 서로 다른 기준과 범위를 가지고 사용되어 왔으므로 한마디로 일관된 정의를 내리기는 쉽지 않다. 그러나 오늘날은 그동안 축적된 연구성과를 바탕으로 학대행동의 의도성 유무, 학대로 인한 가시적인 발달적 손상 유무 및 손상 부위, 학대의 빈도와 지속성 여부 등의 몇 가지 기준(Besharov, 1990)에 의해 크게 광의적 개념과 협의적 개념으로 구분하여 정의할 수 있다.

아동학대의 광의적 개념은 아동의 발달과 욕구를 충족시켜 주지 못하는 모든 환경을 포함한다. 질(Gil, 1982)은 '아동의 평등한 권리와 자유를 박탈하거나 아동의 적절한 발달을 저해하는 행위나 방임 상태, 그리고 개인이나 제도, 사회의 행위나 태만'을 모두 아동학대라고 정의하였다. 이는 신체적 학대는 물론 심리적 학대, 방임, 아동의 발달을 저해하는 가정 내·외적인 사회환경을 모두 포함하는 매우 포괄적인 정의이다. 우리나라 「아동복지법」에서도 광의의 관점에서 아동학대를 '보호자를 포함한 성인에 의하여 아동의 건강, 복지를 해치거나 정상적인 발달을 저해할 수 있는 신체적·정신적·성적 폭력 또는 가혹 행위 및 아동의 보호자에 의하여 이루어지는 유기와 방임'으로 정의 내리고 있다(보건복지부, 2000).

아동학대의 협의적 개념은 학대의 범위를 신체적 학대로 제한하고 있다. 켐프(Kempe, 1962)는 '부모나 양육자의 행위 또는 태만으로 인하여 초래되는 비우발적인 신체적 상처'라고 아동학대를 정의하면서, 피학대아동 증후군(The Battered Child Syndrome)이라는 용어를 사용하여 부모로부터 구타당한 아동들이 나타내는 신체적 증후를 자세히 기술하고 아동학대를 신체적 학대에 국한시켰다. 신체적 학대의 기준과 규정은 비신체적 학대의 기준과 범위에 대한 규정보다 의학적 검증에 의존할 수 있고, 법적 증거로 제시될 수 있으며, 학대에 관한 사후 처리적 개입을 추구할 수 있다는 점에서 유용하기 때문이다. 따라서 이러한 정의는 주로 의학 분야에서 수용되고 있으며, 이에 따른 대표적인 학대의 유형으로 신체적 학대와 성적 학대를 들 수 있다. 그러나 협의의 정의는 신체적 학대의 문제에만 국한하고 심리적 학대의 중요성과 심각성을 간과하고 있다(이순형, 2007).

제네바에서 1999년에 열린 아동학대예방에 관한 회의에서 세계보건기구(WHO)는 아동학대를 '아동의 양육에 책임을 지고 있거나, 신뢰관계에 있거나 권위를 가진 사람에 의한 모든 형태의 신체적·정서적 가혹한 처사, 성학대, 방임 또는 보호의 태만 및 상업적이거나 다른 형태의 착취 결과 아동의 건강, 생존, 발달 및 존엄성에 실제적인 해를 끼치거나 그러한 가능성을 초래한 것'으로 정의하였다. 이는 아동에게 가해진 실제적인 해 이외에 잠재적인 해까지 포함하는 보다 포괄적인 정의로 볼 수 있다(안재진, 2008). 이처럼 오늘날 아동학대의 정의는 성인 혹은 부모와 보호자에 의하여 아동의 건강과 권리 그리고 복지에 저해가 되는 것으로 다양한 형태의 신체와 정서, 가혹 행위, 방임, 성희롱, 성폭력과 유기와 같은 행위를 포괄하는 개념이라고 볼 수 있다.

2) 아동학대의 발생원인

아동학대의 발생원인은 크게 아동 자신과 부모, 가족, 사회적 요인에서 찾는 것이 일반적이다. 그러나 학대를 유발하는 하나의 원인이 또 다른 원인에 영향을 주게 되고 또한 원인 간의 상호적 관계를 갖기 때문에 아동학대의 원인을 분명하고 명확하게 규정짓기는 매우 힘들다. 아동학대의 잠재적 원인 중 하나는 학대의 대물림이다.

학대는 학대피해아동이 경험하는 당시의 직접적 피해에서 끝나는 것이 아니라 폭력의 순환 개념이나 폭력의 세대 간 전이 가설에서 볼 수 있듯이 학대피해아동이 또 다른 학대의 가해자로 등장하는 2차 피해를 가져오기도 한다(정익중, 오정수, 2021). 과거의 피해자가 새로운 가해자가 되어 자신이 당한 것과 비슷한 아동학대를 저지른다. 이런 방식으로 아동학대가 대물림되어 악순환이 계속되는 것은 피해 당사자 본인은 물론이고 사회적으로도 커다란 문제가 될 수 있다. 신세대 부모의 아동양육에 대한 지식 부족도 아동학대의 큰 원인으로 작용한다. 건전한 가족관계가 무엇인지 잘 모르고 있거나, 아이들로부터 지나치게 어른스러운 행동을 기대하는 것이 아동학대의 가능성을 높인다. 또한 우리나라의 경우 친권을 중시하며 훈육하기 위한 체벌에 대한 사회문화적 허용도가 높은 것이 아동학대의 원인 중 하나로 작용하고 있다. 이는 체벌의 법적 근거로 활용된다는 지적을 받던 「민법」 제915조의 자녀징계권 조항이 삭제되면서 해결의 실마리를 찾을 것으로 보인다. 특히 학대행위를 현장에서 직접 다루어야 하는 법 집행자의 경우 오히려 일반인보다도 아동학대에 대한 인식도가 떨어져 아동학대 가해자에게 관대한 처벌을 내림으로써 아동학대가 반복되는 악순환으로 작용하고 있다(정익중, 오정수, 2021). 또한 울주 아동학대 사망사건으로 대두된 아동보호 유관기관 간 정보 단절의 문제는 아동학대 사망사건을 예방하지 못한 주된 원인으로 지적되었다(정은희 외, 2015). 이렇게 아동학대의 원인은 개인적인 이유에서부터 사회문화적 환경요인에 이르기까지 매우 다양하게 제시되고 있다.

기초생활보장(공공부조) 수급이라는 사실 자체가 아동학대에 영향을 미치는 것인가 혹은 기초생활보장 수급자일수록 아동보호서비스 체계의 주요 관찰 대상이 되어 아동학대가 발견될 확률이 높은 것인가라는 점에서는 그 대답이 불명확하다. 드레이크와 즈라빈(Drake & Zuravin, 1998)은 기초생활보장을 받고 있는 가족은 아동학대 신고의무자로 규정되어 있는 사회복지 종사자들과 접촉할 기회가 많아 아동학대 조사를 더 자주 받게 된다고 설명하고 있다. 맥다니엘과 슬랙(McDaniel & Slack, 2004)은 이 현상을 가시성 가설(visibility hypothesis)이라고 명명하고 실증 연구에서 기초생활보장 수급 중에 이사나 출산 등 담당 사회복지

공무원들의 주목을 끄는 주요 인생사를 경험하게 될 때 아동학대 조사를 받을 확률이 더 높아진다는 것을 밝혀 냈다(이용주 외, 2016).

아동학대의 원인은 부모와 아동, 가족, 지역사회, 그리고 사회문화적 차원에서 발생하는 다양한 위험 요인들의 복합적인 산물이라 할 수 있다. 벨스키(Belsky)는 생태학적 관점에서 부모 개인, 아동을 포함한 가족, 지역사회, 그리고 사회문화적 차원에서의 여러 요인들의 복합적 상호작용에 의해 결정되는 사회심리적인 현상으로 볼 수 있다고 하였다(Belsky, 1993). 생태학적 관점에서 아동학대의 요인들에 관해 살펴보면 다음과 같다.

첫째, 부모 요인이다. 아동학대를 유발시키는 부모 요인으로는 연령 및 학력, 어린 시절 학대 경험, 만성적인 신체질환, 정신장애, 알코올 및 약물남용, 성격특성, 양육 태도 및 신념 등이다. 부모의 연령이나 학력수준이 낮으면 자녀 양육기술이 미숙하고 아동발달에 대한 이해나 인내심이 부족하여 아동학대가 발생될 가능성이 높다(Miller, Fox, & Garcia-Beckwith 1997). 학대하는 부모는 어린 시절 학대를 경험하여 이를 학습하였고 성인이 되어 자신의 자녀를 확대할 위험성이 높은 것으로 보고되고 있다(Besky, 1993), 아동기에 부모로부터 학대를 받은 아동의 약 30%는 성인기에 자신의 자녀를 학대하는 것으로 나타났다(Kaufman & Zigler, 1987). 아동을 학대하는 부모는 그렇지 않은 부모에 비해 우울 정도가 높게 나타나는 것으로 보아(Wolfe, 1984; Hamington & Dubowitz, 1999), 부모의 정신건강 문제는 양육 능력에 부정적인 영향을 미치고 있음을 알 수 있다. 또한 학대부모는 알코올 및 약물남용을 하는 경우가 매우 높은 것으로 알려져 있는데, 대략 30%에서 많게는 90% 정도까지 관련성을 갖는 것으로 보고되고 있다(McCullough, 1991). 아동을 학대하는 부모는 낮은 자긍심, 분노 조절 능력 결여, 사회성 기술 및 스트레스 관리 능력 부족 등의 성격적 특징을 갖는다. 양육 태도는 경직되고 유연성이 부족하여 아동의 다양한 요구에 적절히 대응하지 못하고, 부모 자신의 경직된 신념을 자녀에게 강요함으로써 부모-자녀의 갈등이 증가된다. 자녀의 순종적이지 못한 태도를 반항 혹은 문제행동으로 여겨 체벌로 다스리려하고, 이러한 훈육과정이 학대로 이어질 가능성이 매우 크다.

둘째, 가족 요인이다. 아동학대를 유발시키는 가족 요인으로는 실직이나 빈곤과 같은 사회경제적 특성과 가족 역동, 가족구조 등을 들 수 있다. 사회경제적 계층이 낮은 경우, 더 큰 환경적 스트레스와 좌절을 경험하여 아동학대를 유발시킬 가능성이 높다. 고소득층에 비해 저소득층의 아동학대 발생률이 무려 7배나 높았고, 발생하는 학대의 정도 역시 저소득층에서 더욱 심각한 것으로 나타났다 (McFadden, 1980). 다음으로, 부모와 아동의 관계, 부부관계를 포함한 가족관계의 역동성이 아동학대와 관련되어 있다. 예를 들어 기질이 까다로운 아동이 스트레스를 많이 받거나, 인내심이 부족한 부모와의 교류과정에서 학대가 유발될 가능성이 높다. 또한 부모와 아동의 관계는 부부관계와 같은 다른 가족원의 관계에 의해서도 영향을 받을 수 있다(Belsky, 1993). 즉, 갈등이 심한 부부는 서로에 대한 분노를 아동에게 표출시킴으로써 학대를 하기 쉽다. 또한 가족구성원의 수가 지나치게 많거나 한부모가정 등과 같은 가족구조적인 문제도 학대 발생 비율을 높이는 요인으로 작용한다.

셋째, 지역사회 요인이다. 지역사회 요인은 가족체계에 영향을 미치는 공식적·비공식적 사회구조를 의미하는 것으로, 여기에는 부모의 직장, 이웃, 사회적 지원망 등이 포함된다. 예컨대, 가정이 지리적으로 외딴곳에 위치하여 사회적 교류가 거의 없는 경우, 아동학대가 발생하더라도 발견하기 어렵기 때문에 문제가 보다 심각해질 수 있다. 그리고 지역사회 내에 아동학대예방 활동을 하는 아동보호전문기관이 없거나, 만일 있더라도 그 지원 체계가 미비한 경우에는 아동학대 발생 가능성이 높다.

넷째, 사회문화 요인이다. 사회문화 영역은 아동과 부모가 거주하는 사회의 문화적 가치와 신념체계를 의미한다. 아동학대와 관련된 사회문화적 요인은 폭력, 체벌에 대한 사회의 일반적 태도이다. 폭력에 대해 허용적인 문화를 가진 사회에서 아동학대가 빈번히 일어나는 이유는 아동에 대한 훈육방법으로 신체적 체벌을 많이 사용하기 때문이다. 또한 아동을 권리의 주체로 인식하지 않고 부모의 소유물로 여기는 문화 역시 아동학대를 유발하기 쉬운 요인이 된다. 우리나라의 경우 유교 사상의 영향으로 자녀에 대한 부모의 엄한 훈육과 체벌을 당연시해 왔기 때문에 아동학대에 대한 문제의식이 미약한 편이다(김성경, 2014).

이처럼 아동학대의 발생원인은 매우 다양하고 복잡하다. 아동학대는 자녀의 기질, 자녀에 대한 기대, 부모의 스트레스, 가족관계의 문제, 사회적 고립 등 복합적이고 다양한 요인에 의해 유발된다. 일반적으로 개인요인, 가족요인, 사회요인으로 분류할 수 있다.

2. 학대아동의 유형과 특성

2001년에 최초로 공식적인 전국 아동학대 현황이 보고된 후 신고건수가 매년 꾸준히 증가하고 있다. 대부분의 아동학대가 가정 내에서 벌어지는 특성 때문에 암수범죄로서 실태 파악이 어려운 점을 고려한다면 아동학대로 고통을 받는 아동은 신고건수보다 훨씬 더 많을 것으로 예상된다. 맞벌이 부부가 일상화되고 경제적 형편이 어려운 가정이 증가하면서 의식주 등 아동의 기본적인 욕구를 충족하지 못하여 방임당하는 아동 역시 늘어나고 있다. 방임이 전체 학대에서 차지하는 비율은 2018년 기준 10.6%까지 점차 줄어들었으나, 방임의 발생건수는 오히려 이전보다 훨씬 많은 2,604건이 발생하였다. 신체적 학대 발생건수는 매년 꾸준히 증가하여 2018년 기준 3,436건 발생하였으며, 전체 학대에서 14.0%를 차지하였다. 정서학대 역시 매년 증가하여 2018년 기준 전체 학대에서 차지하는 비중이 23.8%로 가장 높은 비율을 차지하는 것으로 나타났다. 성학대가 영유아기에서 성인 이전 시기까지 대부분 한 번 정도 발생하는 반면에, 정서학대는 이 시기 동안 하루에도 몇 번씩 빈번하게 발생하기에 재발생의 가능성도 매우 높다(Binggeli, Hart, & Brassard, 2001).

신체학대, 정서학대, 성학대, 방임, 유기 중 2개 이상 학대가 동시에 발생한 경우를 중복학대라고 하는데, 매년 증가하고 있으며 2018년 기준 전체 건수 중 48%인 1만 1,792건이 중복학대에 해당한다(보건복지부, 중앙아동보호전문기관, 2019). 사회의 기본적인 단위이며 소중한 가정이 역기능적이어서 가정 내에서 부모가 아동에게 학대를 가할 때 그 아동은 신체적 손상뿐 아니라 평생 치유하기 힘든 마음의 상처를 받게 된다. 특히 가정에서 학습된 폭력이 학교폭력으로도 연결되고 있다. 폭력을 경험한 아동은 폭력의 악순환을 통해 성인이 되어 가정폭력의 가해자가 되기 쉽다는 사실을 고려해 볼 때 아동학대는 시급히 해결되어야 한다.

사람들은 대부분 아동학대가 매우 드물게 일어난다고 생각한다. 또한 그 결과를 별로 심각하게 받아들이지 않으며 '단순한 가정사' 또는 '자녀에 대한 체벌' 정도로 여기는 경향이 많다(정익중, 2014). 전통적으로 체벌을 훈육의 수단으로 인정해 왔던 우리나라 부모는 매를 들어 아동행동을 통제하는 것을 자연스러운 일로 여긴다. 아동학대 사건이 발생할 때마다 여론은 아동학대 행위자의 낮은 형량에 주목하고 있지만, 학대행위자의 양형을 늘리는 사후책보다 아이들을 무자비한 폭력에서 구해낼 제도적 장치와 인식개선이 시급하다. 아동학대의 유형은 다음과 같다.

1) 방임

방임은 부모나 기타 아동의 복지에 책임이 있는 사람이 고의적, 반복적으로 아동 양육 및 보호를 소홀히 하여 아동의 건강과 복지를 해치거나 정상적인 발달을 저해할 수 있는 모든 행위를 포함한다. 방임은 신체적 방임, 교육적 방임, 정서적 방임 및 유기로 구분될 수 있다. 신체적 방임은 아동에게 의식주를 제공하지 않거나 필수적인 의료조치를 취하지 않으며 기타 유해한 환경에 장시간 방치하는 행위로서 가장 빈번히 발생하는 방임의 형태이다. 교육적 방임은 아동에게 교육의 기회를 제공하지 않거나 무단결석을 허용하는 것이 포함되며, 아동에게 무신경하여 마음에 상처를 입히거나 불안, 위축, 산만, 분노 등의 정서를 조장하여 정서발달을 위협하는 상태가 정서적 방임에 해당된다. 유기란 아동을 고의적으로 버리는 것으로 방임의 극단적인 형태이다(이순형, 2007).

〈표 9-1〉 **방임으로 인해 나타나는 신체적·행동적 징후**

내용	• 보호자가 아동을 위험한 환경에 처하게 하거나 아동에게 필요한 의식주, 의무교육, 의료적 조치 등을 제공하지 않는 모든 행위를 말하며, 유기란 보호자가 아동을 보호하지 않고 버리는 행위를 말한다.
방임의 유형과 예	• 물리적 방임(기본적인 의식주를 제공하지 않는 행위, 불결한 환경이나 위험한 상태에 아동을 방치하는 행위, 아동의 출생신고를 하지 않는 행위, 보호자가 아동들을 가정 내에 두고 가출한 경우, 보호자가 친족에게 연락하지 않고 무작정 아동을 친족 집 근처에 두고 사라진 경우, 아동을 병원에 입원시키고 사라진 경우 등) • 교육적 방임(보호자가 아동을 특별한 사유 없이 학교(의무교육)에 보내지 않거나 아동의 무단결석을 방치하는 행위) ※ 의무교육은 6년의 초등교육 및 3년의 중학교를 의미함(「교육기본법」 제8조 제1항) ※ 초등학교 및 중학교의 장은 해당 학교에 취학할 예정인 아동이나 취학 중인 학생이 입학·재취학·전학 또는 편입학 기일 이후 2일 이내에 입학·재취학·전학 또는 편입학하지 아니한 경우, 정당한 사유 없이 계속하여 2일 이상 결석하는 경우, 학생의 고용자에 의하여 의무교육을 받는 것이 방해당하는 때 지체 없이 그 보호자 또는 고용자에게 해당 아동이나 학생의 취학 또는 출석을 독촉하거나 의무교육을 받는 것을 방해하지 아니하도록 경고하여야 함(「초·중등교육법 시행령」 제25조) • 의료적 방임(아동에게 필요한 의료적 처치 및 개입을 하지 않는 행위) • 유기(아동을 보호하지 않고 버리는 행위, 시설 근처에 버리고 가는 행위)
신체적 징후	• 발달지연 및 성장장애 • 비위생적인 신체 상태 • 예방접종과 의학적 치료 불이행으로 인한 건강 상태 불량 • 아동에게 악취가 지속적으로 나는 경우

행동적 징후	• 계절에 맞지 않는 부적절한 옷차림 • 음식을 구걸하거나 훔침 • 비행 또는 도벽 • 학교에 일찍 등교하고 집에 늦게 귀가함 • 지속적인 피로 또는 불안정감 호소 • 수업 중 조는 태도 • 잦은 결석

출처 : 아동권리보장원(www.ncrc.or.kr).

방임에는 물리적 방임, 교육적 방임, 의료적 방임 등이 있다. 방임은 부모 역할에 대한 소극적인 태만행위로서 쉽게 드러나지 않고, 학대는 직접적인 가해행위로서 표면상으로 쉽게 노출된다. 따라서 학대는 쉽게 발견되고 신고되는 데 반해, 방임은 충분한 시간을 두고 지속적으로 관찰하지 않으면 발견하지 못하고 지나치기 쉽다. 학대는 쉽게 식별할 수 있고 문제점이 명백히 나타나므로 정책적 차원에서 대책을 마련하는 것이 상대적으로 용이하다. 그러나 방임은 쉽게 노출되지 않아 사회문제로 인식되지도 않고 정책 의제화하기도 어렵다. 월로키스 호로위츠(Wolockis Horowitz, 1984)가 '아동방임에 대한 방임'이라는 표현을 만들었을 정도로 연구자들도 방임의 문제는 관심을 두지 않고 있다(정익중, 오정수, 2021).

언론이나 일반인이 관심을 가지지 않는 이유는 방임이 아동학대 유형 중 가장 적극적이지도, 생명에 위협적으로 보이지도 않기 때문이다(Gartarino & Collins, 1999). 반면 연구자들이 관심을 가지지 않는 이유는 심각한 방임의 사례를 제외하고는 판정하기 모호하여 이를 입증하는 데 많은 어려움이 따르기 때문이다. 학대는 누가 봐도 명백한 경우가 많지만 방임은 아동의 발달수준과 관련되어 있어 정의하기 쉽지 않다(Coon-Tower, 2010). 예를 들어, 혼자 두는 행위는 동일하지만, 12세 아동을 성인의 슈퍼비전 없이 혼자 두는 것은 방임이 아니다. 그러나 영아를 잠깐이라도 혼자 두는 것은 방임일 수 있다. 방임도 심각한 결과를 초래한다는 사실이 실제 사례를 통해 입증되고 있으나 방임은 발견이 곤란하고, 그 피해 결과가 오랜 시간이 지난 후에 나타난다.

방임은 적어도 다음과 같은 세 가지 점에서 학대만큼 중요하게 다루어져야 한다(정익중, 2014). 첫째, 미국의 아동학대 사례 중 약 1/2 이상이 방임과 관련되어 있을 정도로 방임은 아동학대의 가장 보편적 유형이다. 우리나라에서도 방임은 전체 학대의 1/3 이상에 해당할 만큼 전체 학대의 유형 중에 가장 높은 비율 차지한다. 일반적으로 아동은 극적인 학대의 상황보다는 이렇게 일상적인 방임 상황에 만성적으로 노출되어 있다. 둘째, 학대는 가시적이기 때문에 사회적 인식이 증가하면서 감소할 가능성이 높지만, 방임은 개인이나 부부 중심의 이데올로기, 맞벌이 부부의 증가 등으로 시간이 갈수록 의도적이든 비의도적이든 증가할 가능성이 크다. 셋째, 방임은 가해자에게 문제라는 인식 자체가 낮으므로 아동이 성장하여도 계속해서 누적되어 나타나기 쉽다. '조용한 폭행'인 방임은 타인과 관계를 맺거나 주변 세계를 탐색할 의지가 사라지도록 천천히 지속적으로 아동의 영혼을 잠식해 들어간다(Erickson & Egeland, 2011). 방임에는 부모 개인의 책임뿐만 아니라 사회적 책임도 포함되어 있다. 부모가 제대로 양육할 수 없다면 사회의 도움으로 양육할 수 있는 지역사회 안전망을 만들어야 한다는 점에서 방임은 아동학대 중 상대적으로 사회적 책임이 가장 크다고 할 수 있다(정익중, 오정수, 2021).

2) 신체학대

신체학대(Physical Abuse)란 보호자를 포함한 성인이 아동의 건강 또는 복지를 해치거나 정상적 발달을 저해할 수 있는 신체적 폭력이나 가혹행위를 하는 것(「아동복지법」 제3조 제7호)을 말한다. 구타나, 폭력에 의한 멍, 화상, 찢김, 골절, 장기파열, 기능의 손상 등 신체적 상해가 나타나며 생후 36개월 이하의 영아에 가해진 체벌은 이유 여하를 막론하고 학대로 간주한다. 신체적 체벌은 훈육차원에서라도 용납되어서는 안 되며 경미한 상처라도 지속적으로 발견된다면 신체학대를 의심하고 예방하는 것이 중요하다(김애란 외, 2021).

〈표 9-2〉 신체학대로 인해 나타나는 신체적·행동적 징후

내용	• 보호자를 포함한 성인이 아동에게 우발적인 사고가 아닌 상황에서 신체적 손상을 입히거나 또는 신체손상을 입도록 허용한 모든 행위를 말한다.
구체적인 신체학대 행위 예	• 직접적으로 신체에 가해지는 행위(손, 발 등으로 때림, 꼬집고 물어뜯는 행위, 조르고 비트는 행위, 할퀴는 행위 등) • 도구를 사용하여 신체를 가해하는 행위(도구로 때림, 흉기 및 뾰족한 도구로 찌름 등) • 완력을 사용하여 신체를 위협하는 행위(강하게 흔듦, 신체부위 묶음, 벽에 밀어 붙임, 떠밀고 잡음, 아동 던짐, 거꾸로 매닮, 물에 빠뜨림 등) • 신체에 유해한 물질로 신체에 가해지는 행위(화학물질 혹은 약물 등으로 신체에 상해를 입히는 행위, 화상을 입힘 등)
신체적 징후	• 설명하기 어려운 신체적 상흔 • 발생 및 회복에 시간차가 있는 상처 • 비슷한 크기의 반복적으로 긁힌 상처 • 사용된 도구의 모양이 그대로 나타나는 상처 • 담뱃불 자국, 뜨거운 물에 잠겨 생긴 화상자국, 회음부에 있는 화상자국, 알고 있는 물체 모양(다리미 등)의 화상자국, 회복 속도가 다양한 화상자국 • 입, 입술, 치은, 눈, 외음부 상처 • 긁히거나 물린 자국에 의한 상처 • 손목이나 발목에 긁힌 상처, 영유아에게 발견된 붉게 긁힌 상처 • 성인에 의해 물린 상처 • 겨드랑이, 팔뚝 안쪽, 허벅지 안쪽 등 다치기 어려운 부위의 상처 • 대뇌 출혈, 망막출혈, 양쪽 안구 손상, 머리카락이 뜯겨 나간 두피 혈종 등을 동반한 복잡한 두부 손상 • 고막 천공이나 귓불이 찢겨진 상처와 같은 귀 손상 • 골격계 손상, 시간차가 있는 골절, 치유 단계가 다른 여러 부위의 골절, 복합 및 나선형 골절, 척추 손상(특히, 여러 군데의 골절), 영유아의 긴 뼈에서 나타나는 간단 골절, 회전상 골절, 걷지 못하는 아이에게서 나타나는 대퇴 골절, 골막하 출혈의 방사선 사진, 골단 분리, 골막 변형, 골막 석회화 • 간혈종, 간열상, 십이지장 천공, 궤양 등과 같은 복부 손상 • 폐, 좌상, 기흉, 흉막 삼출과 같은 흉부 손상

행동적 징후	• 어른과의 접촉 회피 • 다른 아동이 울 때 공포를 나타냄 • 공격적이거나 위축된 극단적 행동 • 부모에 대한 두려움 • 집에 가는 것을 두려워함 • 위험에 대한 지속적인 경계

출처 : 아동권리보장원(www.ncrc.or.kr).

3) 성적 학대

성적 학대는 성인의 성적 충족을 위해 아동을 성적으로 이용하거나 아동과 함께하는 모든 성적인 행위를 말한다. 성학대의 가해자는 아동에게 공포와 힘을 행사함과 동시에 아동이 좋아할 만한 선물을 제공하여 유혹하는 등의 심리적 조종을 병행하기도 한다. 이러한 성적 학대의 예는 성인이 아동에게 자신의 성기나 신체를 접촉하게 하거나 아동의 성기를 만지는 행위, 아동 앞에서 옷을 벗으며 자기의 성기를 만지는 행위, 아동의 옷을 강제로 벗기거나 키스를 하는 행위 포르노 비디오를 아동에게 보여 주거나 포르노물을 판매하는 행위, 아동 매춘이나 성매매를 하는 행위 등이다(김성경, 2014).

〈표 9-3〉 **성적 학대로 인해 나타나는 신체적 · 행동적 징후**

내용	• 보호자를 포함한 성인이 자신의 성적 충족을 목적으로 18세 미만의 아동에게 행하는 모든 성적 행위를 말한다.
구체적인 성학대 행위 예	• 자신의 성적 만족을 위해 아동을 관찰하거나 아동에게 성적인 노출을 하는 행위(옷을 벗기거나 벗겨서 관찰하는 등의 관음적인 행위, 성관계 장면을 노출, 나체 및 성기 노출, 자위행위 노출 및 강요, 음란물을 노출하는 행위 등) • 아동을 성적으로 추행하는 행위(구강추행, 성기추행, 항문추행, 기타 신체 부위를 성적으로 추행하는 행위 등) • 아동에게 유사성행위를 하는 행위(드라이성교 등) • 성교를 하는 행위(성기삽입, 구강성교, 항문성교) • 성매매를 시키거나 성매매를 매개하는 행위

신체적 징후	• 신체적 지표(학령 전 아동의 성병 감염, 임신) • 생식기의 증거(아동의 질에 있는 정액, 찢기거나 손실된 처녀막, 질에 생긴 상처나 긁힌 자국, 질의 홍진(紅疹), 배뇨곤란, 요도염, 생식기의 대상포진) • 항문증후(항문 괄약근의 손상, 항문 주변의 멍이나 찰과상, 항문 내장이 짧아지거나 뒤집힘, 항문 입구에 생긴 열창, 항문이 좁아짐, 회음부의 동통과 가려움, 변비, 대변에 혈액이 나옴) • 구강증후(입천장의 손상, 인두(咽頭)임질[pharyngeal gonorrhea])
행동적 징후	• 성적 행동지표(나이에 맞지 않는 성적행동, 해박하고 조숙한 성지식, 명백하게 성적인 묘사를 한 그림들, 타인과의 성적인 상호관계, 동물이나 장난감을 대상으로 하는 성적인 상호관계) • 비(非)성적인 행동지표(위축, 환상, 유아적 행동[퇴행행동], 자기 파괴적 또는 위험을 무릅쓴 모험적인 행동, 충동성, 산만함 및 주의집중장애, 혼자 남아 있기를 거부 또는 외톨이, 특정 유형의 사람들 또는 성에 대한 두려움, 방화, 동물에게 잔혹함[주로 남아의 특징], 비행, 가출, 약물 및 알콜 남용, 자기 파괴적 행동[자살 시도], 범죄행위, 우울, 불안, 사회관계의 단절, 수면장애, 유뇨증/유분증, 섭식장애[폭식증/거식증], 야뇨증, 외상 후 스트레스 장애, 저조한 학업수행)

출처 : 아동권리보장원(www.ncrc.or.kr).

4) 정서적 학대

정서적 학대는 다른 학대에 비해 정의를 내리기가 매우 어렵다. 정서학대는 정신적 학대 혹은 심리적 학대라고도 불리며 아동의 심리·정서에 폭력을 가하는 것을 말한다. 아동에게 협박을 가하고, 언어적 공격을 일삼고, 경멸, 모독감, 수치심을 주거나 감금하는 등의 적대적이며, 거부적인 처우 형태가 포함된다(고성혜, 1992; 주영희, 1984). 또한 부모의 편애로 인해 차별을 받거나 부모의 화풀이 대상이 되는 경우도 정서적 학대(김미영, 2018; Burnett, 1993)에 포함된다. 이 유형은 가장 사적인 공간이며 쉽게 눈에 띄지 않는 가정 내에서 발생하는 부모의 태도와 관련된 유형이어서 학대에 관한 보고가 가장 적은 유형이다(이순형, 2007).

〈표 9-4〉 정서적 학대로 인해 나타나는 신체적·행동적 징후

내용	• 보호자를 포함한 성인이 아동에게 행하는 언어적 모욕, 정서적 위협, 감금이나 억제, 기타 가학적인 행위를 말하며 언어적, 정신적, 심리적 학대라고도 한다.
구체적인 정서학대 행위 예	• 원망적, 거부적, 적대적, 경멸적인 언어폭력 등 • 잠을 재우지 않는 것 • 벌거벗겨 내쫓는 행위 • 형제나 친구 등과 비교, 차별, 편애하는 행위 • 가족 내에서 왕따시키는 행위 • 아동이 가정폭력을 목격하도록 하는 행위 • 아동을 시설 등에 버리겠다고 위협하거나 짐을 싸서 쫓아내는 행위 • 미성년자 출입금지 업소에 아동을 데리고 다니는 행위 • 아동의 정서발달 및 연령상 감당하기 어려운 것을 강요하는 행위(감금, 약취 및 유인, 아동노동 착취) • 다른 아동을 학대하도록 강요하는 행위
신체적 징후	• 발달지연 및 성장장애 • 신체발달 저하
행동적 징후	• 특정 물건을 계속 빨고 있거나 물어뜯음 • 행동장애(반사회적, 파괴적 행동장애) • 신경성 기질장애(놀이장애) • 정신신경성 반응(히스테리, 강박, 공포) • 언어장애 • 극단행동, 과잉행동, 자살 시도 • 실수에 대한 과잉 반응 • 부모와의 접촉에 대한 두려움

출처 : 아동권리보장원(www.ncrc.or.kr).

3. 학대아동을 위한 아동복지의 실천방향

1) 치료와 서비스

치료와 서비스는 주로 아동보호전문기관 혹은 병원의 도움을 받는데 아동학대 사례의 발견, 서비스의 계획, 치료 및 후속조치를 효과적으로 수행하기 위하여 여러 학문 분야의 전문가 및 기관과 다학제 팀을 구성해야 한다. 사회복지사는 아동과 가족 및 지역사회의 이익을 위하여 법률, 의료 및 기타 지역사회기관 간의 연계자로서 활동한다. 가족과의 최초 면접에서 사회복지사는 아동학대의 정확한 내력을 조사하고, 아동의 정신건강 욕구를 사정하며, 아동과 그 가족의 적절한 치료에 관한 결정을 내리기 위한 정보를 수집한다. 이때 사회복지사는 아동의 상태뿐 아니라 부모와 아동의 관계를 사정해야 한다. 상황을 사정함에 있어 사회복지사는 다음의 질문사항을 고려한다(오정수, 2021).

- 학대를 행한 이유가 복종을 가르치기 위함인가?
- 부모가 학대 사건을 부인 또는 축소하는가?
- 부모가 아동을 비난하거나 다른 사람에게 비난을 돌리는가?
- 부모가 방어적인 태도를 갖거나, 아동에게 부적절하게 애착을 갖는가?
- 부모가 아이에게 말할 때 언어적인 모욕이나 억압을 하는가?
- 부모나 기타 가족에 의하여 제공되는 지지의 수준은 어떠한가?

사회복지사는 아동의 안전, 즉 아동의 보호를 보장하는 가족의 능력에 관한 평가를 객관화하기 위하여 구조화된 위험사정 도구를 사용할 수 있다. 이 사정 도구는 다음과 같은 질문을 포함한다(이익중, 2021).

- 부모는 무엇이 아동학대가 되는지, 그리고 아동에 미치는 영향에 관하여 명백하게 인식하고 있는가?

- 가족구성원이 정신적 문제나 약물중독으로 고통받고 있는가?
- 가족을 위하여 가용한 인적·재정적 자원은?
- 이전에 지자체 아동보호팀이나 아동보호전문기관과의 접촉 경험이 있는가?

2) 아동학대 관련법과 제도 개선

최근 정부는 「아동복지법」 및 「아동학대처벌법」을 개정하는 등 아동학대 방지 보완대책을 지속적으로 마련하고 아동의 보호와 안전을 위해 노력하고 있으나, 아동학대 피해는 꾸준히 증가하고 있으며 아동학대 관련법과 정책에 대한 실효성이 제기되고 있다.

2000년 1월 「아동복지법」을 개정하면서 아동학대를 사회적 문제로 개념을 정의한 이후 20년의 시간이 지났고, 2016년 5월 「아동학대범죄의 처벌 등에 관한 특례법」이 제정되어 시행된 지 5년이 지났다. 동법의 실효성과 입법방식과 관련해서는 비판적 주장들이 끊임없이 제기되어 왔기에 이 시점에서 아동학대 보호체계의 확립을 위해 우리나라 아동학대에 대한 법적·제도적 정비가 반드시 필요하다(이인곤, 2020).

3) 부모교육의 확대

전체 아동학대 건수 중 부모에 의한 아동학대 사례가 80% 이상 차지한다. 가정 내 아동학대의 원인으로는 부모의 정신적, 사회심리적인 요인에 의해 학대로 이어지기 때문에 근본적인 해결을 위해서는 부모에 대한 교육이 절실히 필요하다. 우리나라는 과거부터 아동학대에 대해 민감하지 못한 사회적인 분위기를 가지고 있다. 가정 내 아동학대를 방지하기 위해서는 아동학대에 대한 국민의 인식과 태도를 개선시키는 것이 필요하며 체계적이고 실제적인 예방교육이 실시되어야 한다. 자녀를 양육하는 부모 및 예비 부모들에게 학부형 학교모임, 예비 부모교육, 민방위대원 교육과정 등 다양한 기회를 통해 아동권리 및 아동학대에 대한 이해, 아동학대예방사업 안내, 아동학대 신고방법, 부모의 역할과 올바른 양육방법 등의 교육을 강화하고 다양한 부모교육 프로그램의 개발 추진이 필요하다(김애란 외, 2021).

4) 아동학대 조기발견 및 개입을 위한 체계 구축

아동학대의 조기발견을 위해서는 영아, 장애아동, 한부모가정, 빈곤가정 등 아동학대 피해 고위험 아동에 대한 서비스가 선행되어야 한다. 먼저 2017년의 경우 학대에 의한 사망아동 사례 38건 중 14건이 영유아를 대상으로 발생되었는데, 영유아는 스스로 보호하고 의사를 표현할 수 없기에 아동학대에 매우 취약하며, 학대 피해가 외부로 노출될 가능성이 상대적으로 적기 때문에 치명적 위험에 처할 가능성이 크다고 할 수 있다. 두 번째로, 2017년 피해아동의 특성을 살펴보면 적응·행동상의 어려움이 있는 아동과 정서 및 정신건강에 어려움이 있는 아동이 각각 20%으로 나타났고, 세 번째로 기초생활수급가정의 아동이 10% 이상으로 나타나고 있다(보건복지부·아동보호전문기관, 2018).

아동학대 아동의 조기발견을 통해 초기에 개입할 수 있다면, 학대가 아동의 삶에 미치는 다차원의 부정적 영향을 완화할 수 있다. 더불어 청소년 범죄예방 등을 통해 사회적 비용을 절감하는 경제적 효과까지 거둘 수 있는데, 실제로 미국 미시건 주의 아동학대예방 프로그램에 대한 편익비용분석 결과, 19대 1의 높은 비율로 나타났다(안재진, 2008). 이와 같은 고위험 아동에 대해서는 미국 전역에서 널리 시행될 뿐 아니라 잉글랜드, 스코틀랜드, 독일, 네덜란드, 호주 등지에까지 확산되고 있는, 간호사 가족 파트너십(Nurse-Family Partnership : NFP) 프로그램을 도입할 필요가 있다. NFP 프로그램은 어린저소득층 초산부들을 대상으로 아동이 생후 2년이 될 때까지 간호사가 정기적으로 방문하는 것이다(안재진, 2008). 결국 아동학대를 조기에 발견하고, 초기 개입을 위해서는 고위험 아동에 대한 가정방문서비스 체계의 구축이 필요하다.

♣ 생각 나누기 ♣

1. 아동학대 관련 인터넷 영상을 찾아보고, 각자가 찾은 아동학대 관련 영상을 함께 보며 학대의 원인과 해결방안에 대해 토론해 봅시다.

2. 문화의 차이에 따라 아동학대의 정의가 조금씩 달라질 수 있습니다. 몽골 사람들은 자녀들이 어렸을 때 얼음물에서 견디면 앞으로 건강하게 살 수 있다는 믿음이 있어서 얼음물에 아이를 빠뜨립니다. 아프리카의 많은 여자아이는 할례로 생명을 잃거나 질병에 노출되고 있습니다. 이러한 전통문화에 대해 문화권 안에서 보는 시선과 그 문화권 밖에서 바라보는 시선은 서로 다른데, 여기에서는 문화의 이해 차이에서 나타나는 학대의 정의를 '어디까지 학대로 볼 것인지'에 대해 토론해 봅시다.

시설보호아동을 위한 아동복지실천

제10장 시설보호아동을 위한 아동복지실천

1. 시설보호의 이해

1) 시설보호의 개념

시설보호(institutional care)는 복지와 관련된 욕구가 있는 사람을 시설에서 보호하는 것을 말한다. 따라서 시설보호는 재가보호(집에서 보호하는 것)나 지역사회보호(지역사회에서 보호하는 것)와 서로 구분되고 있다. 시설보호와 관련된 아동시설은, 시설에서 보호받는 아동이 가족이나 사회로 되돌아갈 때까지 가족의 역할을 일시적으로 하는 장소를 말한다. 다만, 가족이 일반적으로 혈연관계로 맺어진 집단이지만 아동시설은 전문가들과 인위적으로 관계를 맺도록 되어 있는 집단이라는 점에서, 가족과 아동시설은 서로 차이가 있다. 그러므로 정리하건대, 시설보호와 관련된 아동시설은 자신과 혈연관계가 없는 전문가들의 보호를 받으면서, 서로 혈연관계가 없는 아동집단이 함께 사는 거주시설이라고 볼 수 있다(Garvin & Tropman, 1994).

우리나라 아동복지시설 서비스의 시작은 한국전쟁 후 전쟁고아와 보호를 필요로 하는 아동의 발생으로 인해 해외입양과 함께 고아원, 보육원 등에서 집단 수용을 하면서부터다. 초기의 아동복지시설 서비스는 최소한의 돌봄을 제공하는 수준이었으나 경제발전과 함께 복지와 삶의 질, 인권에 대한 사회의 관심과 요구가 증대되면서 아동복지시설 서비스에 대한 인식의 개선과 질적 향상이 이루어져 왔다(김현자 외, 2017). 우리나라의 경우 가정보호보다는 시설입소가 더 많은 비중을 차지하고 있다. 보건복지부(2020)에 따르면, 우리나라의 아동복지시설 서비스의 목적은 보호가 필요한 아동에 대한 양육과 자립 지원이다. 아동복지시설에서는 보호대상 아동이 건전한 사회인으로 자랄 수 있도록 가정복귀, 입양, 가정위탁이 어려운 경우 일시적으로 아동을 보호 및 양육하고, 아동복지시설을 퇴소한 사람을 취업 준비기간 동안 보호함으로써 자립을 지원한다. 이러한 시설보호사업의 개념을 역할론적 개념, 장소적 개념, 시간적 개념, 형태적 개념으로 구분하여 설명하면 다음과 같다.

시설보호사업의 개념

① 역할론적 개념

시설보호의 역할론적 개념은 부모의 역할을 대신하는 대리보호를 의미한다. 일반적으로 아동은 부모의 보호를 받으며 성장한다. 그런데 가족, 특히 부모로부터 보호받지 못하는 아동의 경우에는 사회복지 종사자에 의해 부모의 양육을 대신해 줄 수 있는 대리보호 서비스를 받아야 한다.

② 장소적 개념

시설보호의 장소적 개념은 가정이 아닌 시설이란 공간에서 시설보호사업이 이 루어짐을 의미한다. 출생과 더불어 아동은 부모와 함께 가정 내에서 생활을 하게 된다. 그러나 가정이란 공간에서 생활하는 것이 불가피한 경우에는 시설이라는 공동의 장소에서 생활하게 된다. 특히 연령이 어린 아동일수록 시설보호에 대한 의존도가 높게 나타난다.

③ 시간적 개념

시설보호의 시간적 개념은 장기간 시설에 거주함으로써 시설보호사업이 이루 어짐을 의미한다. 대부분의 경우 시설에 수용되는 아동의 연령은 영유아와 같이 나이 어린 아동이다. 이러한 아동은 영유아기 이후부터 자립할 때까지 시설에서 생활하게 된다. 따라서 이들이 시설에서 거주하게 되는 기간은 상당히 장기간에 해당한다.

④ 형태적 개념

시설보호의 형태적 개념은 아동에 대한 보호가 개별적으로 이루어지는 것이 아니라 집단적으로 이루어짐을 의미한다. 즉, 가정에서 자신의 부모로부터 개별적인 보호를 받기가 어려운 아동을 집단적으로 수용하여 보호하게 된다. 집단보호는 개별보호에 비해 효율적인 보호서비스라는 점에서 대부분의 경우 다수의 아동을 집단으로 보호한다.

출처 : Kadushin(1988).

2) 시설보호의 역사

아동시설을 이야기하면, 일반 사람은 이른바 '고아원'을 떠올리는 경우가 많다. 그러나 현대의 아동시설은 오랫동안 발전해 왔다. 미국의 경우, 최초의 아동시설은 1729년에 뉴올리언스(New Orleans)에서 수녀들이 세운 고아원이었다. 그리고 19세기 말에 이르러, 아동시설은 대규모로 함께 생활하는 형태에서 소규모 주택시설(cottage-style institution)의 형태로 바뀌었다. 왜냐하면 가족 분위기를 더 많이 가지는 환경을 제공하고자 하였기 때문이었다(Whittaker, 1984).

우리나라의 경우, 시설보호는 1950년에 발생한 한국전쟁 이후에 나타난 전쟁고아를 돌보려는 목적에서 등장하였다. 시설보호사업은 고아뿐만 아니라 부모의 이혼과 같은 가족해체로 가정에서의 욕구가 제대로 충족되기 어려운 아동에게 집단보호와 더불어 사회적 적응을 위한 치료도 제공해 줄 수 있다. 즉, 아동은 시설보호를 통해 기본적인 생리적 욕구를 충족시키고, 교육 및 사회화의 기회를 제공받음으로써 생활 전반에 대한 안내와 지도를 획득한다(이순형, 2007).

최근에는 기존 아동양육시설의 성격에 아동상담, 일시보호, 가정위탁, 입양, 급식, 프로그램 제공 등을 추가하여 아동복지시설의 기능을 다양화하고자 시도

하고 있다. 특히 아동복지시설의 특성과 여건에 따라 보호를 필요로 하는 아동을 보호하고 양육하는 기능에서 벗어나 지역사회 아동을 위한 종합서비스시설로 운영 할 것을 추진하고 있다(보건복지부, 2006).

2. 시설보호의 목적과 유형

1) 시설보호의 목적

과거에는 시설보호사업이 부모가 없는 고아를 집단적으로 수용하고 보호하는 데 일차적 목적이 있었다. 그러나 오늘날에는 단순히 아동을 수용 및 보호하는 차원을 넘어서 아동의 건전한 성장과 발달, 그리고 사회적 치료를 목적으로 한다. 이를 통해 아동문제의 보다 근본적인 해결책을 모색하는 것이 시설보호사업의 목적이다(표갑수, 2000). 아동복지시설 서비스의 목적을 정리하면 다음과 같다.

아동복지시설 서비스의 목적

- 아동의 건강한 성장과 발달을 지원하여 인간 존엄성을 실현한다. 아동은 그 자체로 존귀하게 대우받고 양육되어야 하며 어떤 사회적 기준이나 가치 판단에 관계없이 생명 그 자체에 대해 존중해야 한다.
- 과거 부정적 경험으로 인한 문제를 치료한다. 아동의 인격발달이나 기능에 장애를 가져오게 한 사회적·정서적 문제를 치료하고 기본적 욕구 충족을 통해 행복한 삶을 추구하고 보장한다.
- 가족기능을 사회적으로 확대한다. 아동복지시설 서비스는 일반적인 가족구조를 벗어나지만 본래 가족 고유의 기능을 수행하여 아동의 건강한 성장과 발달을 지원함으로써 다양한 사회관계와 체제 안에서 구성원으로서 존중받고 사회적 역할을 할 수 있도록 지원한다.

출처 : 김현자 외(2017).

시설보호의 목적은 가정에서 자신의 욕구를 제대로 충족할 수 없는 아동들에게 집단생활 프로그램과 각 아동의 욕구에 따르는 특수서비스를 실시하여 다양한 경험을 가지도록 하는 데 있다.

〈표 10-1〉 **연도별 보호조치 대상 아동의 장애 여부**

(단위 : 명)

장애여부 연도	비장애	장애	계
2016	4,451	132	4,583
2017	3,998	127	4,125
2018	3,789	129	3,918
2019	3,905	142	4,047

출처 : 보건복지부(2020).

아동의 시설보호를 통해서 정상적으로 성장할 수 있으며, 불만족스러웠던 경험의 영향을 교정·변화시킬 수 있고 아동의 인격발달이나 기능에 장애를 가져오게 한 사회적·정서적 문제를 개선시킬 수 있다. 하지만 시설 기능의 결여는 시설병을 유발하며, 사회 부적응 아동을 육성할 가능성이 많다는 것은 잘 알려진 사실이다. 앞으로의 시설사업은 종전의 운영방식 대 신에 아동의 욕구와 관련되는 제 기능화를 중심으로 운영해야 한다(김익균 외, 2001). 현대적인 시설로 전환하기 위해서는 기존 시설의 신개축과 더불어 시설물이나 비품을 추가로 구비해야 한다. 노후화된 기숙사와 같은 시설로는 오늘날 아동의 다양한 욕구를 충족시킬 수 없으므로, 건물은 아동에게 적절한 집단생활의 장으로서 안정감을 줄 수 있어야 한다(성영혜 외, 2001).

2) 시설보호의 유형

2000년 7월 「아동복지법 시행령」 제4조가 개정되기 이전 아동복지시설의 종류는 영아시설 및 육아시설, 아동일시보호시설, 교호시설, 아동직업보도시설, 자립지원시설, 정서장애아시설, 아동상담소(보호시설을 갖추지 않은 경우), 유아전용시설, 보호시설을 갖춘 아동상담소로 규정되었다. 그런데 2000년 7월 「아동복지법 시행령」 제4조가 개정되면서 영아 및 육아시설이 아동양육시설로, 교호시설이 아동보호치료시설로, 아동직업보도시설이 아동직업훈련시설로, 정서장애아시설이 아동 단기보호시설로, 보호시설을 갖춘 상담소는 종합시설로 명칭이 변경되었다. 그 이후 2001년 개정된 「아동복지법」에 의하면, 기존의 아동복지시설 종류에 공동생활가정(그룹홈)과 지역아동센터(공부방)가 신설되었다. 「아동복지법」 제52조 제1항에 규정된 아동복지시설의 종류는 다음과 같다.

제52조(아동복지시설의 종류) ① 아동복지시설의 종류는 다음과 같다.

1. 아동양육시설 : 보호대상아동을 입소시켜 보호, 양육 및 취업훈련, 자립지원 서비스 등을 제공하는 것을 목적으로 하는 시설
2. 아동일시보호시설 : 보호대상아동을 일시보호하고 아동에 대한 향후의 양육대책수립 및 보호조치를 행하는 것을 목적으로 하는 시설
3. 아동보호치료시설 : 아동에게 보호 및 치료 서비스를 제공하는 다음 각 목의 시설
   가. 불량행위를 하거나 불량행위를 할 우려가 있는 아동으로서 보호자가 없거나 친권자나 후견인이 입소를 신청한 아동 또는 가정법원, 지방법원소년부지원에서 보호위탁된 19세 미만인 사람을 입소시켜 치료와 선도를 통하여 건전한 사회인으로 육성하는 것을 목적으로 하는 시설
   나. 정서적·행동적 장애로 인하여 어려움을 겪고 있는 아동 또는 학대로 인하여 부모로부터 일시 격리되어 치료받을 필요가 있는 아동을 보호·치료하는 시설
4. 공동생활가정 : 보호대상아동에게 가정과 같은 주거여건과 보호, 양육, 자립지원 서비스를 제공하는 것을 목적으로 하는 시설

5. 자립지원시설 : 아동복지시설에서 퇴소한 사람에게 취업준비기간 또는 취업 후 일정 기간 동안 보호함으로써 자립을 지원하는 것을 목적으로 하는 시설
6. 아동상담소 : 아동과 그 가족의 문제에 관한 상담, 치료, 예방 및 연구 등을 목적으로 하는 시설
7. 아동전용시설 : 어린이공원, 어린이놀이터, 아동회관, 체육·연극·영화·과학실험전시 시설, 아동휴게숙박시설, 야영장 등 아동에게 건전한 놀이·오락, 그 밖의 각종 편의를 제공하여 심신의 건강유지와 복지증진에 필요한 서비스를 제공하는 것을 목적으로 하는 시설
8. 지역아동센터 : 지역사회 아동의 보호·교육, 건전한 놀이와 오락의 제공, 보호자와 지역사회의 연계 등 아동의 건전육성을 위하여 종합적인 아동복지서비스를 제공하는 시설
9. 아동보호전문기관
10. 제48조에 따른 가정위탁지원센터
11. 제10조의2에 따른 보장원
12. 제39조의2에 따른 자립지원전담기관

아동복지시설은 각 시설의 고유 업무 이외에도 다음과 같은 사업을 실시할 수 있다(「아동복지법」 제52조 제3항). 먼저, 지역사회 아동의 건전한 발달을 위하여 아동, 가정, 지역주민에게 상담, 조언 및 정보를 제공해 주는 아동가정지원사업을 실시할 수 있으며, 부득이한 사유로 가정에서 낮 동안 보호를 받을 수 없는 아동을 대상으로 개별적인 보호와 교육을 통해서 아동의 건전한 성장을 도모하는 아동주간보호사업을 실시할 수 있다. 또한, 학교부적응 아동을 대상으로 올바른 인격형성을 위한 상담, 치료 및 학교폭력 예방을 목적으로 하는 아동전문상담사업을 실시할 수 있고, 학대아동의 발견·보호·치료 및 아동학대의 예방 등을 전문적으로 실시하는 학대아동보호사업을 실시할 수도 있다.

3. 시설보호아동을 위한 아동복지의 실천방향

시설보호사업은 대리 양육, 가정위탁 및 소년소녀가정 지원과 같은 가정보호가 적합하지 않은 영유아 및 아동, 청소년을 대상으로 복지서비스를 제공해 주는 사업이다. 2004년 개정된 「아동복지법」에서는 가정 내 아동 양육이 곤란한 경우 긴급아동양육을 실시하도록 규정함으로써 가출아동에 대해서도 우선적으로 시설보호 등 보호조치를 취할 수 있는 법적 근거가 마련되었다. 「아동복지법」 제10조에 규정된 아동복지시설 서비스 현황은 다음과 같다(보건복지부, 2020).

〈표 10-2〉 아동복지시설 서비스 현황

(단위 : 개)

연도	양육시설	직업훈련 시설	보호치료 시설	자립지원 시설	일시보호 시설	종합시설*	계
2005	242	4	8	13	13	2	282
2006	243	3	8	13	13	2	282
2007	243	3	8	13	13	2	282
2008	242	2	10	12	14	5	285
2009	239	2	11	12	13	3	280
2010	238	2	11	12	13	3	280
2011	242	1	10	12	12	3	280
2012	243	–	11	12	12	3	280
2013	243	–	11	13	11	3	281
2014	242	–	10	12	11	3	278
2015	243	–	11	12	12	3	281
2016	243	–	11	12	12	3	281
2017	242	–	11	12	12	3	280

출처 : 보건복지부(2020).

* 보호시설을 갖춘 아동상담소에 대하여 종합시설로 분류함

가족해체로 인해 시설에서 보호받고 있는 유아 및 초등학교 저학년 아동을 대상으로 이들의 발달 및 적응 특성에 대해 살펴본 연구에 의하면, 시설보호아동의 발달 및 적응과 관련된 위험 요인이 다수 발견되었다. 먼저 사회적 기술의 측면을 살펴보면, 시설보호아동은 협동, 자기주장성 및 자아통제에 있어 일반아동에 비해 낮은 수준의 점수를 보였으며 타인의 정서 상태를 이해하는 정서조절 능력이 낮은 것으로 나타났다(권세은, 이순형, 2002). 그리고 시설에서 생활하고 있는 초등학교 저학년 아동은 초등학교 입학 초기에 학교생활에 적응하는 데 어려움을 보이고, 그중에서도 또래관계의 문제가 큰 것으로 나타났다(성미영, 이순형, 이강이, 2001). 또한, 표준 점수에 비해 낮은 것으로 나타난 언어적 이해수준으로 인해 시설보호아동의 행동문제 발생 가능성이 높은 것으로 예상되었다(이강이, 상미영, 이순형, 2002). 자신의 정서를 명확히 표현하고 이와 함께 타인의 정서를 이해하는 정서 지식과, 또래 간 갈등상황을 해결하는 데 필요한 대인 간 문제해결 기술 역시 일반가정 아동에 비해 뒤떨어짐으로써 시설보호아동의 사회적 능력에 많은 취약성이 있음을 보여 주었다. 이에 따라, 부모 및 가족의 부재뿐만 아니라 다양한 위험 요인을 가지고 있는 시설보호아동의 취약성을 보완해 줄 수 있는 보호요인 마련이 시급하며, 그중 하나로 이들에게 부족한 사회적 역량을 직접적으로 보상해 줄 수 있는 개입 프로그램의 개발이 필요함을 확인해 볼 수 있다.

〈표 10-3〉 **보호조치 대상 아동의 보호조치 현황**

(단위 : 건)

조치현황 / 연도	시설입소					가정보호					총 발생 수
	양육시설 등	일시보호시설	장애아동시설	공동생활가정	소계	소년소녀가정	입양	가정위탁	입양 전 위탁	소계	
2009	2406	1640	35	686	4767	213	1314	2734	–	4261	9028
2010	2445	1751	23	623	4842	231	1393	2124	–	3748	8590
2011	2246	862	32	612	3752	128	1253	2350	–	3731	7483
2012	2272	676	26	775	3748	117	772	1749	616	3178	6926

조치 현황 / 연도	시설입소					가정보호					총 발생 수
	양육 시설 등	일시 보호 시설	장애 이동 시설	공동 생활 가정	소계	소년 소녀 가정	입양	가정 위탁	입양 전 위탁	소계	
2013	1731	801	39	686	3257	20	478	1300	388	2763	6020
2014	1818	566	10	506	2900	13	393	1206	376	2094	4994
2015	1412	799	13	458	2682	0	239	1022	425	1821	4503
2016	1736	548	11	592	2887	6	243	1022	425	1696	5221
2017	1467	310	19	625	2421	2	285	994	423	1704	4125
2018	1300	494	7	648	2449	1	174	937	357	1469	3918
2019	1707	401	6	625	2739	5	104	1003	196	1308	4047

출처 : 보건복지부(2020).

위의 연도별 보호조치 대상 아동의 보호조치 현황 자료에서와 같이 아동을 보호함에 있어 아동복지시설 입소보다 아동에게 보다 적합한 가정보호를 우선으로 하고 있으나 우리나라의 경우 아지 시설입소가 가정보호보다 많은 수를 차지하고 있다. 또한 입양의 수는 2009년 1,314명에서 2019년 104명으로 감소하였다.

아동양육시설에서 생활하는 아동들의 구성 변화를 살펴보면 주로 부모가 없는 고아가 아동양육시설에 수용되던 과거와는 달리, 최근에는 부모가 생존해 있음에도 불구하고 시설에서 생활하는 아동의 숫자가 크게 증가하였음을 알 수 있다. 구체적으로 1990년 이후 하루 평균 3, 4명씩 일년에 1,000여 명가량의 아동이 이혼 한 부모로부터 버려지고 있는 것으로 잠정 추산되고 있다(한국일보, 1997. 5. 21.). 또한, 부모의 실직이나 부도 등에 따른 가계 수입의 감소로 인해 가족해체 현상이 증가하고 있으며, 이로 인해 부모가 자녀를 보육원에 맡기는 경우가 과거보다 15~20% 정도 증가하고 있다(중앙일보, 1998. 2. 28.). 시설보호아동 가운데 부모가 생존해 있는 아동의 비율은 통계자료에 따라 다소 차이를 보이고 있으나, 보건복지부와 한국보건사회연구원의 조사결과에 의하면 전국의 아동복지시설에 수용된 아동 가운데 5%가 부 또는 모가 생존해 있는 것으로 나타났다(보건복지부, 1999). 이러한 수치는 아동양육시설에 입소 중인 아동의 상당수가 입소 이전에 부모와 함께 살았음을 보여 준다. 보호조치 발생원인별 아동수를 살펴보면 다음과 같다.

〈표 10-4〉 **보호조치 발생원인별 아동 수**

(단위 : 명)

구분	보호조치 아동의 발생원인									계	귀가 및 연고자 인도	보호 대상 아동 발생 수
	유기	미혼부모 · 혼외자	미아	비행 · 가출 · 부랑아	아동학대	부모빈곤 · 실직	부모사망	부모질병	부모이혼 등			
2009	222	3,070	35	707	1,051	710	763	230	2,240	9,028	1,472	10,500
2010	191	2,804	210	772	1,037	586	772	203	2,015	8,590	1,370	9,960
2011	218	2,515	81	741	1,125	418	536	154	1,695	7,483	953	8,436
2012	235	1,989	50	708	1,122	448	533	166	1,675	6,926	1,077	8,003
2013	285	1,534	21	512	1,117	338	545	133	1,535	6,020	814	6,834
2014	282	1,226	13	508	1,105	308	450	65	1,037	4,994	1,020	6,014
2015	321	930	26	360	1,094	279	301	122	1.070	4,503	472	4,975
2016	264	855	11	314	1,532	290	286	126	905	4,583	638	5,221
2017	261	847	12	227	1,442	223	279	87	747	4,125	725	4,850
2018	320	623	18	231	1,415	198	284	92	737	3,918	620	4,538
2019	237	464	8	473	1,484	265	297	83	736	4,047	565	4,612

출처 : 보건복지부(2020).

공동생활가정사업은 시설보호사업의 소규모화 추진과 발맞추어 실시되고 있는 가정과 유사한 형태의 보호사업이다. 시설보호사업에 대한 대안의 하나로 공동생활가정사업이 실시되고 있지만 현실적으로 여러 가지 어려움이 있다. 먼저 재정적 지원의 측면에서 볼 때 현재의 지원금 수준은 공동생활가정을 운영하는 데 풍족한 수준은 아니다. 따라서 기본적 지원금 이외에 후원금이 필요한 실정이다. 또한 공동생활가정에 소속된 아동을 보호하는 실무자들의 수가 상대적으로 부족하며 교체가 빈번하게 일어나 지속적으로 아동들에게 관심을 가지고 가정과 같은 분위기를 제공해 주는 데 어려움이 있다. 정부 차원에서 공동생활가정사업을 활성화시키기 위해 노력하고 있으나, 아직은 공동생활가정의 형태로 아동을 양육할 수 있는 시설이 많지 않아 수용 가능한 인원수가 적은 실정이다(이순형, 2007). 따라서 공동생활가정이 보다 활성화될 수 있도록 정부 차원의 정책과 뒷받침이 요구되며, 개별 아동이 처한 상황적 특성을 적극 고려하여 유사한 특성의 아동들이 함께 거주할 수 있는 공동생활가정을 제공해야 한다.

♣ 생각 나누기 ♣

1. 시설보호아동들은 부모의 양육 부재뿐 아니라 다양한 위험 요인의 영향을 받는데 이러한 영향을 미치는 요인에는 무엇이 있는지 찾아보고 예방적 차원의 방안에 대해 토론해 봅시다.

2. 시설보호아동을 위한 시설보호서비스에는 어떤 것들이 있는지 알아보고 토론해 봅시다.

3. 일반 가정위탁이 점차 증가하는 추세이지만 아직도 대부분의 아동이 혈연관계가 있는 친인척에 맡겨지고 있는 실정입니다. 일반 가정위탁을 보다 활성화시킬 수 있는 방안은 없는지 생각해 봅시다.

입양아동을 위한 아동복지실천

제11장 입양아동을 위한 아동복지실천

1. 입양의 이해

입양은 생물학적 과정이 아닌 법적·사회적 과정을 통해 부모자녀관계를 형성하는 것이다. 과거에는 주로 가계를 계승하기 위해 입양이 실시되었으나 제1차 세계대전 이후 전쟁고아가 급증함에 따라 보호가 필요한 아동들에게 건강한 가정을 제공하여 그 아동들이 건강하게 성장할 수 있도록 도와주기 위해 실시되고 있다. 즉, 입양의 궁극적인 목적은 모든 아동이 건강한 가정에서 행복하게 살 기본적인 권리를 제공해 주는 것이다. 정부는 친부모를 대신해서 보호를 필요로 하는 아동들을 양육하고 보호해 줄 수 있는 가정을 찾아줄 의무와 책임을 가진다는 점에서 입양사업은 더 큰 의미를 가진다. 하지만 우리나라의 경우 혈연 중심 문화로 인해 입양에 대한 편견이 강하고, 아직 입양아동의 양육을 지원하는 법과 제도가 아동의 복지를 증진시키기에는 미흡한 점이 많다(정옥분 외, 2020).

따라서 이 장에서는 입양의 개념 및 목적, 입양가족에 대한 이해를 통해 입양사업에 대한 이해를 높이고, 입양의 역사와 국내입양사업의 현황, 입양서비스에 대해 살펴보고, 국내입양사업의 개선방안에 대해 살펴보고자 한다.

1) 입양의 개념

입양(adoption)은 생물학적 과정을 통해서가 아니라 법적·사회적 관계에 의해서 친자관계를 맺는 것이다(Kadushin, 1980). 즉, 입양이란 친부모로부터 아동의 현재와 미래에 대한 모든 권리와 의무가 소멸되고 행정적·법적 권한에 의해 혈연관계가 없는 타인에게 양육의 권리와 의무가 이양되는 것을 말한다(이소희 외, 2004).

전통적 의미에서 입양은 제사와 재산, 즉 가계계승을 목적으로 이루어졌다. 우리나라의 경우, 가문의 계승을 위해 일가친척들 사이에서 빈번하게 입양이 이루어져 왔다. 남자만이 대를 이을 수 있는 가부장제사회에서 종가에 대를 이을 종손이 없을 경우 둘째 혹은 셋째 형제의 아들을 입양하여 장자로 키우는 일은 흔히 있는 일이었다. 하지만 현대적 의미에서 입양은 사회적 도움이 필요한 요보호아동들을 입양하는 것이다. 서구에서는 제1차 세계대전 이후 부모의 사망, 가난, 기근 등으로 자신의 친부모로부터 보호를 받을 수 없는 아동들이 기하급수적으로 증가함에 따라 이들에게 새로운 가정을 찾아주어 가정의 보호 아래 정상적으로 성장할 수 있게 하기 위해 입양이 실시되었다. 우리나라의 경우 한국전쟁 이후 많은 고아들이 발생하였고, 이들이 정상적으로 성장할 수 있게 하기 위해 입양이 실시되었지만 대부분 해외로 입양되었다(정옥분 외, 2020). 미국의 사회사업사전에서도 입양이란 '법률에 의해 부모-자녀 관계를 맺는 것으로 아동과 친부모 사이에 존재하는 책임과 권리가 양부모와 아동에게 이동하는 것'이라고 하였다(도미향 외, 2019).

현대사회에서 입양사업이 아동복지사업의 주요한 측면으로 여겨지게 된 것은 사회의 변화와 무관하지 않으며, 이에 따라 입양의 의미도 변화하게 되었다. 무엇보다도 가족구조의 변화가 입양의 의미 및 제도 변화에 가장 큰 영향을 미친다. 과거의 대가족제도와 달리, 현대사회는 부부와 그들의 자녀로만 구성되는 가족이 일반적이다. 과거의 대가족제도하에서는 부모의 사망이나 이혼, 질병, 실직 등 부모에게 문제가 발생하여 친부모가 자녀들을 돌볼 수 없을 때 다른 친인척이나 이웃이 그 역할을 대신해 줄 수 있는 자연적인 보호망이 되어 주었다. 그러나 현대의 핵가족제도에서는 부모를 대신할 사람이 부재하며, 이때 아동의 복지는 심각하게 위협받게 된다(Murray, 1984). 현재 우리나라의 경우 입양은 입양특례법에 따라 입양, 친양자 입양, 양자 입양의 세 가지로 구분된다. 각각의 입양의 근거와 성립요건, 양자의 성, 친생부모와의 관계, 입양의 효력을 살펴보면, 다음과 같다.

〈표 11-1〉 우리나라 입양의 종류

구분	입양특례법상 입양	친양자 입양	양자 입양
근거	「입양특례법」	「민법」제908조의2부터 제908조의8까지	「민법」 제866조부터 제908조까지
성립요건	가정법원의 허가	재판으로 성립	협의로 성립
양자의 성(姓)·본(本)	양친의 성(姓)과 본(本)으로 변경	양친의 성(姓)과 본(本)으로 변경	친생부모의 성(姓)과 본(本)을 유지
친생부모와의 관계	종료	종료	유지
입양의 효력	재판이 확정된 때부터 혼인 중의 자로서의 신분을 취득하며, 친생부모와의 관계는 종료됨	재판이 확정된 때부터 혼인 중의 자로서의 신분을 취득하며, 친생부모와의 관계는 종료됨	입양한 때부터 혼인 중의 자로서의 신분을 취득하나, 친생부모와의 관계는 친권 이외는 유지됨

경제위기에 따른 대량실업, 가치관의 변화에 따른 가족해체 및 미혼모의 증가 그리고 아동학대와 방임 등에 의해 요보호아동이 증가하고 있다. 요보호아동은 1994년 5,023명에서 IMF 경제위기 이후 급격히 증가하여 1998년 9,292명, 2005년 9,420명으로 증가했다가 그 후 2018년 3,918명으로 감소하고 있다(e-나라지표, 2019).

그러나 이 시기 전체 아동인구가 꾸준히 감소하고 있다는 사실을 고려해 보면 요보호아동의 비율은 크게 줄어들고 있지 않음을 보여준다.

정부는 지속적으로 증가하는 요보호아동에 대한 대책으로 가정위탁보호, 시설보호, 입양 등 다양한 사업에 개입하고 있다. 그중 새로운 보호자를 필요로 하는 요보호아동에게 가장 바람직한 조치는 입양이라는 법적인 절차를 통해 새로운 건강한 가정을 제공하는 것이다. 개정된 「아동복지법」 제3조 제2항에서는 아동복지의 개념을 '아동이 행복한 삶을 누릴 수 있는 기본적인 여건을 조성하고 조화롭게 성장·발달할 수 있도록 하기 위한 경제적·사회적·정서적 지원'이라고 규정함으로써, 아동은 가정에서 자라나야 한다는 아동복지의 원칙을 강조하고 있다(정옥분 외, 2020).

2) 입양의 목적

우리나라 입양사업의 목적은 보호자가 없거나 보호자로부터 이탈된 아동 등의 권익과 복지를 증진하기 위한 가정을 영구적으로 제공하여 신체적, 정신적, 사회적으로 건강하게 성장할 수있도록 지원하는 것이다(보건복지부, 2015).

입양의 목적은 아동복지와 관련하여 매우 중요한 위치를 지니고 있다. 따라서 입양을 원하는 부모는 아동복지의 입장에서 볼 때 최소한의 자격요건을 갖추는 것이 필요하게 된다. 이들 자격요건은 시간이나 입양상의 여러 상황에 따라 조금씩 변화한다. 대체로 중요한 기준들로서 지적되는 자격요건은 다음과 같다(장인협 외, 2000).

- 연령: 입양부모의 연령은 25~55세가 가장 적절하다고 생각되고 있는데 그 이유는 먼저 아동이 성장할 때까지 부모로서 경제활동을 할 수 있다는 점을 들 수 있다. 또한 만일 입양부모가 나이가 많아 노령으로 사망한다면 아동에게는 이중의 상처를 줄 수 있다. 연령제한을 둔 것은 입양부모와 입양아동 간의 세대 격차가 지나치게 큰 데에서 발생할 수 있는 문제를 감소시킬 수 있기 때문이다. 게다가 입양부모의 나이가 너무 많으면 아동보호에 필요한 신체적 부담을 감당하기 어려울 수 있다. 이렇게 입양부모가 될 자격에 연령조건이 필요한 이유가 존재하지만, 최근에는 고령이라도 건강하고 경제활동을 하는 경우가 많고 연령조건은 저출산 고령사회에 적합한 것이 아니기 때문에, 2015년 개정된 「입양특례법」에서는 입양부모의 연령이 25세 이상으로서 아동과의 나이 차이가 60세 이내인 자로 완화하였으며, 다만 보

건복지부 장관이 입양부모가 될 사람의 가정환경이 아동을 건전하게 양육하기에 적합하다고 인정한 경우는 연령범위를 두지 않는 것으로 하고 있다.

- 신체적 건강: 입양을 원하는 부모는 아동을 잘 기르고 부모로서의 역할을 다하기 위하여 신체적으로 건강해야 한다. 특히 건강하지 못하거나 심신장애 또는 질병이 있는 상태에서는 아동에게 적절한 양육환경을 제공하기 어려울 수 있고, 부모의 고용보장을 확신할 수 없으므로 아동의 경제적 욕구를 충족시킬 수 없게 된다.
- 재정적 안정: 지속적으로 수입이 보장되는 재정적으로 안정된 가정이 입양에 적합하다. 입양으로 인한 양육부담이 가정의 경제적 안정을 해치지 않을 만큼 재정적으로 안정된 가정이 좋다.
- 정서적 건강: 정서적 건강은 입양을 원하는 부모들에게 반드시 요구된다. 정서적 건강이 내포하고 있는 의미들을 보면, 자기 자신에 대한 명확한 이해, 모든 사람의 단점과 장점에 대한 인정, 기본적인 사회의 역할에 대한 인식, 타인의 요구를 고려함으로써 자신의 만족을 미룰 수 있는 능력, 만족스럽고 지속적인 대인관계를 맺을 수 있는 능력, 자립할 수 있는 능력 등이 될 것이다.
- 부모로서의 능력: 이 요건은 정서적 건강의 요건과 연결되어 있는데, 그것은 정서적으로 건강한 사람이라면 능력 있는 부모의 역할을 잘 수행할 수 있다고 생각하기 때문이다. 하지만 부모로서의 능력에는 정서적 건강과는 다른 측면도 포함하게 된다. 여기에는 사랑하고 수용하고 아동에게 정서적 안정을 제공해 줄 수 있는 능력, 아동을 개별성에 입각하여 양육할 수 있는 능력, 아동들의 불가피한 행동문제를 받아들이고 이를 이해하고 충족시킬 수 있는 마음의 준비자세, 아동에 대한 융통성 있는 이해와 그들의 한계에 대한 현실적 수용 능력, 아동을 좋아하고 그들과 함께 삶을 즐기는 능력 등이 포함 될 것이다.

- 결혼관계의 질 : 아동은 부부 간의 상호관계에 매우 민감하고 그 영향을 많이 받게 되므로, 입양을 원하는 부모는 그들의 결혼생활에서 어느 정도로 상호 정서적 만족을 하는가를 고려하는 것이 중요하다. 어떤 결정에 부부가 상호 간에 어느 정도로 참여하는가, 서로 각자에 대한 남성과 여성으로서의 인식을 얼마만큼 하고 있는가, 가정 내에서 주어진 역할에 대한 수용의 정도 등이 이 기준에서 고려되어야 할 점이다.
- 불임에의 적응 : 입양을 원하는 부모 중 일부는 여러 가지 이유로 인하여 친자녀를 갖지 못하는 경우도 있다. 따라서 친자녀를 갖지 못한 데서 오는 상실감에 관한 적응문제를 고려하는 것이 중요하다. 부모가 지닌 상실감을 원만하게 해결하지 못하면 입양부모와 입양아동의 관계 형성이 매우 어렵게 되고 아동복지의 목적을 달성하기가 어렵게 될 수 있다.
- 입양동기 : 입양동기로서 고려되어야 하는 내용은 여러 가지가 있을 수 있다. 예를 들어, 아동을 입양한 목적이 불안한 결혼을 안정시키고 갑작스럽게 목숨을 잃은 친자녀를 대신하여 양육하려는 부모의 경우라면 그들의 입양 결정이 다소 의심스럽고 마땅치 못하다고 볼 수 있다. 아동이 가정 내에서 건강하게 성장하기를 돕는다는 의미가 아니라 입양부모가 지닌 욕심과 야망의 충족을 위한 것이라면 입양가족의 적응이 원활하지 않을 수 있다. 따라서 아동의 진정한 복지에 대한 이해, 적어도 아동의 건전한 성장에 방해되지 않는 동기를 가지고 입양해야 한다.

입양의 목적은 사회적·시대적 배경에 따라 변화해 왔다. 과거에는 가계계승을 위한 입양이 주를 이루었다면 현대사회에서는 아동의 복지를 증진시키기 위한 입양이 주를 이루고 있다. 미국입양협회(National Council for Adoption, 2019)에서도 입양사업의 가장 기본적인 목적으로 아동의 이익을 최우선으로 한다는 것을 들고 있다. 친부모가 여러 가지 사정으로 자녀를 직접 양육하지 못할 때, 법적으로 영구적인 부모가 그 아동을 입양하여 책임감을 갖고 양육하게 된다. 입양아동에게 영구적인 부모라는 의미는 친부모와 같이 '심리적인 영속성(psychological permanency)'과 '가족 지속성(family continuity)'을 제공해야 한다는 것을 강조한다(Barth, 1999). 이와 관련하여 아동에게 입양서비스를 제공할 때에는 최소한 다음과 같은 원칙이 준수되어야 한다(박인선, 2001).

첫째, 아동에게 최선의 장소는 원가정으로, 원가정은 아동이 필요로 하는 보호를 해줄 수 없음이 분명할 때에만 입양이 고려되어야 한다. 즉, 입양서비스 이전에 가족복지서비스가 먼저 제공되어야 하며, 친부모와 확대가족의 아동양육의무와 원가족 보호를 지원하는 정부의 의무가 강조되어야 한다.

둘째, 아동에게 장기대체보호가 필요함이 분명할 때, 입양은 대체보호방법 중 최선의 방법이다. 입양은 위탁보호나 시설보호에 비해 아동에게 훨씬 더 큰 안정감, 영속감, 친밀감, 소속감을 주기 때문이다.

셋째, 입양가정 선택 시 우선적으로 종교나 민족적 배경 등이 아동의 친부모와 동일한 가정으로 입양되도록 고려해야 한다. 이것이 불가능할 경우에 한하여 종교나 민족적 배경이 다른 가정이 고려되어야 하며, 그 가정은 아동의 종교적·민족적 배경을 인정하고 존중하여야 한다.

넷째, 입양은 친부모-아동-양부모 중에서 우선적으로 아동을 위한 것이어야 한다. 아동을 위해 가정이 제공되어야 하고, 친부모와 아동의 관계에서도 입양은 아동을 위한 것이어야 한다.

다섯째, 입양의 필요성 여부는 가능한 한 빨리 결정되어야 하며, 불필요하게 시간이 지체되어서는 안 된다.

이처럼 입양의 주된 목적은 입양되는 아동의 복지이지만, 입양이 성공적으로 성립되기 위해서는 입양아동, 친부모, 양부모 등 삼자의 이익이 함께 고려되어야 한다. 입양아동, 친부모, 양부모 모두를 위한 입양사업은 아동이 자신의 가족, 지역사회, 국가에서 양육되는 것이 최우선이고 가장 바람직하다. 따라서 입양을 고려하기 전에 아동의 친가족을 유지시키고자 모든 노력을 기울여야 한다. 친가족을 유지시키고자 하는 노력에도 불구 하고 친가족이 아동의 건전하게 성장·발달할 권리를 보장하지 못할 때는 입양이 고려되어야 한다. 그리고, 입양아동을 위한 대리가정인 입양가정은 우선적으로 아동 자신이 소속해 있는 인종집단, 국가, 문화, 종교집단에서 찾아야 한다. 만약 이것이 불가능 할 때, 아동이 소속한 사회 밖에서 입양가정을 찾는 노력이 시도되어야 한다. 다음으로, 입양의 일차적 목적은 친부모에 의해 양육될 수 없는 아동에게 영구적인 가족을 제공하는 것이다. 따라서 입양사업은 아동을 위해 입양부모와 입양가정을 선택하여야지, 입양부모나 입양가정을 위해 입양아동이 선택되어서는 안 된다(도미향 외, 2019).

결국, 입양은 영구적 대리보호가 필요한 아동에게 가장 바람직한 보호방법이다. 즉, 입양은 가정위탁보호나 시설보호보다 안정된 영구적 대리보호의 형태이다. 왜냐하면 입양은 가정위탁보호나 시설보호보다 일정한 입양부모가 아동에게 필요한 장기적 안정과 애정을 가지고 친밀한 보호를 제공해 줄 수 있는 가능성이 높기 때문이다. 또한 아동의 복지를 위해서는 영구적 대리보호의 필요성 여부에 대한 결정이 가능한 한 빨리 이루어져야 하고, 입양의 완결도 가능하면 빨리 달성되어야 한다(Kadushin, 1980).

따라서 우리나라 중앙정부에서는 입양에 대한 기본 방향을 다음과 같이 제시하고 있다. 첫째, 태어난 가정에서 양육하기 어려운 경우 아동의 최상의 이익을 위해 입양, 가정위탁 등 가정보호를 지원한다. 둘째, 보호가 필요한 아동에 대해 시설보호보다는 가정보호(입양 등) 조치가 우선될 수 있도록 지방자치단체가 협조해야 한다. 셋째, 국내입양을 우선으로 하며 국외입양을 차선책으로 추진한다. 넷째, 입양가정 및 아동에 대한 사후관리를 강화한다. 다섯째, 입양가정에 대한 경제적·제도적 지원을 통한 국내입양을 활성화한다. 마지막으로 혈연 중심의 가족문화, 비밀입양 위주 입양문화 개선을 위한 대국민 홍보를 강화한다(보건복지부, 2018).

3) 입양의 역사

고대의 모든 사회는 어떤 형태로든 입양을 실천해 왔다. 그러나 아동을 우선으로 하는 현대의 입양 실천과는 달리 역사적으로 입양은 주로 어른과 일반 사회의 욕구 및 이해관계를 충족시키기 위한 수단이었다. 예를 들면 이전 시대의 입양은 일반적으로 상속이나 가계계승을 위해서, 조상숭배를 포함한 종교적 의식에 필요했기 때문에 집안의 부가적인 노동력을 확보하기 위해 혹은 경쟁관계에 있는 개별 사회집단의 동맹을 강화하기 위한 목적으로 더 나아가 초기 사회의 입양은 대부분 성인 남성에만 집중되어 있어서 그때는 여성이나 아동이 입양되는 일이 거의 없었다(이순형, 2007).

영국은 역사적으로 혈통에 의한 상속권을 중요시했기 때문에, 20세기 초에 들어 비로소 최초의 입법이 제정되었다. 그 이전에는 아동을 집안의 하인으로 들이는 것과 같은 사회적 실천이 생부모와 살 수 없는 어린이들을 보살피기 위해 사용되었다(민하영, 2007).

미국 최초의 입양법은 1851년 메사추세츠 주의회에 의해 통과되었다. 모든 주에서 입양에 대한 일정한 사 법적 관리제도를 발전시킨 것은 1929년에 이르러서이다(Brodzinsky, Smith, & Broadzinsky, 1998),

1980년 연방정부는 입양부조 및 아동복지법을 통과시켰는데, 위탁보호 중인 아동을 적절한 시기에 생물학적 가족에게 돌려보내거나 혹은 이러한 목적이 실현 불가능할 때 이들을 양육해 줄 입양가정에 배치하도록 하는 지침을 마련함으로써 아동의 삶에서 영속성을 확보하고자 하였다. 이러한 영속성 계획(Permanency Planning)에 내재되어 있는 가정은 아동들이 위탁보호체계에 머무르는 동안 기대할 수 있는 것보다 입양을 통해 훨씬 더 많은 안정성과 장기적인 이익을 얻을 수 있다는 것이다. 미국의 입양실천은 입양부모 및 사회 전반의 욕구와 흥미에 초점을 맞춘 다소 비공식적인 실천으로 시작해서 현대사회에서는 주 법에 의해 규제를 받는 공식적인 사회서비스 실천으로 나타나고 있으며, '아동의 최상의 이익'을 충족시키는 방향으로 가고 있다. 입양실천의 주요 특성이었던 비밀, 익명성, 비밀보장은 입양제도 내에서 개방성의 방향으로 변화하고 있다(이순형, 2007).

우리나라의 입양제도를 파악할 수 있는 역사적 문헌자료는 거의 없는 실정이며, 다만 삼국시대부터 있어 왔던 업동이, 개구녘받이, 고아 수양 등의 관습을 통해 양자제도의 관행이 일반 서민 사회에서 행해지고 있었음을 알 수 있다. 고려시대에는 가계계승을 위한 양자제도가 있었으며, 조선시대에는 특히 중종 때 '수양임시사목'을 제정하여 유기 또는 부랑아동의 생명을 절대적으로 보호하기 위하여 이들을 국가에서 수용 보호하거나 민가에서 수양하여 양자녀 또는 노예로 삼는 것을 근본 취지로 삼았다. 일제시대의 경우, 1912년에 제정된 조선 민사령에서 친족 상속에 관한 부분은 그 당시 조선관습법에 의한다고 규정지어 양자제도에 관한 규정은 원칙적으로 조선 전래의 관습법을 적용하는 것으로 되어 있다. 그 후 한국전쟁을 치른 이후 급격히 증가한 전쟁고아와 혼혈아동을 위한 대책 마련의 하나로 1954년에 한국아동양호회가 설립되었고, 이후 카톨릭구제회(1955년), 안식교성육양자회(1955년), 홈트양자회(1956년), 국제사회봉사회(1957년) 등의 이국민 간 원조기관이 많이 설립되었다. 이러한 기관들이 설립되면서 국외입양이 이 기관들을 통해서 이루어졌다. 당시에는 국외입양이 기아 또는 혼혈아에 대한 대책으로 모색되고 있던 때라 입양기관들은 국내입양에 관해서는 전혀 관심이 없었으며 사회에서도 입양에 대한 관심은 거의 보이지 않았다(김명숙, 1998).

국외입양 중심의 가정입양사업이 불우아동의 복지증진을 위하여 기여한 부분에 대해서는 긍정적인 평가를 받는다. 그러나 국내에서 발생한 보호를 필요로 하는 아동을 우리가 보호하지 못하고 외국으로 내보내는 것은 국가 위신을 실추시키고 입양된 아동이 이질적인 문화와 관습의 외국 국가에서 적응하는 데 어려움이 있는 등 부정적인 면이 계속 지적되어 왔다. 이에 따라 국내입양을 활성화시키는 동시에 시설수용보호를 가정적인 분위기로 전환하기 위하여 시설환경을 개선해 나가야 한다는 여론이 수렴되었고, 혼혈아동을 제외하고는 1996년부터 국외입양을 전면 중단하고 국내입양만을 추진하는 정책이 수립되었다. 그러나 우리나라 사람들은 자신의 혈통으로 가(家)를 이루려는 의식이 강하여 자녀가 없는 가정이 보호를 필요로 하는 아동을 양자로 입적하는 것은 극히 일부에 지나지 않는다. 따라서 아직도 선진국과 같은 수준의 입양은 거의 기대하지 못하는 실정이다. 이와 같이 국내입양이 저조함에 따라 국외입양 중단 조치는 결국 보호를 필요로 하는 아동을 시설에 집단 수용하게 함으로써 아동의 가정양육 원칙, 즉 아동이 건전한 가정에서 성장할 권리를 박탈한다는 비판이 제기되었다(김명숙, 1998).

결국 우리 사회에서 발생하는 보호를 필요로 하는 아동을 국내가정에 입양할 수 없는 상황에서 국외입양을 무조건 중단할 수는 없다는 한계에 따라, 정부의 입양정책은 연차적으로 국외입양을 줄여 나가면서 국내입양을 확대해 가고자 하는 방향으로 추진되고 있다.

2. 입양의 유형과 절차

1) 입양의 유형

입양은 생물학적 과정이 아닌 법적·사회적 과정을 통해 부모자녀관계를 형성하는 것이다(Kadushin, 1980; Sharkey, 1998). 이 과정에서 입양된 자녀에 대한 부모의 책임이 친부모에서 입양부모에게로 양도되며, 입양자녀는 입양가족 내에서 자녀로서의 모든 권리와 의무를 갖게 된다. 입양가족은 법적·사회적 과정을 통해 이루어지지만 가족으로 형성된 후에는 일반가족과 다름없이 정서적인 유대관계 속에서 하나의 가족으로 기능하게 된다. 입양가족은 아동을 한 인간으로서 사랑과 존중, 양육을 받아야 하는 존재로 인식하면서 자녀와의 일체감을 이루는 환상적인 경험을 통해 진정한 부모자녀관계를 형성하게 된다(Bordo, 2005). 이처럼 입양은 친부모로부터 분리될 수밖에 없는 아동에 대해 친부모가정과 유사한 환경에서 개별적이고 지속적인 보호를 받을 수 있게 함으로써 아동의 복지를 장기적으로 보장해 줄 수 있다는 이점을 갖는다(정옥분 외, 2020).

입양에는 비밀입양과 공개입양이 있다. 먼저 비밀입양은 아동을 입양하는 양부모가 입양아동과 타인에게 입양 사실을 숨기며 입양모가 입양아동을 출산한 것처럼 가장하여 입양의 비밀을 계속 유지하는 것을 의미한다. 국내입양은 이러한 비밀입양이 주류를 이루어 왔으며 국내입양기관은 입양부모들의 입양비밀 유지에 사실상 협조해 주는 폐쇄적인 입양을 담당해 왔다(배태순, 1998). 이러한 비밀입양은 혈연의식에 근거한 가족주의 문화에 기반을 두고 있으며 난임입양부모들에 의해 강화되었다. 우리나라의 경우, 난임가족들이 자녀를 키우고자 하는 목적에서 주로 입양이 이루어져 왔기 때문에 비밀입양의 전통이 만연해 있다. 따라서 상당수의 입양가족들은 공식적인 입양절차를 거치지 않고 불법적인 과정을 통해 입양을 해왔다. 이러한 입양가족들은 가족 내에서 입양 사실을 비밀로 해야 했기 때문에 개방적인 의사소통을 하는 데 어려움을 겪어 왔으며, 가족구성원들이 겪는 정서적인 어려움을 가족 내에서 나누거나 외부에 드러내기가 힘들었다. 이처럼 입양가족들이 어려움을 가지고 있다는 점은 여러 상담사례를 통해 알려져 왔으며, 이러한 입양에 대한 부정적 인식은 입양에 대한 사회적 편견으로 이어져 국내입양의 장애물로 작용하였다(정옥분 외, 2020).

반면 공개입양이란 입양아동뿐 아니라 가족 외부의 사람들에게도 입양 사실을 공개하는 것을 의미한다. 공개입양은 친가족과 입양가족 간의 출산 전 정보의 교환에서부터 지속적인 의사소통, 심지어는 정기적인 방문을 포함하는 개념이다(Bordo, 2005). 하지만 우리나라의 경우 서구와 같은 완전개방형의 공개입양이 아니라 단순히 입양 사실을 외부에 알린다는 소극적인 의미로 사용되고 있다. 외국의 경우, 공개입양이 빈번히 이루어져 왔지만 우리나라의 경우 최근 들어서 조금씩 이루어지고 있다. 공개입양은 아이가 어려서부터 자신의 입양 사실을 자연스럽게 받아들이고 수치심이나 부끄러움을 갖지 않게 되는 등 아이의 건전한 성장과 정체감 형성에 큰 도움이 된다. 공개입양을 지지하는 입장에서는 비밀입양이 입양아동으로 하여금 자신의 유전적 배경을 알 권리를 박탈할 뿐 아니라 자신을 입양부모의 친생자로 알고 있다가 후일 입양되었다는 사실을 알게되었을 때 겪게 될 혼란이 너무 크다는 것을 지지 이유로 든다. 또한 입양부모도 입양아동을 키우면서 입양 사실을 숨겼다는 죄책감과 비밀이 밝혀질까 하는 두려운 감정 속에서 생활하게 된다(Sullivan & Lathrop, 2004).

이러한 측면에서 볼 때, 공개입양은 입양아동의 근원과 혈통에 대해 알고자 하는 기본적인 욕구를 충족시키고 친부모와 지속적인 유대관계를 맺게 하는 이상적인 방안이다. 우리나라의 경우, 최근 공개입양가족의 모습이 언론을 통해 자주 등장하면서 입양에 대한 사회적 인식이 조금씩 변화하고 있고 입양과 관련된 문제들도 입양가족 스스로 또는 입양기관과의 협력을 통해 해결해 나가려는 움직임을 보이고 있으며, 이들을 중심으로 입양아동과 그들의 가족에 대해 이해하려는 연구가 다수 이루어지고 있다(정옥분 외, 2020). 또한 입양아동의 연령에 따라 신생아 입양아동, 연장아 입양아동으로 구분될 수 있다. 일반적으로 입양 실무에서 연장아동(Older child)은 신생아와 구별하여 사용된다. 우리나라의 경우, '연장아동 입양'이란 출생한 지 만 12개월이 지난 아동을 입양하는 것을 말한다(신혜원 외, 2011). 신생아 때 입양된 아동들에 비해 만 12개월이 지난 뒤 입양된 연장아 입양아동은 인지, 언어, 정서, 사회성 발달이 늦을 뿐만 아니라 입양부모와 애착을 형성하기 어렵고 따라서 심리사회적 부적응을 더 많이 경험한다(Smith & Brodzinsky, 1988).

2) 입양의 절차

보건복지부(2023)는 2023년 6월 30일 입양체계의 전면 개편을 위한 「국내입양에 관한 특별법」(입양특례법에서 제명 변경) 개정안, 「국제입양에 관한 법률안」

제정안과 「아동복지법」 개정안이 국회 본회의를 통과했다고 밝혔다.

이번에 통과한 법안들은 헤이그국제아동입양협약(이하 헤이그협약) 비준을 위한 것으로, 협약이 정한 국내 및 국제 입양절차의 개편 내용을 담고 있다.

법이 시행되면 현재 입양기관에서 수행 중인 입양업무 전반에 대해 국가와 지방자치단체의 책임과 관리·감독이 강화된다. 입양대상아동의 결정 및 보호는 지방자치단체에서 수행하며, 예비양부모 적격성 심사와 결연 등 핵심 절차는 보건복지부 입양정책위원회(위원장: 보건복지부장관)에서 '아동 최선의 이익'에 따라 심의하고 결정하게 된다.

「국내입양에 관한 특별법」의 주요 내용은 다음과 같다. 첫째, 시·군·구의 사례결정위원회의 심의를 거쳐 입양이 해당 유아에게 최선인 경우에만 입양대상아동으로 결정되고, 입양절차가 진행된다. 이후 지자체에서는 「아동복지법」에 따라 해당 아동을 입양 전까지 보호하게 된다. 둘째, 예비양부모 상담 및 교육, 적격성 심사를 위한 조사는 전문성을 갖춘 위탁기관을 선정해 수행하도록 하고, 보건복지부 입양정책위원회(이하 위원회)에서 양부모의 적격성을 확인하게 된다. 셋째, 입양대상아동과 예비양부모간의 결연(matching)은 위원회에서 '아동최선의 이익'에 따라 심의하고 결정한다. 넷째, 가정법원의 임시양육결정 제도도 새롭게 도입된다. 결연 후 예비 양부모의 입양허가 재판과정에서, 아동과 예비양부모의 조기 애착 형성과 상호적응을 위해 필요하다고 판단하는 경우 가정법원은 임시양육결정을 할 수 있다. 이를 통해 예비양부모의 양육 능력 등에 대한 최종 판단을 하게 된다(보건복지부, 2023).

국제입양은 국내에서 양부모를 찾지 못한 보호대상아동에게 최선의 이익이 될 때만 허용되며, 국제협약이 정한 요건과 절차에 따라 보건복지부가 중앙 당국이 되어 국제입양을 진행한다. 또한, 국제 재혼가정의 자녀 등의 국제입양도 국제입양법에 따라 이루어져, 국제입양 아동의 안전과 권리보호가 강화된다.

〈그림 11-1〉 입양의 절차

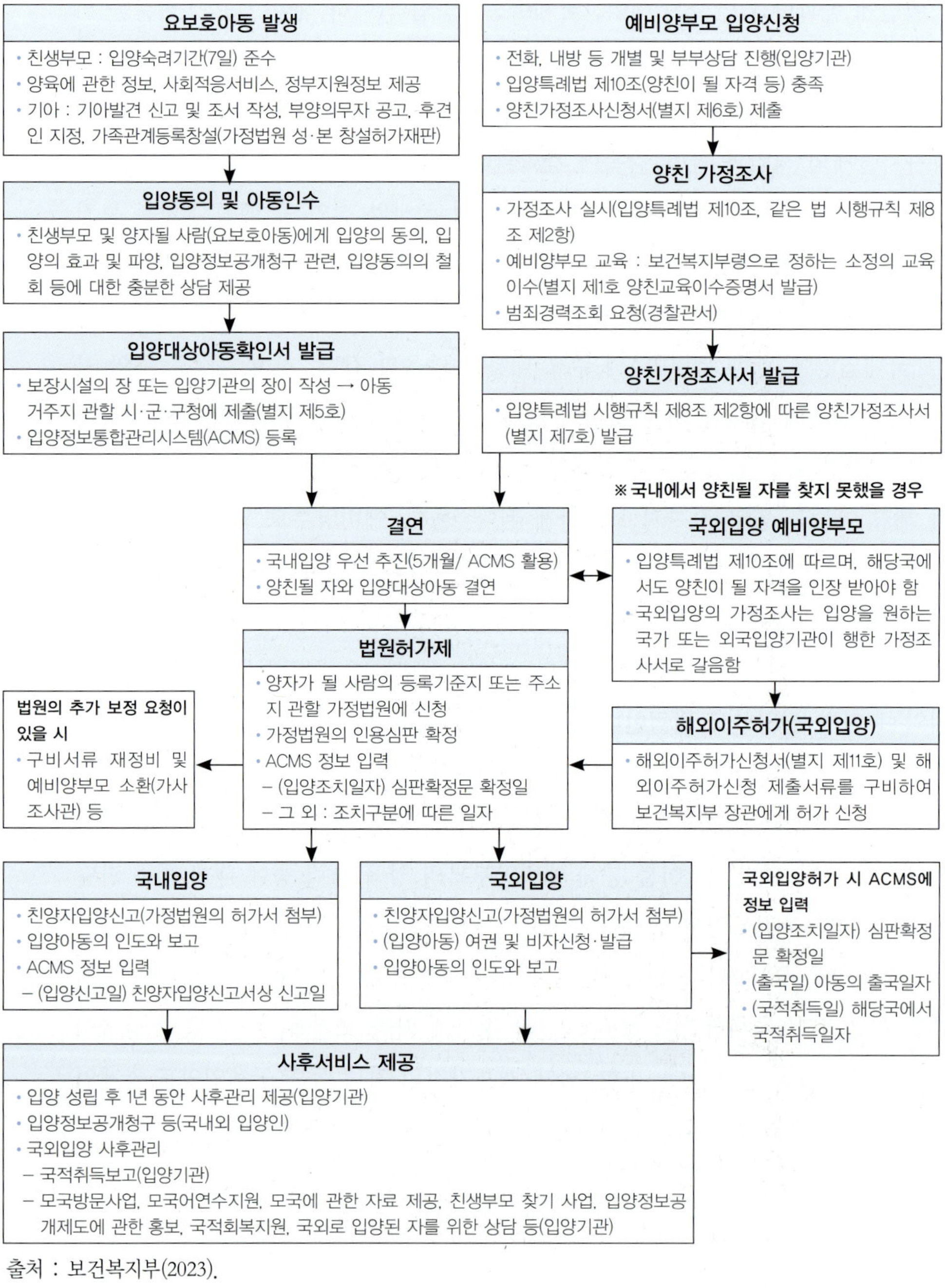

출처 : 보건복지부(2023).

3) 입양의 정책

〈표 11-2〉 **국가별 입양정책**

구분	한 국	스웨덴	미 국	영 국	일 본
기준 법규	입양특례법, 민법	아동복지법	이민 및 국적법, 주법	아동법	신민법
입양의 정책	요보호아동 보호정책은 가정보호 우선 정책	예방적·지지적 서비스 및 국가의 가족에 대한 지원 강화	민간부문(시장)에 대한 보조의 방법으로 장려	아동의 복리를 최대한 존중, 가정위탁보호제도 확대	양육과 보호에 대한 국가의 역할 강조(특별양자제 등)
입양의 취소	입양 후 1년 내에 특수한 사유가 있을 시 가능	인정하지 않고 있으나, 재입양의 기회 부여	가능	가능	가능
입양의 효력	신분상의 자녀로서 인정되어 양부모의 친생자와 동등한 권리(상속권 포함)를 갖는다. 입양된 아동은 양부모의 성을 따를 수 있다.	양부모의 친생자와 동등한 권리 및 상속권을 갖는다. 입양된 아동은 양부모의 성을 따른다. 양부모는 아동의 후견인이 되고 보호자가 된다.	스웨덴과 동일	스웨덴과 동일	특별입양: 양친과 양자 간에는 친자관계가 성립하며, 부양의 권리의무 및 상속권이 생기며 양자는 양친의 권리에 복종한다. 양자는 양친의 가속관계기록부에 입적하며 양친의 성을 따른다. 친생부모와 그 친족 사이의 법률상 친족관계가 완료된다.
입양의 완료	국내입양은 가족관계등록법에 정한 바에 따라 신고함으로써 입양이 완료된다. 국외입양은 본적지 관할 가정법원에서의 국적 제적이 되어야 한다.	법원의 입양 판결에 의하여 완료된다. 일정한 시험 동거기간 중 적응상태가 좋아야 한다. 입양을 하면 각종 부담 급여금 및 교육 기타 혜택이 정부로부터 부여된다.	스웨덴과 동일	스웨덴과 동일	입양은 가족관계등록법이 정한 바에 따라 신고하고 가정재판소의 판결에 의해서만 입양이 성립된다.

3. 입양아동을 위한 아동복지의 실천방향

1) 사회적 보호가 필요한 아동을 위한 배치방법의 체계화

보호아동의 발달권 보장과 가정생활을 할 권리 보장을 위한 배치결정이 이루어져야 한다. 즉, 지방자치단체, 아동복지센터, 아동상담소 등 사회적 보호가 필요한 아동을 배치하는 기관에서는 아동이 건전하게 성장·발달할 수 있도록 발달권 보장과 가정생활을 할 권리를 보장하기 위해서, 공동생활가정과 시설보호보다는 가정위탁과 입양 등 가정보호에 우선 배치하도록 하여야 한다. 그리고 보호아동의 특성과 욕구를 고려한 맞춤형 배치결정을 위해서는 배치위원회가 운영되어야 한다. 현재 지방자치단체 아동복지센터 아동상담소 등에서 사회적 보호가 필요한 아동이 발생하면, 담당자가 아동에 대한 전문적이고 체계적인 조사와 사정없이 배치를 결정하게 되는 사례들이 있으므로, 배치위원회를 설립하여 운영할 필요가 있다. 배치위원회는 행정기관 담당자, 학계 아동복지전문가, 아동보호전문기관, 가정위탁지원센터, 입양기관, 공동생활가정 아동복지시설 등 현장전문가로 구성하여 아동배치를 보다 신중하고, 객관적으로 결정할 필요가 있다. 그리고 아동배치 후 배치모니터링을 통해 아동에 대한 사례관리서비스가 제공되어야 한다. 구체적으로 행정기관의 담당자는 아동배치 3개월 이내에 배치가 적절했는지, 친가정으로 복귀가 가능한지, 재배치가 필요한지 등에 관한 배치모니터링을 실시할 필요가 있다. 모니터링 결과에 따라 아동을 위한 보호계획을 수정할 필요가 있다면, 배치위원회에 자문을 의뢰하여 보호방법을 변경하는 것이 바람직하다. 마지막으로, 친가정 복귀 강화 및 영구적 배치계획을 수립하여야 한다. 가정복귀는 가정위탁보호에서 가장 중요한 목표이고, 친생부모와 관계가 지속되는 공동생활가정 아동과 시설보호 아동도 친가정 복귀 가능성을 높이도록 친생부모의 양육 능력을 회복할 수 있도록 하여야 한다. 만일 친가정 복귀가 어려운 사례에 대해서는 영구적 배치계획을 수립하여야 한다. 즉 가정위탁보호와 공동생활가정, 시설보호에 의뢰된 아동 중에서 배치 후 3년이 지났음에도 친가정 복귀가 불가능하다면 영구적인 가정인 입양을 고려할 필요가 있다(도미향 외, 2019).

2) 미혼모에 대한 복지서비스의 강화

입양은 미혼모 뿐만아니라 친부모에게도 친부모에게 필요한 사회복지서비스에 대한 정보를 제공하여야 하고, 입양과정에서 입양아동, 입양부모와 함께 친부모의 권리도 보장되어야 하며, 입양 후 겪게 될 심리적 문제에 대한 상담과 치료서비스가 제공되어야 한다(도미향 외, 2019). 첫 번째로, 입양대상아동의 90% 이상이 미혼모의 자녀인데, 아동은 자신이 태어난 가정에서 성장하는 것이 바람직하다. 따라서 양육미혼모가 자녀 양육과 경제적 자립에 어려움이 없도록 복지서비스, 대안학교 등을 통한 학교교육의 지속 및 자립지원서비스를 강화하여야 하며(김유경 외, 2016), 미혼모에 대한 부정적인 인식이 개선되도록 국가 및 지방자치단체는 노력하여야 한다. 두 번째로, 입양을 결정한 미혼모들의 경우 연령이 낮고, 입양 결정사유 또 한 자녀 양육에 필요한 제반 여건의 열악성을 크게 꼽고 있는데, 이러한 입양 결정과정에서 경험하는 미혼모들의 부정적 감정은 향후 미혼모의 삶에 지속적으로 부정적인 영향을 미칠 가능성이 높다. 또한 대부분의 미혼모들은 이러한 부정적 경험을 해소할 수 있는 적절한 사회적 지원망을 가지고 있는 경우가 매우 적기 때문에, 개인적 차원에서 이 같은 부정적 경험이 치유될 것으로 기대하기도 어렵다. 따라서 향후 미혼모 지원정책에 있어 입양미혼모들의 정서적 지원방안 마련도 고민해 볼 필요가 있다(김혜영 외, 2009).

3) 입양아동을 위한 복지서비스의 강화

현재 입양아동 양육비는 아동의 특성과 욕구를 고려하지 않고, 동일하게 제공되고 있는데, 입양을 활성화하기 위해서는 입양아동의 특성과 욕구에 따라 양육비가 차등지원되어야 한다. 즉, 아동의 연령, 장애, 형제자매가 있는 아동 등 개별적 욕구에 따른 적정 양육비를 산출하고 지원할 수 있는 체계를 마련하고 의료비, 교육비, 특별활동, 문화체험의 기회를 제공함으로써 입양부모의 양육부담을 경감시키려는 노력이 요구된다. 미국의 경우 입양 부모가 선호하는 건강한 신생아의 경우는 양육비를 지원하지 않고 입양이 어려운 아동들은 실제 소요되는 양육비 예상액을 지원해 주고 있는데, 입양아동에 대한 양육비 지원을 확대한 후에 입양이 더욱 활성화되었다(변미희, 2007).

4) 입양부모 상담 및 교육서비스의 강화

입양아동의 양육의 질은 전적으로 입양부모의 역할수행과 자질에 의해 결정되는 만큼, 위탁부모와 입양부모에 대한 부모교육이 보다 철저하게 제공되어야 한다. 즉, 위탁아동과 입양아동이 배치 후 혼란을 최소화하고, 잘 적응하도록 돕기 위해서는 자격을 갖춘 입양부모를 선정하여야 하고, 배치 전후에 적절한 서비스가 제공되어야 한다. 미국의 위탁·입양부모교육은 주마다 다르지만, 사전교육은 24시간, 사후교육, 즉 보수교육은 13시간으로 총 37~40시간인 데 반해, 우리나라는 입양의 경우 사전교육 8시간에 불과하다. 따라서 입양부모교육을 강화하여야 하며, 특히 예비·사전교육의 경우 입양부모로서의 기본적인 역량을 키우는 데 목적이 있으므로 교육의 시간을 확대하고 교육과정을 정교화할 필요가 있다.

우선 입양사전교육은 현재의 일회성 교육 중심에서 훈련과정으로 입양부모로서의 적합성과 자질을 검증하고 키우는 기회로 변화되어야 하며, 사전교육, 보수교육 특별 전문교육 등으로 체계화되어야 한다. 두 번째로 입양가족 생애주기에 따른 상담 및 입양부모 역량강화 프로그램이 제공되어야 한다. 입양부모 역시 불임, 부모 역할, 친부모 찾기에 대한 불안 등으로 인한 심리적 문제를 경험하고 있으므로 입양 전후에 입양가정의 적응을 도울 수 있는 상담서비스가 제공되어야 한다. 이러한 상담서비스는 입양기관과 입양부모 자조집단에서 제공할 수 있으며, 입양가족의 생애주기에 따라 발생할 수 있는 입양자녀와 애착형성, 입양공개, 입양자녀의 뿌리 찾기 등 다양한 문제에 대처할 수 있도록 입양부모 가이드북 등이 개발될 필요가 있다(남연희 외, 2019).

5) 사후관리 서비스의 강화

사후관리는 입양의 최종적 성공 여부에 매우 중요하다. 현행 「입양특례법」에 따르면, 입양 후 사후관리로 입양기관에서는 입양 후 1년 동안 입양가정을 방문한 후 입양 후 가정조사보고서를 제출하도록 하고 있다. 입양기관에서는 사후관리가 실제적으로 잘 이루어져서 입양아동과 부모가 입양 후에 잘 적응할 수 있도록 지속적으로 노력하여야 할 것이다(이무영 외, 2008).

♣ 생각 나누기 ♣

1. 입양과 관련된 영화를 함께 보고 토론해 봅시다.

나의
추천 영화
소개하기

출처 : 네이버 영화(tv.naver.com/nvmovie).

다문화가족 아동을 위한 아동복지실천

제12장 다문화가족 아동을 위한 아동복지실천

1. 다문화와 다문화가족 아동의 이해

다문화(多文化)의 사전적 의미는 한 사회 안에 여러 민족이나 여러 국가의 문화가 혼재하는 것을 이르는 말이다. '다문화가정'은 국제결혼이라는 의미가 포함되어 있는, 내국인 간의 결혼과 외국인과의 결혼을 국적에 따른 차이를 두지 않고 한가족 내에 다양한 문화가 공존한다는 의미로 해석할 수 있다.

다문화가정의 범위는 정부 각 부처별로, 전문가 집단마다 달리 정의하고 있으나, 일반적으로 외국인 출신의 가족원이 포함된 가족을 의미하고 있다. 최근 중국이나 일본 외의 아시아 국가로부터의 이주민이 늘면서 우리 사회의 외국인 주민은 전체 인구의 약 3%에 가까운 것으로 알려져 있으며, 독신으로 혹은 일부 가족이 함께 이주해 오거나, 이곳에 이주하여 2인 이상의 가족을 이루는 경우 등 그 형태는 매우 다양해지고 있다. 광의에서 이들 모두를 다문화가족으로 볼 수 있다. 한국사회에서는 고학력화 추세, 여성의 사회·경제적 참여의 증가 등으로 인한 결혼 연령의 상승이 연쇄적으로 이어지며 만혼화 현상이 두드러지고 있다. 그리고 전통적으로 내려온 남아선호사상으로 인하여 남성 대 여성의 비율이 크게 벌어지고 있어서 그 결과 결혼 상대자를 구하지 못한 남성들이 늘어나고 있다(고인숙, 2017).

따라서 이 장에서는 다문화와 다문화가정 아동에 대해 알아보고 다문화아동의 유형과 특성을 살펴본 후 다문화아동을 위한 사회복지실천을 이해하고자 한다.

1) 다문화의 개념

다문화는 국적, 성별, 계층 등과 관계없이 차이를 인정하고 소수자의 평등한 권리를 추구한다. 하지만 한국의 상황은 다문화주의가 정책화되면서 그 본질이 변하였다. 1990년대 이후 저출산대책의 일환으로 국제결혼을 권장하면서 결혼이주여성들은 다문화정책의 대상이 되었고 다문화가족, 다문화자녀 등과 같은 용어를 만들었다. 대만 출신의 결혼이주자 한 여성은 "다문화주의는 한국문화도 포함되어야 하는데 한국에서는 한국문화와 다문화를 나누고 있다."라고 말하며 이주노동자조차 포함되지 않은 한국에서의 다문화정책의 문제점을 지적하였다. 또한 아이가 없는 결혼이주여성을 위장결혼으로 의심하거나 한국 국적 신청에 불이익을 받는 것을 보면 여성 이주민은 한국인의 아이를 출산하는 몸으로만 규정하는 것으로 보인다(김진경 외, 2023).

다문화는 문화적 차이와 다양성에 대한 인정뿐 아니라 정치적 평등과 경제 재분배 등이 포함된 포괄적 의미이다. 이러한 중요한 의미는 사라지고 오히려 한국과 외국의 문화를 구분짓는 경계가 된 것이다. 이주민을 한국문화에 일방적으로 적응시키고 동화되길 기대하는 것은 아닌지 한국에서 다문화주의는 결국 또 다른 인종주의를 낳는다. 이주민 10명 가운데 7명이 한국에 인종주의가 존재한다고 답한 실정임에도 불구하고 외국인 근로자 관련 법이나 다문화가족 지원법만으로는 인종주의적 차별이 무엇인지조차 정의되어 있지 않다. 2012년 국제연합(UN) 인종차별 철폐위원회(Committee on the Elimination of Racial Discrimination)는 인종주의자를 처벌하는 법적 토대를 마련해야 한다고 한국 정부에 권고하였지만, 여전히 인종차별을 금지하거나 처벌하는 구체적인 조항이나 법은 없다(김진경 외, 2023).

1970년 4.5명으로 감소한 합계출산율은 1984년 2.06명으로 현상 유지가 가능한 인구 대체 수준인 2.1명 이하로 떨어지며 한국은 저출산국에 진입했다. 이에 1996년 정부는 기존의 산아제한정책을 산아자율정책으로 전환했으나, 2001년에는 합계출산율 1.3명을 기록하며 초저출산국으로 진입했다. 이후 정부는 산아자율정책에서 더 나아가 출산장려정책을 펴기 시작했지만, 합계출산율은 2001년 이후 16년간 줄곧 1.3명 이하에 머물렀고, 2017년에는 1.05명으로 역대 최저치를 기록했다(김진경 외, 2023).

〈그림 12-1〉 **한국의 출생아 수 및 합계출산율 추이** (단위 : 만 명, 명)

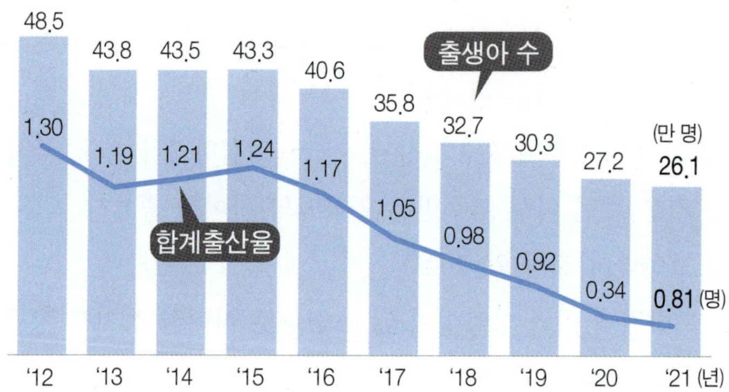

2021년 한국의 합계출산율은 0.81명에 불과하며, 미국 1.73명, 일본 1.42명보다 낮다(OECD, 2018). 이는 경제협력개발기구(OECD) 34개 회원국 중에서 가장 낮은 수준이다.

2003년 국가인권위원회가 제작하고 칸 영화제 감독상(2022년)을 받은 박찬욱 감독의 영화 〈믿거나 말거나, 찬드라의 경우〉는 네팔에서 온 이주노동자 찬드라 쿠마리 구룽의 사건을 다룬 실화이다. 1992년 단기 비자로 서울로 온 찬드라는 광진구의 한 섬유공장에서 일하였다. 어느 날 식사를 한 뒤 지갑을 가져오지 않았다는 사실을 알게 되고 자신의 상황을 식당 주인에게 이야기하고 싶었으나 한국어를 잘하지 못해 제대로 설명할 수 없었다. 경찰이 출동하였으나 찬드라가 한국말을 어눌하게 하는 것을 행려병자로 오인하여 그녀는 정신병원에서 6년 4개월 동안 수감되었다. 여기에 관계된 경찰, 병원 관계자, 공항 직원 등은 어떤 악의를 가진 사람들이 아니었고 우리 주변에 있는 평범한 사람들이었다(황지영 외, 2023).

〈그림 12-2〉 박찬욱 감독의 영화 〈믿거나 말거나, 찬드라의 경우〉 한 장면

다문화주의자는 자신의 문화, 언어, 음식 등 이외 모든 것을 배척하는 사람을 뜻하지 않는다. 다른 나라 말을 열심히 배워 잘 사용하지만, 그 언어를 사용하는 나라나 사람들에 대해서는 부정적이거나 옳지 않은 판단을 내리지 않는 것이다. 자각하지 않는다면 누구든 쉽게 인종주의자가 될 수 있다. 1968년 마틴루터킹 목사의 암살에 충격을 받은 교육자 제인 엘리엇은 '푸른 눈과 갈색 눈'에 대한 차별 실험을 고안하였다. 이 실험은 순전히 눈 색깔을 근거로 참가자들을 열등한 자와 우월한 자로 분류하고 한쪽 그룹이 소수자가 되는 체험을 한다. 인종주의, 성차별, 동성애 혐오 등 온갖 차별주의를 각성시키는 이 실험은 이후 여러 번 다큐멘터리로 제작되었고 전 세계의 심리학자와 사회학자들에게 인용, 연구되고 있다. 지상에는 인종은 없고 인류(人類)만 존재하며 모두가 지구의 구성원이다(김진경 외, 2023).

2) 다문화가족 아동의 개념

다문화가족의 정의를 살펴보면, 2008년 제정된 「다문화가족지원법」 제2조에는 '다문화가족'이란 '결혼이민자나 귀화허가를 받은 자와 출생 시부터 대한민국 국적을 취득한 자로 이루어진 가족'으로 정의하고 결혼이민자 가족에 국한하고 있다. 2007년 제정된 「재한외국인처우기본법」 제2조에는 '재한외국인'을 '대한민국의 국적을 가지지 아니한 자로서 대한민국에 거주할 목적을 가지고 합법적으로 체류하고 있는 자'로 정의하고, '결혼 이민자'는 '대한민국 국민과 혼인한 적이 있거나 혼인관계에 있는 재한 외국인'으로 정의함으로써 국적취득 이전과 이후로 분리하고 있는 것을 알 수 있다(김성경, 2014).

현행법이나 지원제도에서 제한하고 있는 다문화가족의 범위를 '한국인 여성과 결혼한 외국인남성 가족', '외국인근로자 가족', '한국인과 결혼한 북한이주민 가족', '북한이주민 가족', '이민자 가족' 등을 포함하여 확대하여야 한다는 의견이 다수이다. 다문화가족은 한 가족 내의 인종과 문화 차이는 물론 가치, 문화, 종교, 젠더, 생활양식 등 문화적 다양성의 중요성을 강조하는 개념으로 결혼이민자 가족, 외국인근로자 가족, 북한 이주민 가족 등을 비차별적으로 수용하기 위해 사용된 용어이다(최현미, 2010).

1980년대 후반부터 우리나라에서 국제결혼가정, 이중문화가정, 혼혈인가정 등을 지칭하는 의미를 지닌 다문화가정 또는 다문화가족이라는 용어가 사용되었다. 다문화가정에 대한 정의는 협의의 개념과 광의의 개념으로 구분해 볼 수 있다. 광의의 개념은 자국 내에 거주하는 모든 외국인가정을 포함한다. 반면 협의의 개념은 단순히 거주하는 것이 아니라, 가족 중 한 명이 국적을 취득해 구성된 가정을 의미한다. 광의의 개념은 「다문화가족지원법」이 제정되기 이전의 개념으로 한국남성과 결혼한 이주여성가정, 한국여성과 결혼한 이주남성가정, 이주민가정(이주노동자, 유학생, 북한이탈주민 등)을 포함하여 그 범위를 확대한 것이다(김희정, 2007).

다문화가정은 종종 정부정책 등에 따라 다문화가족과 혼용되어 적용되고 있으나 교육부는 관행적으로 '다문화가정'이라는 용어를 사용하고 있다. 교육부의 다문화가정 학생을 위한 지원에는 광의의 개념을 적용하여 국제결혼 가정의 국내 출생자녀와 중도입국자녀, 외국인근로자 가정의 자녀까지 포함하고 있다(교육부, 2012). 그러나 다문화가족 지원과 관련하여 정책 대상은 주로 결혼이민자와 그 자녀를 중심으로 이루어지고 있으며, 사회통합적 관점에서 협의의 다문화가족의 개념을 적용하는 경우가 많다. 즉, 다문화가정의 아동은 외국인 어머니와 한국인 아버지 사이에서 태어난 아동으로 규정하기도 한다(김미숙 외, 2011; 양계민 외, 2012).

우리나라가 다문화사회라는 현실적 상황에 직면하면서, '새로운 시민'이 된 이민자들과 그들로부터 비롯된 문화적 다양성에 대하여 사회가 어떠한 방식으로 대처해야 하는가에 대한 문제는 우리 사회의 중요한 화두가 되고 있다(안지영, 2013). 다문화사회의 문제는 비단 거시적 측면의 사회문제만이 아니다. 우리 주변의 가정에서도 이제 다문화가정을 보는 것은 어렵지 않은 일이 되었기에 각각의 다문화가정이 한국이라는 울타리 안에서 함께 살아갈 수 있는 방법을 찾아야 하는 시점이 된 것이다. 다문화가족은 결혼이민자와 출생 한국인으로 구성된 가족, 귀화에 의한 한국인과 결혼으로 이루어진 가족 등이 포함된다고 할 수 있다. 국적은 한국이나 출생 한국인은 아닌 사람들이 만나 가족을 이루는 경우를 다문화가족이라고 할 수 있는 것이다. 즉, 다문화가족이란, 법적으로는 「다문화가족 지원법」에 의거하여 결혼이민자, 귀화자, 대한민국 국적 취득자로 이루어진 가족을 의미하는 것이다(최성은, 2021). 「다문화가족 지원법」 제2조에 규정된 다문화가족의 의미는 다음과 같다.

다문화가족의 의미

제2조(정의) 이 법에서 사용하는 용어의 뜻은 다음과 같다.

1. "다문화가족"이란 다음 각 목의 어느 하나에 해당하는 가족을 말한다.
   가. 「재한외국인 처우 기본법」 제2조 제3호의 결혼이민자와 「국적법」 제2조부터 제4조까지의 규정에 따라 대한민국 국적을 취득한 자로 이루어진 가족
   나. 「국적법」 제3조 및 제4조에 따라 대한민국 국적을 취득한 자와 같은 법 제2조부터 제4조까지의 규정에 따라 대한민국 국적을 취득한 자로 이루어진 가족
2. "결혼이민자등"이란 다문화가족의 구성원으로서 다음 각 목의 어느 하나에 해당하는 자를 말한다.
   가. 「재한외국인 처우 기본법」 제2조 제3호의 결혼이민자
   나. 「국적법」 제4조에 따라 귀화허가를 받은 자
3. "아동·청소년"이란 24세 이하인 사람을 말한다.

2. 다문화가족 아동의 유형과 특성

1) 다문화가족 아동의 유형

다문화가정의 자녀는 '한국인과 결혼한 외국인 배우자 사이에서 출생한 아동'으로 정의할 수 있다. 이들은 「국적법」 제2조 제1항에 따라 출생과 동시에 한국 국민이 되므로 「헌법」 제31조에 의한 교육권을 보장받는다. 다문화아동의 유형에는 국제결혼가정, 외국인근로자가정, 새터민가정 등으로 나눌 수 있는데 이러한 유형에 대한 설명은 아래와 같다(류정희, 2019).

(1) 국제결혼가정

- 한국인 남성과 외국인 여성의 결혼으로 이루어진 가정 또는 한국인 여성과 외국인 남성의 결혼으로 이루어진 가정

(2) 외국인근로자가정

- 맞벌이를 위해 자녀와 함께 이주한 경우
- 본국에서 남편과 사별 이혼한 후 여자 혼자 한국에 입국하여 일하다가 자녀를 데리고 온 경우, 또는 부부가 자녀와 한국에 왔다가 어느 한쪽이 본국에 돌아가고 다른 한쪽이 자녀를 데리고 남아 있는 경우
- 자녀와 함께 온 외국인 여성이 한국인 남성과 재혼한 경우
- 부모 없이 혼자 한국에서 체류하고 있는 외국인 근로자 자녀의 가정

(3) 새터민가정

- 탈북자 출신으로 중국이나 조선족과 결혼한 사람이 배우자와 함께 입국한 후 북한이탈주민으로 신고하여 남한에 정착하는 경우
- 탈북자 출신의 남성 또는 여성이 입국한 후 한국 여성 또는 남성과 결합하여 이룬 가정

2) 다문화가족 아동의 특성

(1) 신체적 특성

다문화가정 아동의 경우, 부모 중 한쪽이 외국인이므로 태생부터 외모의 차이가 있을 수 있다. 동북아시아 지역의 중국이나 일본인과 결혼한 경우에는 외모에 별차이가 없지만, 그 외 지역 부모의 자녀들은 외모에 차이가 있다. 이로 인해 성장하면서 또래집단으로부터 집단따돌림이 있을 수 있다. 2005년 보건복지부의

실태조사를 살펴보면, 자녀가 또래아이들로부터의 집단따돌림을 경험했다고 하는 비율이 조사 대상의 17.6%였다. 우리와 외모가 비슷한 중국 등의 동아시아 부모의 자녀보다 외모가 이국적인 필리핀 등의 기타 외국인 자녀가 따돌림을 많이 경험한 것으로 나타났다(류현수, 2017).

(2) 언어 사용의 특성

다문화가정 자녀의 경우, 부모가 모두 한국인인 경우와는 달리 아버지 또는 어머니가 외국인인 것으로 인해서 가정에서 습득하는 언어습관에 차이가 있을 수 있다. 이는 학령기 아동에게 있어 학교생활에서 언어소통 문제가 생길 수 있으며, 이와 함께 언어발달 지체 및 문화 부적응으로 인해 학교수업에 대한 이해도가 낮으며, 지나치게 소극적이거나 반대로 폭력성 또는 주의력결핍 과잉행동장애(ADHD) 등의 정서장애를 보이는 경우도 있다(고인숙, 2017).

다문화가정의 대부분을 차지하는 어머니가 외국인 여성인 경우 결혼과 동시제 입국하여 언어와 문화적 적응이 덜 이루어진 상태에서 자녀를 출산, 양육하고, 한국어를 별도로 배울 기회를 얻지 못하여 한국어 실력이 일반 가정의 어머니와는 다를 수밖에 없다. 2005년 보건복지부에서 시행한 '국제결혼 이주여성 조사 및 보건 복지지원 정책방안'에 의하면 조사 대상의 58%가 한국어 의사소통, 사고방식이나 가치관 차이, 생활습관의 차이 등으로 어려움을 겪고 있는 것으로 나타났으며, 시부모와 자녀의 관계에서 한국어 의사소통의 어려움을 가장 많이 지적하고 있었다. 아동의 언어습득 및 발달은 가정환경, 교육환경에 많은 영향을 받는다. 가정환경은 언어학습을 하는 데 중요한 역할을 한다. 영유아기 때 우리말을 제대로 배우지 못해 그 능력이 떨어지면 학교에 들어가서도 학습 능력 부진으로 이어진다. 그뿐 아니라 또래집단과의 언어소통의 어려움은 집단따돌림의 중요한 요인의 하나로도 작용할 수 있는 것이다. 이러한 언어환경의 측면에서 불리 다문화가정 자녀들은 공통적으로 같은 또래의 아동들에 비하여 언어발달에 문제가 있는 것으로 나타났다. 일상적인 의사소통에는 큰 문제가 없으나 독해와 어휘력, 쓰기 등에서는 현저하게 낮음을 알 수 있다(오성배 외, 2009).

(3) 정체성 형성

다문화가정 자녀의 경우 생각해 볼 수 있는 사항이 정체성 형성과정의 문제이다. 다문화가정 자녀는 정체성 형성에 여러 가지 혼란을 느끼고 있는 것으로 확인되었다. 이 아동들은 부모의 서로 다른 가치관과 생활풍습으로부터 어떤 것을 따라야 할지 혼돈을 겪을 수 있다. 두 나라 문화가 혼재된 가정교육과 한국의 학교교육을 동시에 경험하면서 주변인으로 성장해 가는 것이다. 문명의 충돌, 공존은 공동체의 특정 유형의 농업체제, 생산소비의 방식, 종국 언어, 의례, 법, 정치 등의 문화요소를 통해 표현된다. 이것이 한 개인에 있어서는 정체성의 문제로 나타난다. 인간은 오직 사회에 참여함으로써만 인간이 될 수 있다. 이러한 것들은 다문화가정에서 한 개인이 다른 문화와 집합으로 인해 혼란을 겪게 되고 새로운 정체성의 근원을 찾아가게 한다(고인숙, 2017).

다문화가정 자녀 중에는 한국사회와 학교생활에 성공적으로 적응한 예들이 있다. 그들은 학교 성적도 높고 학급과 학교 내에서 리더십을 발휘하며 한국인 친구를 많이 가지고 있나. 그런데 이들이 성공적으로 적응했다 함은 자신의 언어적, 문화적, 신체적 정체성을 버리고 소위 '전형적인' 한국인 되는데 성공했다는 것을 의미한다. 적응에 성공한 이들은 더 이상 그들 모국, 혹은 그들 부나 모의 모국 언어나 문화를 가까이하지 않으며 같은 조건의 친구들을 멀리한다는 것이다(류현수, 2017).

다문화가정 자녀들이 한국사회에 잘 적응하여 살아간다는 것은 자신들의 정체성을 완전히 버린다는 것을 의미하는 것이 아니라 자신의 모국, 혹은 부나 모의 모국 언어나 문화, 혹은 신체적 특성 등을 스스럼없이 드러내고 관련 소양을 키워 가는 가운데 이 사회에서 성공적인 삶을 살아갈 수 있게 한다는 것을 의미한다. 또 세계화한다는 것은 하나의 기준으로 통일한다는 것을 의미하는 것이 아니라, 다양한 기준이 상호 소통하며 공존하도록 하는 것이어야 한다.

(4) 문화적 특성

아동 및 청소년기는 개인의 정체성 발달에 있어서 가장 중요한 시기이다. 이러한 청소년기에 부모의 국제결혼으로 인해 타국에서 새로운 문화 속에서 성장하는 자녀들은 정체성 발달에 있어서 소수민족의 일원으로 주류문화를 접하게 되어 새 문화를 수용하고 다원문화 속에서 타민족의 특성을 배우고 수용하며, 타민족의 친구들을 사귈 수 있는 등 자아성장에 긍정적인 영향을 미칠 수 있다. 하지만 문화적응 과정에서 발생하는 스트레스는 심리사회적 문제를 유발하는 위험요소로 작용할 수도 있다. 실제 다문화가정 아동들은 한국의 사회경제체제에서 생활하면서 경험하는 언어, 생활습관, 사회적 관계망의 변화와 함께 차별과 억압, 그리고 부모와의 관계 및 사회에서 문화적 이질성으로 인해 어려움을 경험하게 된다. 문화적응 스트레스를 연구한 학자들은 문화적 적응 및 정착과정에서의 스트레스로 인해 정신건강을 위협하고, 이것이 각종 신체화 증상인 근육통, 두통 등으로 나타난다(고인숙, 2017).

문화적응 과정 및 정착단계에서 오는 스트레스는 다문화가정 아동의 정신건강에 부정적 영향을 끼치며, 우울증, 낮은 자긍심, 불안감, 관계의 갈등 등을 경험하고, 신체건강에도 영향을 미친다고 주장하고 있다. 문화적응 과정에서 겪는 성인의 문화적응 스트레스는 그들의 자긍심에 부정적 영향을 주고, 이러한 스트레스와 무력감, 낮은 자긍심 등은 가족관계에서 자녀에게 전이되어 그들에게 내면화됨으로서 자녀들 또한 심리적 갈등 및 부적응을 경험할 수 있다.

3. 다문화가족 아동을 위한 아동복지의 실천방향

다문화아동은 한국인 남자와 외국인 여자 또는 한국인 여자와 외국인 남자처럼 국제결혼을 하여 가정을 이룬 후 그러한 가정에서 출생한 경우를 말하며, 외국인 근로자가 한국에서 결혼해 이룬 가정이나 본국에서 결혼한 가족이 함께 국내에 이주를 하여 가정을 이룬 경우, 마지막으로 북한에서 입국하여 한국인 또는 외국인을 만나 결혼한 새터민가정을 포함한다.

1) 다문화가족 아동의 현황

(1) 다문화가족의 현황

통계청(2010)의 한국 사회지표에 의하면, 한국 내에 장기체류하는 외국인 근로자는 2000년 21만 249명 기준으로 매년 증가하여 2009년 87만 636명으로 집계되었다. 새터민의 경우도 2000년 312명에 불과하던 입국자가 2009년 기준 2,927명으로 급속히 증가하였다. 우리나라의 다문화사회 진입은 기존 다른 나라와의 방식과는 다르게 발전하였는데 한국사회 내 다문화 현상의 원인은 크게 다음과 같이 구분할 수 있다(김인, 2009).

첫째, 급격한 도시화로 농어촌에 살고 있는 결혼 적령기의 남자들이 결혼할 여성 배우자를 찾지 못하게 된 것이다. 둘째, 우리나라가 60~70년대에는 노동력을 수출하는 나라에서 1988년 이후 아시아인이 선호하는 이주노동력 유입 국가로 변화된 점이다. 셋째, 북한사회의 경제가 피폐해지면서 북한을 탈출한 난민인 새터민이 꾸준히 증가하고 있는 점 때문에 다문화사회 진입이 진행되었다. 다시 말하면, 우리나라의 다문화는 외부의 강압이나 우연에 의해 생겨난 것보다는 우리 사회의 문제를 해결하는 과정에서 생겨난 불가피한 현상임을 강조한 것이다. 위와 같이 한국사회는 한국전쟁을 시작으로 미군과의 결혼, 이민 및 종교적 집단 국제결혼, 농촌총각 장가보내기 운동, 이주노동력 유입, 새터민 정착 등의 이유로 다문화가정의 수가 급격히 증가하였다. 이와 같이 통계청(2011)의 자료에서 보면 한국 남성과 혼인한 외국 여성의 국적은 중국 36.6%, 베트남 36.6%, 필리핀 7.3%이며 한국 여성과 혼인한 외국 남성의 국적은 중국 28.8%, 일본 26.3%, 미국 19.0% 순으로 중국인 여성이 한국인 남성과 가장 많이 결혼을 한 것으로 나타났다.

한국사회의 2010년 출산율은 1.122명으로 저출산율 세계 1위인데 이는 고령화 사회 진입에 따른 경제 활동 인구의 감소와 더불어 노동력 부족문제 등 심각한 사회문제가 되고 있다. 또한 국제결혼을 통한 다문화가정의 지속적인 증가도 사회문제가 되고 있다. 다문화가정이 증가하면서 다문화사회가 되어 가는 한국사회에서는 당연히 다문화가정 자녀들이 늘고 있다. 그리고 다문화가정 자녀들이 생활 속에서 많은 어려움을 겪고 있는 실정이다. 행정자치부의 2011년 외국인 주민실태조사 결과, 국내 거주 외국인주민은 126만 5,006명으로 주민등록 인구의 2.5%를 차지하고 있으며, 2010년 113만 9,283명보다 11% 증가하였다. 2011년 결혼이민자는 14만 1,654명으로 전체 외국인주민의 11.2%로 10%(12만 5,087명) 대비 1만 6,567명 증가(13.3%)하였으며 이들 중 만 6세 이하의 미취학 아동이 61.9%로 가장 많아 이들의 교육대책 마련이 시급하다.

다문화가정의 또 다른 유형인 국내 입국 새터민의 수는 해마다 증가하고 있어 1990년대 10명 이내에서 2002년 1,139명으로 늘어났으며, 제3국 체류자의 대거 입국 등으로 국내에 거주하는 새터민의 수가 2018년까지 지속적으로 증가하다가 2022년에는 감소하는 추세이다.

〈그림 12-3〉 **탈북학생 수 변화** (단위 : 명)

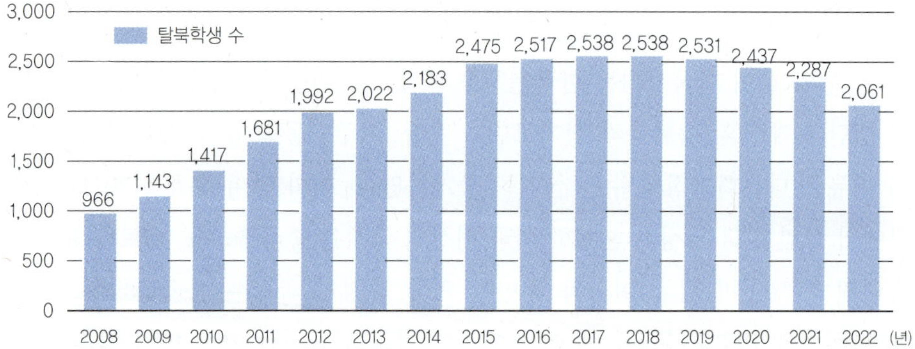

출처 : 교육부(2022).

교육부의 자료에 의하면 2008년 한국의 학교에 재학 중인 탈북학생의 수는 966명이며 2018년까지 2,538명으로 증가하다가 2022년에 2,061명으로 조금 감소한 것으로 나타났다.

(2) 다문화가족 아동의 학습지도와 학교적응

자녀교육에 있어 어머니의 역할이 큰 비중을 차지하는 우리나라의 현실에 비춰 한국 말조차 서투른 외국인 어머니들은 다른 가족이 도와주지 않으면 이 부분에서 속수무책인 경우가 허다하다.

가정에서 부모들의 지도 아래 한글과 숫자 읽기 등 학습 능력을 획득하는 일반 어린이들과 달리 충분한 지도를 받지 못한 다문화가정 자녀들은 기초학력조차 갖추지 못하고 초등학교에 입학할 수밖에 없다. 때문에 학교에 입학해도 학력부진이 그대로 이어질 우려가 높고, 또래와 어울리는 데 많은 어려움을 겪게 된다. 특히 새터민아동은 남한 학교에 편입하는 단계에서 남북한 학계와 수학 연한의 차이로 인한 학력인정 문제에 직면하고 있다. 또 한국에 오기까지의 오랜 학습 공백으로 학습 능력, 학습과정, 학교생활 등에서 어려움을 겪고 있다. 학교 안의 경쟁적 분위기, 교사와 학생관계, 남한 학생의 개인주의적 경향 등 북한과 는 다른 남한의 교육풍토가 갈등의 원인이 되기도 한다. 그러나 보다 근원적인 면은 남북한의 이념과 체제의 차이에 기인한다. 이로 인하여 교육적 가치관과 교육목표 내용의 이질적 요소들에 의해 성장한 새터민아동은 자신이 성장한 사회와는 다른 이념과 체제에 적응해야 한다.

(3) 다문화가족 아동의 부적응

농촌지역의 초등학교의 입학생 중 혼혈아들이 차지하는 비율이 꾸준히 늘어나고 있다. 이제 초등학교에서는 다문화가정의 아동과 같이 공부하는 것이 자연스러운 현상이 되고 있다. 특히 이들은 중국, 베트남, 필리핀 등 아시아 계통의 다문화가정의 아동과 친구로서 같은 세대로서 살아야 한다. 그런데 빈번하게 발생하는 이주노동자에 대한 차별에 대한 소식은 과연 한국사회가 이들과 같이 살아갈 준비가 되어있는지에 대한 의문이 든다. 다문화가정의 아동들이 겪는 부적응의 문제는 다음과 같다(고인숙, 2017).

첫째, 언어소통 장애에서 오는 부적응이 있다. 국제결혼가정 2세들은 말을 배우는 가장 중요한 시기인 유아기에 한국말이 서투른 외국인 어머니의 교육에서 성장하게 된다. 이로 인해 언어발달이 늦어지고 의사소통에 제한을 받기 때문에 부적응의 현상을 보일 수 있다. 또한 한국어를 하지 못하게 되므로 친구를 사귀는 데 상당한 어려움을 겪는다.

둘째, 부모의 가치관 차이에서 오는 부적응이 있다. 부모가 각각 다른 국가에서 다른 가치관을 가지고 살아왔기 때문에, 그 자녀들은 아버지와 어머니로부터 보고 배우는 내용이 각각 다르게 된다. 따라서 이들은 가치관의 혼돈 때문에 부적응의 현상을 보일 수 있다.

셋째, 혼혈인에 대한 편견이 부작용을 유발한다. 한국 사람들은 역사적으로 단일민족이라는 자부심을 가지고 살아왔다. 따라서 국제결혼가정 자녀들은 순수한 한국인이 아니라는 사람들의 편견 때문에 부적응을 나타낼 수 있다.

국제결혼가정 자녀들의 신체적, 심리적, 사회적 발달과정에서 일어나는 부적응의 문제는 다른 아동들이 겪는 것보다 더 심각한 것이라고 할 수 있다. 위에서 살펴보았듯이 국제결혼가정 자녀들이 겪는 부적응의 요인은 이중문화의 환경 때문이라고 할 수 있다. 그들은 이중문화의 환경에서 가치관이나 국가관 등에서 혼돈을 겪고 있기 때문이다. 새터민아동들은 학업의 부진과 학교 적응의 어려움, 교사와의 관계, 진학과 진로결정, 비정규 교육기관에서의 인간관계 형성의 어려움, 친우관계 형성의 어려움, 부모와의 관계 등 여섯 가지 영역에서 어려움을 겪는다.

2) 다문화가족 아동의 복지실천

(1) 결혼이민자 가족지원센터

다문화가정의 한국문화 및 가족생활 적응지원을 위하여 여성가족부에서는 전국 38개 지역에 결혼이민자 가족지원센터를 설립하여 운영하고 있다. 이곳에서는 다문화가정의 교육·상담 등의 '자조집단'을 육성할 것이다. 자조집단은 모국인끼리 정보교환과 정서적 유대감을 누릴 수 있도록 지원하고 한국어가 능통한 이민자를 지도자로 양성하여 모국인의 한국어 교사 및 상담 등의 역할을 맡길 계획이다. 각종 지원서비스 혜택을 받지 못하는 가족을 발굴하여 '찾아가는 서비스'를 실시한다. 결혼이민자 찾아가는 서비스를 확대 실시하여 육아, 접근성, 가족의 반대 등의 문제로 집합교육에 참가하기 어려운 결혼이민자 가족을 직접 방문하여 한국어교육, 가족교육, 자녀지원, 출산전후 도우미 지원 등을 제공한다(류현수, 2017).

(2) 공교육에서의 다문화교육

다문화가정 자녀들이 처음에는 말하기, 듣기가 중요하지만, 입학을 하면 읽기와 쓰기가 중요한 부분을 차지하게 된다. 다문화가정 아동들이 쉽게 따라 할 수 있는 통합된 교재 개발이 필요하다. 그리고 한국어 및 부족한 교과를 지도할 수 있는 방과 후 학교 프로그램을 개선하여야 한다. 또한 다문화가정 아동이 재학 중인 학교에 이들을 지도할 수 있는 전담교사를 배치하도록 한다. 전담교사의 역량강화를 위해 교원자격연수 시 다문화 이해교육, 집단따돌림 예방교육 등을 고양과목에 포함시켜야 한다. 학교의 또래친구와 결연을 맺어 학교적응을 돕는 프로그램을 제도화하여야 한다(고인숙, 2017).

다문화가정 아동에 대한 유아단계부터의 프로그램과 외국 출신 어머니를 위한 교육 프로그램 등이 학교 또는 교육당국 차원에서 이루어져야 한다. 한국의 학교제도에 익숙하지 않은 부모들을 위해 학교생활 안내 리플릿을 다양한 언어로 제작, 배포할 필요가 있다. 또한 입학할 아동을 둔 다문화가정 부모들에게 학기가 시작되기 이전인 2월 중에 1년 동안의 학교생활을 설명해 주는 예비교육의 자리가 필요하다. 예를 들어, 가정 통신문의 이해, 학교의 전반적인 교육방침, 알림장 사용 등에 대해서 미리 가르쳐주면 자녀교육에 도움이 된다.

(3) 적응교육 프로그램

새터민아동은 남한사회라는 새로운 환경 속에서 자신의 경험을 확장해 가며 선택적 적응전략을 활용하는 능동적 존재이다. 이들의 적응에는 개인적 요인과 문화적 차이로 인하여 여러 가지 긴장과 갈등이 발생하는데, 새터민아동은 남한사회의 경험을 주체적으로 해석하면서 다양한 방법으로 긴장을 조정하고 갈등을 통합해 간다. 즉, 새터민아동은 남한사회에서 적극적으로 자신의 삶을 살아가는 존재이다.

새터민아동의 적응교육은 교육적 존재로의 성장을 추구하는 과정이어야 한다. 기존의 적응교육은 '적응적' 교육의 과정으로 남한사회의 가치와 행동양식을 내면화하고자 한다. 이와 같은 적응적 교육은 북한 이탈아동에게 기존의 경험과의 단절과 새로운 가치체계로 전환하는 것을 요구한다. 또한 자발적 주체의 판단과는 무관한 남한사회에 적합한 행동양식의 습득을 적응의 척도로 삼는다. 그러나 인간은 '있는(being)' 존재가 아니라 '되어가는(becoming)' 존재로서 교육을 통하여 새로운 자신을 형성해 나가는 교육적 존재이다. 교육적 적응은 익혀 왔던 경험과 새로운 환경과의 역동적 상호작용을 통하여 자신의 체험구조를 능동적으로 변화시켜 보다 나은 인간됨을 추구하는 주체적 존재로 성장하는 것을 의미한다. 이를 위한 적응교육은 남한사회와 소통하며 새로운 자신을 형성해 가는 어울려 함께 나아가는 과정이 되도록 적응교육 프로그램을 마련하여야 한다(류정희, 2019).

(4) 다문화교육 지원체계의 개선

다문화교육은 학교 또는 가정에서만 이루어지는 것이 아니라 학교와 가정 그리고 지역사회가 함께 지원하는 체계여야 한다. 지역사회에서 NGO의 역할도 중요하다. 실질적으로 생활 속에서 가까이 다문화가정과 접할 수 있고 도움을 줄 수 있는 NGO단체도 발굴해야 한다(고인숙, 2017).

다문화가정이 지니고 있는 특성을 이해하고 이에 알맞은 교육을 하기 위해서는 각 부처에서 전문성을 가지고 그들의 특성을 이해한 프로그램을 계획하고 실행하여야 한다.

♣ 생각 나누기 ♣

1. 다음 사례를 읽어 보고, 일반 사람들이 다문화가정의 아동들에 대한 편견을 갖지 않도록 다문화가정의 아동들을 우리나라의 일반아동들과 똑같이 대할 수 있도록 하는 반편견교육 프로그램에 대하여 생각해 봅시다.

"나도 하인스 워드가 되고 싶어요"

미진이와 민준이 남매는 다문화가정의 아동이다. 미진이 남매는 필리핀 어머니와 한국인 아버지의 국제결혼으로 태어났다.

민준이는 미식축구 선수인 하인스 워드의 방한 소식을 듣고 매일 하인스 워드가 나오는 텔레비전 프로그램을 놓치지 않고 챙겨서 보았다. 그 이유는 하인스 워드처럼 되고 싶어서였다. 민준이와 미진이 남매는 학교에서 피부색과 독특한 말투로 친구들의 놀림을 많이 받았다. 그래서 미진이는 우유를 먹으면 피부가 하얗게 될 수 있다는 생각에 하루에 1리터가 넘는 우유를 먹기도 한다.

미진이 남매의 친구들은 혼혈아인 미진이 남매에게는 차가운 시선을 보냈지만, 혼혈인 미식축구 선수 하인스 워드는 동경의 대상이자 스타였다. 민준이는 자신과 비슷한 외모를 가진 하인스 워드가 다른 사람들이 좋아하는 사람이라는게 너무 부러웠다. 그래서 민준이는 한 번도 해본 적도 없는 미식축구 선수가 되는 것이 꿈이 되었다.

아동복지의 과제와 방향

제13장 아동복지의 과제와 방향

1. 아동복지의 과제

아동복지의 실현을 위한 접근은 복지국가 접근으로 이것은 국가가 그 원인이 어디에 있든 간에 빈곤아동, 장애아동의 문제에 대응하여 보편적인 서비스를 제공할 의무가 있다는 가정에 입각한 것이다. 모든 아동은 이러한 서비스를 제공받을 권리를 가지고 있으며, 이러한 서비스를 제공받을 시에는 공적 차원에서의 서비스가 더욱 우선되어야 하며, 비공식적인 민간 또는 사적 분야에의 의존이 중심이 되어서는 안 된다는 것이다. 이러한 접근은 국가가 서비스의 제공자이어야 한다는 점과 보편적인 서비스의 요구가 있으면 누구나 도움의 혜택을 받을 수 있어야 한다는 점을 나타낸다. 이는 사회복지의 제도적 기능과 연결되는 것으로 국가 주도의 자원관리와 공적 책임성이 강조된다고 하겠다(장인협 외, 1997).

현대사회의 산업화, 도시화의 특징으로 인하여 가족이 아동을 보살피는 노력은 과거에 비하여 약화된 데 반해, 성장하면서 성인의 보살핌을 필요로 하는 아동의 욕구는 과거와 동일하며, 오히려 복잡하고 다양화된 현대생활에 적응하기 위해서 과거에 비하여 외국어 능력과 컴퓨터 사용을 통한 정보화 능력 등 더 많은 능력이 요구되며, 현 사회의 특성으로 야기된 해로운 환경에 보다 더 많이 노출되어 있다. 가정불화로 인한 부모의 이혼 등 가족해체, 가정폭력, 정신질환, 성개방 풍조, 향락추구의 생활문화, 교통사고 등의 재해 증가는 현대사회가 안고 있는 부정적인 측면이고, 이러한 측면은 직간접적으로 아동에게 여러 가지 악영향을 주고 있다. 아동에게 불리한 이러한 사회적 조건으로부터 아동을 보호함으로써 가능한 한 모든 아동이 건전하게 성장할 수 있도록 하는 것은 문제의 소지를 막는 예방적 차원의 아동복지정책이 될 것이다. 그리고 이러한 차원의 아동복지정책은 보편적 아동복지서비스이고, 이와 더불어 바람직하지 않은 상황에 놓여 있는 아동들 또한 계속 발생할 것이기 때문에 이들을 위한 별도의 정책이 필요하다. 이러한 아동은 「아동복지법」에서 정의한 '도움이 필요한 아동'이고, 협의의 아동복지 대상자라고 할 수 있다. 현대사회를 사는 아동에게 가족, 이웃의 기능이 약화되므로 인해 충족되지 못한 욕구를 충족시키고, 위해한 환경으로부터 아동을 보호하는 노력이 필요하다(김현용 외, 2001). 그리고 아동복지정책의 위상을 정립하기 위하여 아동복지의 패러다임(paradigm)을 명확히 설정해야 하는데, 이를 위해 아동복지의 기본적 인식, 가치, 존재를 새로운 관점에서 정립시켜야 한다. 또 아동복지에 있어 연구의 대상, 주체, 방법, 목적을 재평가해야 하며, 이것은 인간주체에 의한 실존주의적 아동복지이어야 한다(변미희, 2019). 이처럼 우리나라의 아동복지는 복지시설 중심의 서비스를 제공해 왔지만 미래사회의 복지는 시설뿐만 아니라 지역을 근거지로 하는 재가복지서비스가 추진될 필요가 있다.

아동복지정책은 아동이 처한 시대적 상황이나 경제수준, 욕구 등이 전반적으로 반영되어 결정되는 주요한 사회적 지표이다. 최근 심각한 사회문제로 대두되고 있는 낮은 출산율과 증가하는 가족해체 등의 여러 사회현상은 아동복지에 대한 기존의 접근방법에 한계가 있음을 의미하며 따라서 기존의 복지 패러다임의 변화를 필요로 하고 있다. 아동복지정책은 지향하는 목표에 따라 예방지향적 복지와 치료지향적 복지, 가정보호복지와 시설보호복지, 보완적 복지와 제도적 복지 등 여러 가지 기준으로 분류할 수 있다. 지금까지 우리나라의 아동복지정책은 이러한 접근방법 중 어디까지나 예방보다는 치료지향적이고, 가정보호보다는 시설보호중심이며, 제도적 접근보다 보완적 접근이 우선시되었다고 볼 수 있다. 국민의 복지의식이 향상되고 복지욕구가 증대함에 따라 기존의 구호중심적·선별주의적 접근원칙은 점차 포괄적·보편주의적 원칙으로 변화하고 있고, 따라서 우리나라의 아동복지정책도 예방지향적 복지와 가정보호복지, 제도적 복지를 강조하는 방향으로 나아가고 있다. 2019년 아동정책에 대한 종합적인 수행과 아동복지 관련 사업의 효과적인 수행을 위해 아동권리보장원이 설립되었고, 2020년부터는 보호가 필요한 아동지원(중앙입양원, 중앙가정위탁지원센터), 보호가 필요한 아동자립지원(아동자립지원단, 디딤씨앗지원단), 아동돌봄(지역아동센터, 드림스타트사업지원단), 아동학대 대응 및 예방(중앙아동보호전문기관), 아동실종 대응(실종아동전문기관) 등 민간에 분산되어 운영 중인 8개 기관을 통합하여 업무를 수행하게 된다. 그러나 아직도 우리나라의 아동복지 수준은 아동과 그들 가족의 다양한 욕구를 수용하기에는 미흡한 수준이며, 복지의 다양한 영역에 걸쳐 체계적이고 전문적인 서비스와 이를 뒷받침하는 정책이 수립되어야 할 것이다(정옥분 외, 2020).

아동복지정책은 사회정책의 일부분이라고 할 수 있다. 그런 면에서 사회정책과 개념을 같이하는 아동정책은 아동의 교육, 노인의 보호, 경제적 부조가 과거에는 전적으로 가족에 의해 충족되었지만, 지금은 그 기능의 일부가 사회의 다른 구조에 의해 수행되고 있는 것과 동일한 맥락에서 이해할 수 있다. 즉, 이러한 관점에서 우리나라의 아동복지대상은 요보호아동을 위한 아동복지정책에서 일반아동까지 대상의 범위가 넓어지고 있으나, 아직은 요보호아동을 대상으로 하는 정책이 주를 이루고 있다. 그러나 현대사회의 요구에 적합한 아동복지정책의 방향은 아동의 기본적 권리와 욕구를 충족시켜 줄 수 있도록 수립되어야 할 것이며, 이러한 정책을 수립하고 실행하기 위한 기본적인 전제조건으로 아동복지대상에 대한 명확한 규정과 이를 수행하기 위한 일관된 행정부처 간의 전달체계가 이루어져야 할 것이다. 또한 아동복지에 대한 관점을 아동을 대상으로 하는 복지에서 전체 가족을 중심으로 하는 가족 중심의 아동복지로 전환하는 것이 필요하다(김도향, 2019).

이 장에서는 앞서 살펴본 아동복지의 세부 영역별로 현재 우리나라 아동복지의 주요 과제를 살펴보고, 이에 기초하여 앞으로 지향해야 할 방향을 제시해 보고자 한다.

1) 아동권리의 보호를 위한 인식강화 교육 확대

아동이 가진 권리 중에서 생존권과 보호권은 가장 기본적인 권리이다. 그럼에도 불구하고 가정에서의 학대, 영유아 교육기관에서의 학대 사례는 끊임없이 발생하고 있다. 특히 감염병 확산이나 자연적·사회적 재난으로 인해 등원이나 등교를 하지 못하고 가정에 갇혀 있는 경우 교사나 의사 등 아동학대 신고의무자의 시선이 미치지 못해 안타까운 상황이 벌어지기도 한다. 또한 사회적 변화로 인해 아동들이 교육기관에 더 일찍, 더 오랜 시간 생활해야 하는 현실에서 아동들은 교육기관에서조차 자신의 권리를 존중받지 못하는 상황이 벌어지곤 한다. 이 같은 상황은 아동의 기본적 권리인 생존권과 보호권을 위협하는 것이다. 아동의 기본권을 보장하고 학대를 예방하기 위해서는 아동보호체계가 원활히 작동할 수 있게 하는 대책이 마련되어야 한다. 아동권리보장원은 영유아건강검진, 예방접종 여부, 가정폭력과 학대피해 이력 아동에 대한 데이터 확보를 바탕으로 고위험군의 아동을 촘촘하게 예측하고 조기 발견하는 것, 영유아 교육기관과 학교의 취학과 출석을 확인하는 것 등이 그 대책의 세부 내용이 될 수 있다고 하였다. 또한 아동학대 발생과 피해를 최소화하기 위해서는 법과 제도적 장치가 안정적으로 시행되어야 하며, 학대피해에 노출되었던 아동을 위한 안전한 응급보호와 심리적 안정을 위해 가정과 같은 유사한 환경을 갖춘 쉼터와 전문가정위탁제도가 활성화되어야 한다. 아동학대 대응인력의 전문성 확보와 처우 개선도 요구된다.

무엇보다 아동학대를 예방하는 최선의 방법은 아동을 어른의 소유물이 아닌 한 인격체로서 존중하는 것이다. 여전히 많은 부모가 자녀를 키울 때 체벌을 훈육수단으로 여기고 있고, 훈육이라는 미명 아래 학대를 가한다. 따라서 이러한 부모들의 인식에 경각심을 일으키고, 더 좋은 다양한 방법이 있음을 알려 주는 맞춤형 부모교육이 지속적으로 시행될 필요가 있다(안지영, 2021).

2) 육아휴직제도의 정비

이 제도는 어머니가 갖는 모성적 기능(출산·육아) 보호를 통한 출산정책의 하나로 볼 수 있다. 본래 어머니가 갖는 모성적 기능, 즉 출산·육아에 대한 사회적 배려는 다음 세대를 이어나갈 아동을 낳고 기르는 기능을 단순히 노동자 개인의 책임문제로 하는 것이 아니라 사회기능을 포함하여 사적 노동에서 사회적 노동으로, 즉 육아의 사회화(집단적·사회적 보육)를 발전시키는 기본이 된다고 본다(竹中惠美子, 1995).

국제적으로는 1965년 국제노동기구(ILO) 123호 조약이 가족적 책임을 갖는 여성노동자의 부담을 경감하는 시책으로 출발하였고, 미국의 경우 임신·출산에 대한 법적보호를 배경으로 정립되고 있다. 영국의 경우 고용보호법에 의한 '출산·육아 이후의 직장복귀의 권리'와 사회보장법에 의한 '임신·출산휴가 중의 소득보장에 관한 권리'가 있어 가족책임과 노동의 조화를 도모하는 다양한 휴가제도와 조치를 취하는 기업이 증가하고 있다(神尾眞知子, 1991). 우리나라의 경우 「남녀고용평등과 일·가정 양립 지원에 관한 법률」에 의하여 육아휴직률이 56.9%로 상승하고 있으나 동일 직장 복귀율은 감소로(장지연 외, 2014) 나타나 아직까지 요원한 상황이다. 스웨덴의 경우 육아휴업제도는 1974년에 출발한 이래 그 목적인 출산율의 증가도 달성하였으며(1970년 1.92명, 1980년 1.68명, 1985년 1.73명, 1990년 2.14명), 또한 어머니의 일과 육아의 양립도 가능케 하였다. 일본의 경우 1991년 육아휴직법을 제정하고 기존의 모성휴직에 이어 출산 후 최대 1년까지 모 또는 부에게 육아휴직을 제공하고 있다. 또한 프랑스의 경우 1985년도에 제정된 유급 육아휴직제도는 자녀가 최소한 두 명 이상인 조건에서 막내 자녀의 연령이 3세 이하인 경우 직업활동을 완전히 중단했거나 부분적으로 중단한 부모에게 지급된다(황옥경, 2003). 이처럼 육아휴직제도는 부모가 자녀를 양육하도록 돕고 저출생을 극복하기 위한 방법으로 시행되고 있다. 그러나 2023년 현재 한국이 OECD 국가 중 가장 출생율이 낮은 국가라는 측면에서 본다면 출산을 장려하고 자녀 양육에 대한 부담을 줄여 주고, 육아로 인한 경력단절로 인해 불이익이 발생하지 않도록 국민 개개인의 육아휴직에 대한 인식개선에 도움이 될만한 정책의 수립과 개선이 필요하다고 볼 수 있다.

3) 보육사업의 과제 검토

여성의 사회참여가 증가하면서 영유아보육사업은 아동복지서비스의 보편주의를 실천하는 가장 대표적인 방법 가운데 하나로 인식되고 있다. 1921년 서울에 처음으로 탁아소가 설립되면서 시작된 우리나라의 보육사업은 1989년 「영유아보육법」의 제정, 2004년 보육시설 평가인증제의 도입, 2012년 누리과정의 도입 등 양적·질적 차원에서 많은 발전을 이루었다. 그러나 다음과 같은 여러 가지 과제를 안고 있다(정옥분 외, 2020).

첫째, 보육정책에 대한 국가적 책임인식이 미흡하다. 최근 심각한 사회문제로 대두되고 있는 저출산율의 부정적인 파급효과를 차단하기 위해서 국공립어린이집의 확충, 보육비용 지원확대, 다양한 보육서비스 제공 등 국가주도적인 보육정책이 수립되고 있으나 아직까지 전체 보육시설에서 국공립어린이집이 차지하는 비율이 현저하게 낮은 실정이다. 그러나 우리나라의 저출산 문제를 타개하기 위해서는 '아이는 국가가 키운다'는 형식적인 구호에 그치지 않고 내실 있게 국가적 차원에서 모든 아동들이 최소한의 부담으로 안전하게 보호와 교육을 받을 수 있도록 하는 공공재로서의 보육에 대한 인식 전환이 무엇보다도 우선적인 과제이다.

둘째, 발달에서 영유아기의 중요성에 대한 인식과 이에 따른 보육의 질적 수준을 향상시키는 것도 시급한 과제이다. 우리나라의 보육사업은 초기에 양적인 확대에 초점을 맞춘 나머지 질적인 측면은 상대적으로 등한시되어 왔다. 영유아기의 경험이 이후의 발달에 미치는 영향을 감안할 때 앞으로는 보육의 질적인 향상, 특히 보육교직원들의 자질 향상을 위한 자격기준의 강화나 재교육이 필요하다. 또한 보육교사의 자질 못지않게 어린이집의 전반적인 환경개선과 내실 있는 보육 프로그램의 제공, 영유아의 건강·영양관리 및 안전관리 기준이 강화되어야 한다. 잘 준비된 보육환경은 영유아의 발달을 촉진시키며 교사와 영유아 간 상호

작용을 촉진시키는 기능을 한다. 그러므로 어린이집에서의 사고를 최소화하고, 안전하고 균형 잡힌 급식이 가능하도록 환경개선과 관리가 이루어져야 한다.

셋째, 부모와 아동의 다양한 욕구에 근거한 수요자 중심 보육서비스가 제공되어야 한다. 아무리 질적, 양적으로 우수한 보육서비스가 제공된다 하더라도 그 대상이 되는 보육수요자의 욕구를 간과한 것이라면 효과를 기대하기 어려울 것이다. 그러므로 영유아의 연령과 발달, 지역적 특성, 다양한 문화적 배경이나 개인적 특성에 근거하여 시간제보육이나 시간연장형보육 등 맞춤형 보육서비스가 제공되어야 할 것이다(정옥분 외, 2020).

4) 영유아 권리교육의 강화

영유아는 끊임없이 변화하고 발달하는 존재이므로, 성인은 영유아의 욕구와 주변 환경을 잘 살펴서 영유아의 성장단계에 적합한 권리를 누리도록 지원해 주어야 한다. 이경자 등(2016)이 설명한 영유아 권리교육의 방향을 요약하면 다음과 같다.

첫째, 영유아기, 아동기, 청소년기에는 공통적으로 건강·의료·생존·발달·생활의 보장에 대한 권리, 휴식·여가·놀이·문화적 생활에 대한 권리, 교육기회를 제공받을 권리, 유아의 의사존중과 표현의 권리, 비차별의 권리, 국적권·위험한 물건·물질·시설·각종 폭력·노동·학대로부터 보호받을 권리, 상황에 맞는 도움을 요청하고 받을 권리, 부모에 의해서 양육 받고 가정에서 성장할 권리가 있다.

둘째, 영유아기는 건강과 의료·위생적인 양육환경에 대한 권리, 놀이를 위한 장난감·시설 등을 제공받고 충분히 놀 수 있는 권리, 생활습관을 교육받을 권리, 부모에 의한 양육과 가정에서 성장할 권리가 강조된다.

셋째, 유아기는 건강한 발달과 교육을 위한 생활조건을 제공받을 권리, 동등한 교육의 기회를 제공받고, 여러 가지 활동을 선택해서 참여할 권리, 휴식·여가·놀이·문화생활에 참여할 권리, 교통안전에 대한 권리가 강조된다.

넷째, 청소년기는 능력 및 자질의 계발을 위한 권리, 교육기회를 부여받고 교육에 대한 여러 사항을 선택하고 참여하며, 자신의 의견을 표현할 수 있는 자유의 권리와 자신의 의사를 반영할 수 있는 권리 등이 강조된다.

따라서 보호측면에서 영유아권리 존중을 기본으로 하되, 교육적인 양육환경으로서의 놀이를 위한 장난감·시설 등을 제공받고, 충분히 놀 수 있는 권리로서의 휴식·여가·놀이·문화적 생활에 대한 권리, 교육의 기회를 제공받고 교육받을 권리, 유아의 의사존중과 표현의 권리 등에 대한 바른 시각을 정립해 나가야 한다. 특히 유아의 일상적인 경험을 통해 권리에 대한 이해가 가능하도록 도와야 한다(김애란 외, 2021).

2. 아동복지의 방향

1) 아동에 대한 이해와 권리 및 복지에 대한 인식 강화

현시대의 사회적 변화로 인해 나타난 다양한 가족의 형태는 아동의 권리와 복지 증진을 위한 새로운 사회적 방향성을 요구하게 되었다. 특히 아동의 문제를 해결하기 위해서는 아동을 단지 보호의 대상이 아닌 권리의 주체로 인식하는 것이 필요하다. 유엔아동권리위원회는 2011년 9월 제58차 회기에서 "당사국의 법률상 절차나 사회적 태도 모두 아동에 영향을 미치는 결정에 있어 특히 15세 미만 아동의 견해를 고려하지 않는 점에서 우려를 표명한다."고 권고하였다. 이러한 측면에서 최근의 육아지원서비스가 영유아의 보편적 권리 보장보다는 저출산 등 사회적 위험에 따라 기업과 부모들의 욕구를 우선적으로 고려한다는 우려가 발생한다. 현재의 어린이집 운영시간, 야간보육 등의 취약보육은 일차적으로 부모의 노동시간에 부합하려는 것이고 영유아의 권리는 간과된 측면이 있다는 지적이다. 따라서 육아지원기관에서는 성인 주도적인 관심보다는 영유아 권리 보장에 대한 사회적 환기가 요구된다(유해미 외, 2011).

2) 아동의 권리 존중 방안

최근 사회에서 발생한 통학버스 사고, 가정과 기관에서의 아동학대 사건 등은 아동의 기본적인 권리인 생존과 보호조차도 미흡한 수준임을 보여 준다. 우리나라의 현행 아동 관련 법률들은 다수의 개별 법률로 산재되어 아동을 보호해야 하는 전달체계가 분산 배치되어 협력이 어렵고, 책임소재가 불분명한 측면이 있으며 아동정책에서 사각지대가 발생할 여지가 있다고 볼 수 있다(김아름 외, 2017).

아동권리보장의 법적 기반 확보 정책의 기본 방향

- 1단계
  - 현재 개별법상 법적 기반이 미약하여 아동권리보호가 취약한 영역에 대해 개정을 추진
- 2단계
  - 용어, 연령 등 중복·중첩적으로 규정되어 재정이 분산되고 충돌 우려가 있는 관련법들을 체계적으로 정비
- 3단계
  - 아동의 권리를 보장하는 통일된 기준과 추진체계를 마련하는 기본법 제정을 추진
  - 현행 「아동복지법」과 「청소년 기본법」 등 아동·청소년 관련법들을 통·폐합하는 방식으로 진행
- 4단계
  - 헌법 개정단계로서 현행 「헌법」상 보호의 대상으로서 수동적으로 규정되어 있는 아동을 적극적인 권리의 주체로서 명시

출처 : 김아름 외(2017).

유엔아동권리협약의 아동권리 일반원칙을 기반으로 하여 아동의 권리를 법적으로 보장하기 위한 주요 영역과 세부 내용은 차별 금지 등으로 아동 관련 모든 법률에서 일관되게 견지되어야 한다. 또한 아동의 생존 및 발달을 위한 사회보장 혜택과 학대예방은 아동의 보호를 위한 일차적인 권리가 되어야 한다. 세부적으로는 보건 및 사회복지 전반, 안전 및 보호, 교육 및 자립역량, 가정보호 및 양육, 놀 권리와 문화활동에의 참여로 구분할수 있다. 한편 이들 영역 전반에 걸쳐 아동권리에 부합하는 법적 기반을 갖추기 위해서는 앞서 언급한 바와 같이 아동정책 전반을 총괄하는 부서 및 기구의 내실화, 아동권리이행 모니터링의 독립성 및 법적지위 강화, 아동정책 총괄 개발 및 협의 강화, 아동권리교육의 체계화 및 내실화가 요구된다(김애란 외, 2021).

아동권리보장을 위한 주요 영역 및 세부 내용

내실 있는 아동복지서비스가 이루어지기 위해서는 복지담당 공무원이나 기관 관계자들의 전문성 확보가 필요하다. 장애복지서비스를 제공하는 인력의 전문성 강화는 복지의 질과 직결되는 요인이므로 재교육이나 정기적 평가를 통해 복지제공 인력의 전문성을 높이기 위한 지속적 관리가 필요하다.

무엇보다도 아동의 욕구와 권리를 최우선으로 고려하는 복지정책이 실행되어야 할 것이다. 아동복지정책의 목표는 아동이 독립된 인격체로서 권리를 존중받으며, 사회적·정신적으로 건강한 성인으로 자랄 수 있는 환경을 조성하는 데 있다. 실제 연구결과에서도 4대 권리지수의 평균값인 종합지수가 높을수록 아동의 긍정적 발달수준은 증가하고 부정적 발달수준은 감소하는 것으로 나타났다(이봉주, 장희선, 2019). 이에 반해 우리나라의 아동권리에 대한 인식수준은 상당히 낮은 편이며, 「헌법」에도 아예 아동이라는 용어가 포함되어 있지 않다. 그러나 헌법 내에 단순히 '아동'이라는 용어만을 편입하기보다 아동의 지위 혹은 권리를 향상할 수 있도록 아동권리와 보호의 구체적인 내용을 포함시켜야 할 것이다(황옥경, 2017).

우리나라는 1991년 유엔아동권리협약에 비준하고 당사국이 되었으나 아동권리에 대한 사회적 인식은 미흡한 실정이다. 유엔아동권리위원회에서는 한국의 입시, 조기교육을 아동의 권리를 침해하는 대표적인 사회환경으로 규정하고 개선을 요구하였다. 또한 아동과 관련된 일을 결정하는 과정에서 아동이 철저히 배제된다는 점을 아동권리 침해 사례로 지적하였다.

현재와 같이 인지지상주의(認知至上主義)가 강하게 지배하고 있는 상황에서 우리는 어린이에게 완전한 인격적 예우를 허하고, 그들이 고요히 배우고 즐거이 놀 만한 가정 또는 사회적 시설을 행할 것을 명시한 1923년 어린이 권리공약의 내용이 과연 보장되고 있는가를 반문해 보아야 할 것이다.

2003년과 2008년 두 차례에 걸친 유엔아동권리위원회의 권고에 의해 우리나라에서도 아동권리교육 프로그램의 개발과 효과성에 대한 연구가 이루어지기 시작하였으며, 실제로 아동권리교육 프로그램에 참여한 아동집단이 비참여 아동집단보다 높은 권리의식을 가지고 있었고, 권리향상을 위한 활동에서도 더 적극적이었을 뿐 아니라 리더십기술, 문제해결 능력, 자아존중감과 책임감 등이 향상된 것으로 나타났다(허남순 외, 2015).

또한 정부는 2015년 경제협력개발기구(OECD) 최하위 수준인 아동의 행복도를 높이기 위한 중장기 계획으로 '제1차 아동정책 기본계획'을 발표하고, '행복한 아동, 존중받는 아동'이라는 비전하에 아동들이 학업과 놀이 불균형을 해소할 수 있도록 '놀 권리 헌장'을 선포하고 놀이정책도 마련한다는 계획을 수립하였다(아시아경제, 2015).

우리나라는 OECD 국가 중에서 행복도가 최하위인 것으로 나타났다. 이러한 국가별 행복에 대한 조사결과는 미래사회를 살아갈 아동의 삶과 미래사회 구현에 어떠한 영향을 줄 것인지에 대해 생각하게 한다. 아동의 행복을 위한 활동의 하나로 아동권리향상 교육을 예로 들면, 아동권리교육에 참여한 경험이 있는 아동이 문제해결 능력과 리더십 그리고 자아존중감, 책임감과 같은 부분에서 도움이 되었던 것으로 나타났다. 이러한 아동의 행복도를 높이기 위한 중장기 계획으로 정부는 '아동정책 기본계획'을 발표하고, '놀 권리 헌장'을 선포하는 등 아동을 위한 다양한 정책을 마련하기 위해 노력하고 있다. 결국 아동교육의 본질은 아동 존재에 대한 이해와 아동을 위한 기본계획이 바르게 세워져야 한다. 아동이 건강하고 행복한 사회가 구현될 때 우리의 미래도 밝고 건강할 수 있기 때문이다.

♣ 생각 나누기 ♣

1. 저출산과 고령화사회를 극복할 수 있는 방안은 무엇이 있을지 국가적인 측면에서의 방안과 지역사회적 측면의 방안 그리고, 가정 측면의 방안에 대해 생각하고 토론해 봅시다.

2. 내가 생각하는 아동의 권리와 복지는 무엇인지 정의해 보고, 미래사회를 위한 복지정책에 대하여 5가지씩 쓰고 발표해 봅시다.

[1부 참고문헌]

공계순, 박현선, 오승환, 이상균, 이현주(2019). 아동복지론. 서울: 학지사.

과학기술정보통신부, 한국지능정보사회진흥원(2023). 스마트폰 과의존 실태조사.

교육부, 질병관리청(2023). 청소년건강행태조사.

국회보건복지위원회(2019). 아동복지를 위한 행정의 효율적 통합관리 방안. 국회보건복지위원회 정책연구.

김규수, 서영미(2018). 아동권리에 관한 아동영향평가 지표 개발. 열린유아교육연구, 23(5), 157-184.

김용득(2007). 영국 사회복지서비스의 구조와 서비스 질 관리체계. 보건복지포럼, 2007(3), 76~91.

김은정, 이상정, 박신아, 김주일(2018). 아동정책영향평가제도 도입방안 연구. 한국보건사회연구원.

김이영, 김운삼, 김소윤, 이은희, 최윤희, 현영렬(2017). 아동권리와 복지. 경기: 양성원.

김현자(2019). 아동권리와 복지. 경기: 어가.

김환준(2003). 미국 복지개혁의 성과와 한계. 한국사회복지학, 53, 129-153.

문진영(2004). 복지와 재정분권화, 이대로 가도 좋은가?-영국의 아동서비스 및 교육프로그램. 월간 복지동향, (68).

박세경(2016). 아동권리와 아동친화도시: 유럽 주요 도시의 경험을 중심으로. 보건복지포럼, 2016(3), 62-72.

배화옥(2008). 미국의 아동정책. 한국아동학회 학술발표논문집, 2008(2), 71-86.

보건복지부(2015). 제1차('15~'19) 아동정책 기본계획. 보건복지부.

_________(2020). 제2차('20~'24) 아동정책 기본계획. 보건복지부.

서울가톨릭사회복지회(2006). 서울가톨릭사회복지회 30년사. 한국교회사연구소.

성영혜, 김연진(1997). 아동복지. 서울: 동문사.

송정애(2022). 아동복지론. 경기: 양서원.

신재흡(2018). 사례중심의 아동권리와 복지. 서울: 동문사.

양정하(2014). 한국 아동복지정책의 통합적 분석. 아동교육, 23(3). 365-384.

여성가족부(2021). 2020년 가족실태조사 분석 연구. 여성가족부.

_________(2023). 2023년 청소년 통계 발표. 여성가족부.

윤혜미(2013). 아동복지론. 서울: 청목출판사.

이순자, 나성식, 이효숙(2018). 아동권리와 복지. 경기: 정민사.

이순형, 민하영, 이소은, 이완정, 황혜신, 이강이, 이영미, 이혜승, 한유진, 권혜진, 성미영(2016). 아동복지 이론과 실천. 서울: 학지사.

이은화, 이경우, 유희정, 문미옥, 조한숙(2011). 유아를 위한 복지의 이론과 실제. 서울: 창지사.

이종수(2009). 행정학 사전. 경기: 대영문화사.

이재연, 박은미, 황옥경, 김형모, 이은주, 강현아(2017). 아동복지론. 서울: 학지사.

이혜경(1993). 경제성장과 아동복지정책의 변용. 한국아동복지학, (1), 199-223.

이혜숙, 임은하(2009). 빈곤가정의 빈곤화 과정 연구. 한국가족복지학, 26(8), 255-294.

장민선, 최환용, 김기현, 하형석, 유민상, 조성호(2018). 입법상 연령기준과 정책 연계성 확보를 위한 연구. 한국법제연구원.

장인협, 오정수(2004). 아동청소년 복지론. 서울: 서울대학교출판부.

장인협, 이혜경, 오정수(2013). 사회복지학. 서울: 서울대학교출판부.

정대현, 이현정(2020). 탈근대성을 통해 바라본 유아의 존재의미. 한국열린유아교육학회 학술대회 논문집, 347-352.

정옥분, 정순화, 손화희, 김경은(2020). 아동권리와 복지(2판). 서울: 학지사.

정익중, 오정수(2021). 아동복지론. 서울: 학지사.

조복희, 강희경, 김양은, 한유미(2013). 한국 보육의 역사 및 관련법과 현황. 한국보육지원학회지, 9(5). 381-405.

조형숙, 백소영, 이수민, 이은형(2020). 아동권리와 복지. 경기: 정민사.

통계청(2021). 2020년 인구주택총조사.

_____(2023). 장래인구추계(2020~2070).

표갑수(2000). 아동청소년 복지론. 서울: 나남.

한국청소년정책연구원(2022). 아동청소년인권실태조사.

한미현, 문혁준, 강희경, 공인숙, 김상희, 안선희, 안효진, 양성은, 이경열, 이경옥, 이진수, 천희영(2011). 아동복지. 서울: 창지사.

허근(2010). 한국천주교 아동·청소년 복지의 역사: 천주교 아동·청소년 복지 시설을 중심으로. 교회사연구, 35, 307-345.

홍정화, 장지호(2019). 입양정책에서 출생신고 의무제의 한계와 대안탐색: 개정 입양특례법(2011)을 중심으로. 정책분석평가학회보, 29(1), 25-46.

Downs, S. W., Moore, E., McFadden, E. J., Michaud, S. M., & Costin, L. B.(2004). Child Welfare and Family Services: Policies and Practice. Boston: Peason Education.

Frederickson, H.(1957). *The Child and His Welfare* (2nd ed.). San Francisco: Freeman.

Friedlander, W., & Apte, R.(1980). *Introduction to Social Welfare*. Englewood Cliffs: Prentice-Hall.

Garbarino, J.(1992). The meaning of poverty in the world of children. *American Behavioral Scientist, 35*.

Gilbert, N., & Terrell, P.(2005). *Dimensions of social welfare policy* (6th ed). Boston: Allyn & Bacon.

Kadushin, A.(1980). *Child Welfare Services*. New York: Macmillan Publishing Company.

Kadushin, A., & Martin, J. A.(1988). *Child Welfare Services* (4th ed.). New York: Macmillan Publishing Company.

Pecora, P. J., Whittaker, J. K., Maluccio, A. N., Barth, R. P., & Plotnick, R. D.(1992). *The Child Welfare Challenge: Policy, Practice, and Research*. Aldine de Gruyter.

국가기록원 www.archives.go.kr
국민건강보험 www.nhis.or.kr/nhis/index.do
국사편찬위원회 조선왕조실록 sillok.history.go.kr
네이버 지식백과 terms.naver.com
다음 영화 movie.daum.net
동아사이언스 www.dongascience.com
법제처 국가법령정보센터 www.law.go.kr
보건복지부 www.mohw.go.kr
세이브더칠드런 www.sc.or.kr
아동권리보장원 www.ncrc.or.kr
위키백과 namu.wiki
유니세프 www.unicef.or.kr
표준국어대사전 stdict.korean.go.kr
통계청 국가통계포털 www.kosis.kr
한국민속대백과사전 folkency.nfm.go.kr
한국민족문화대백과사전 encykorea.aks.ac.kr
한국방정환재단 children365.or.kr
행정안전부 국가기록원 www.archives.go.kr

국민일보(2023. 5. 4.). 두 아이의 죽음… 여전히 계속되는 '자녀 살해 후 자살'.
국민일보(2023. 6. 12.). 오늘은 '세계 아동노동 반대의 날' 성착취·현대판 노예 심각.
매일경제(2022. 5. 4). 우리 아이들은 행복하지 않답니다.
부산일보(2023. 2. 2.). 김도읍, '노인빈곤예방법' 발의… 노인 빈곤 문제 해결 신호탄.
연합뉴스(2022. 1. 25.). 소득 상위 20% 가구의 자녀 사교육비, 하위 20%의 8배.
연합뉴스(2023. 2. 22.). 작년 합계출산율 '역대 최저' 0.78명… OECD 평균의 절반 못 미쳐.
유니세프(2021. 6. 11). 아동노동 인구 20년 만에 증가, 1억 6,000만 명 이르러.
직썰(2014. 7. 25). '결손가정'과 '정상 가족' 사이.
SBS Biz(2023. 1. 5.). 장애수당 50% 인상·부모급여 도입… 새해 바뀌는 복지제도는.

[2부 참고문헌]

강경미(2005). 통일을 대비한 북한청소년의 복음화와 기독교 상담전략. 성경과 신학. 한국복음주의 신학회 논문집, 37, 260–290.

강기정, 이무영, 김영희(2002). 한부모가정의 복지지원체계로서의 가상공동체 활용에 관한 기초연구. 대한가정학회지, 40(2).

강미경(2009). 아동학대 행위 중단과정에 대한 질적 연구. 한국아동복지학, 29, 29–72.

강민희, 김지혜, 박지혜(2011). 장애아동 재활치료 이용의 접근성 향상에 관한 연구. 서울: 한국장애인개발원.

강복정(2000). 시설아동을 위한 퇴소준비교육 프로그램의 효과에 관한 연구. 동국대학교 대학원 박사학위논문.

강욱모(2004). 한부모가족과 빈곤: 영국에서의 정책변화. 한국사회복지학, 56(1).

강철희, 윤혜미(2001). 시설보호아동의 자립준비 실태에 관한 연구: 시설보호아동의 자립강화방안. 한국아동복지학회 제15차 학술대회자료집, 3–50.

강현구(2014). 아동권리관점에서 본 영유아보육법과 유아교육법의 형성과정 및 법령분석. 서울대학교 박사학위논문.

건강지원센터(2007). 아동양육지원사업 운영매뉴얼.

고인숙, 류현수(2017). 아동권리와 복지. 서울: 동문사.

고주애(2010). 아동보호전문기관 상담원의 소진 경험에 대한 탐색. 한국사회복지질적연구, 4(1), 5–31.

공계순(2004). 아동학대예방센터 상담원의 소진에 관한 연구. 한국사회복지학회 추계공동학술대회자료집. 한국사회복지학회.

공계순·박현선·오승환·이상균·이현주(2003). 아동복지론. 학지사.

곽형식, 박영애, 박인전, 양점도, 윤종희, 이소희, 이항재, 최영희(2001). 인간행동과 사회환경. 서울: 형설출판사.

곽형식, 백경숙, 김민정, 김혜금, 김혜영, 박희현(2008). 아동복지론. 경기: 공동체.

교육과학기술부(2008a). 2008년도 새터민 청소년 교육지원 계획.

____________(2008b). 다문화가정 학생교육 지원계획.

____________(2008c). 보도자료.

교육부(2019). 특수교육통계.

______(2022). 연도별 탈북학생 수 현황자료.

교육부 국립특수교육원(2016). 장애영유아 양육길라잡이. 제1권, 53.

교육인적자원부(2004). 2004 연차보고서. 2004년 정기국회 보고 자료.

____________(2006). 다문화가정자녀 교육지원 대책 자료집.

____________(2007). 다문화가정자녀 교육지원 계획 자료집.

구미향(2006). 공개입양 가정의 부모가 경험하는 갈등의 유형과 특성 분석. 아동학회지, 27(3), 117–133.

구인회(2003). 경제적 상실과 소득수준이 청소년의 교육성취에 미치는 영향. 한국사회복지학, 53, 7-29.

구자헌(1972). 사회복지. 한국사회복지연구소.

권내현(2009). 조선후기 입양의 확산 추이와 수용 양상. 역사와 현실, 201-232.

국가인권위원회(2011a). 유아교사를 위한 인권교육프로그램 개발 연구.

__________(2011b). 유아용 인권교육 프로그램 개발을 위한 기초연구.

__________(2018). 유엔아동권리협약의 이해, 사이버 인권교육 보조교재.

국민복지기획단(1995). 삶의 질 향상을 위한 국민복지의 기본 구상(안).

국제아동인권센터(2020). 2019 아동권리 인식도조사.

국회도서관 입법조사분석실(2004). 통일 이후 남북한 교육통합 방안연구. 국회도서관 입법조사분석실.

권선진, 김형수, 전학석(1996). 장애인구 대상별 특성과 정책 과제. 한국보건사회연구원.

권세은(2002). 시설보호아동과 일반아동의 사회적 기술, 정서조망능력과 자기역량 지각의 비교. 서울대학교 대학원 석사학위논문.

권세은, 이순형(2002), 시설보호 아동과 일반아동의 사회적 기술, 정서조망능력의 비교. 아동학회지, 23(2), 107-120.

권오희(2006). 국내 결혼이민자 가정의 자녀문제에 관한 연구. 경희대학교 행정대학원 석사학위논문.

권용은, 마미정, 박민정, 박초아, 박춘미, 이삼범, 이정란, 채혜선(2007). 보육정보센터의 발전방안 연구. 전국보육정보센터협의회.

권은주(1998). 불교아동학개론. 파주: 양서원.

권이종, 이상오, 김용구(2008). 새터민 청소년 교육지원을 위한 법·제도적 보완 방안. 서울: 통일부.

권지성(2004). 공개입양가족의 적응과정에 대한 문화기술지, 한국아동복지학, 17, 7-48.

권지성, 변미희, 안재진, 최운선(2007). 입양아동의 입양됨의 의미. 한국입양홍보회.

금명자, 이영선, 김수리, 손재환, 이현숙(2006). 한국의 다문화가정청소년실태. 국가청소년위원회·한국청소년상담원 편. 다문화가정청소년 사회적응 실태 및 지원방안, 17-72.

김경민, 정익중(2009). 위탁아동의 친가족 경험이 심리사회적 적응에 미치는 영향. 한국가족사회복지학, 25, 93-120

김경희, 반정호(2005). 대체가정 서비스 유형에따른 아동의 발달에 관한 탐색적 연구. 한국아동복지학, 19, 107-139.

김계현(1999). 카운실링의 실제. 서울: 학지사.

김기형(2008). 남북통합시대를 대비한 복지전문인력 양성 및 허브구축을 위한 현장 제언. 그리스도대학교 2008 민·관·학 파트너십을 위한 기초단체장 및 유관기관장 초청 토론회 자료집, 31–41.
김나영, 이승희(2006). 아동임상과 상담심리. 서울: 동문사.
김덕성, 박노경, 이만수(2006). 보육정책론. 서울: 형성출판사.
김만겸(2019). 지역아동센터 운영과 관리에 대한 사례연구–경기도 A지역 관계자 인식을 중심으로. 중앙대학교 대학원 박사학위논문.
김만지(2001). 청소년기 미혼모의 진로태도 성숙 향상을 위한 집단 프로그램 개입에 관한 연구. 한국아동복지학, 12.
김미숙(2020). 학대피해아동 분리보호 개선방안 연구. 한국케어매니지먼트 연구 제35호, 169–192. 한국통합사례관리학회.
김미숙, 김성천, 정익중, 이혜원, 오승환, 이주연, 신어진(2009). 아동청소년 복지수요에 기반한 복지공급체계재편방안 연구 II: 지역유형별 사례를 중심으로. 한국보건사회연구원.
김미숙, 조애저, 홍미, 배화옥, 홍미희, 정재욱(2007). 정부내 바람직한 아동정책 수행체계개발.
김미영(2018a). 아동권리와 복지. 경기: 양서원.
_____(2018b). 아동복지론. 경기: 양성원.
김민정(2002). 아동학대 무엇이 문제인가. 전남아동학대예방센터 개소 2주년 기념 세미나 발표 자료.
김범수, 서은주, 손병돈, 정재훈, 조석연, 최현미, 신승연, 최승희(2007). 다문화사회복지론. 경기: 양서원.
김상균, 최일섭, 최성재, 조흥식, 김혜란(2001). 사회복지개론. 서울: 나남.
김상용(2005). 장애아동 가족지원. 직무연수, 13, 247–259.
_____(2009). 입양촉진 및 절차에 관한 특례법 소화.
김석산(2002). 우리나라 아동복지정책의 평가와향후과제. 한국아동복지학회 제17회 학술대회자료집, 79–81.
김석준, 김현호, 박주현, 시옥진, 오선영, 이범석, 이화명, 정미현(2018). 아동권리와 복지. 경기: 양서원.
김선우(2002). 인터넷 중독 실태와 영향요인에 관한 연구. 서울대학교 대학원 석사학위논문.
김성경, 김혜영, 최현미(2014). 아동복지론. 경기: 양서원.
김세곤(2001). 일본의 보육제도에 있어서 최근의 주요 현안과 과제. 한국일본교육학연구, 5(1), 51–67.
김소연, 배현아(2013). 보건의료법 체계를 고려한 장애아동 지원 정책. –장애아동발달재활서비스 사업을 중심으로–. 법과 정책연구.
김수진(2005). 아동복지관련법제의 개선방안연구. 서울: 한국법제연구원.
김순혜(2003). 아동상담. 서울: 학지사.

김아름(2020). 학대피해아동 보호를 위한 개선 과제: 원가정 보호원칙을 중심으로. 육아정책연구소.

김아름, 유해미, 박은영, 장민선(2017). 아동권리보장을 위한 법적기반 확보 방안. 연구보고 2017-16. 육아정책연구소.

김애란, 유경숙, 김정미, 유혜자, 권덕수, 최성은, 안지영(2015). 아동권리와 복지. 경기: 양성원.

김영모(1995). 시설보호사업의 실태와 과제. 사회정책연구, 17, 61-99.

김영종(2007). 사회복지행정론. 서울: 학지사.

김웅석, 김현옥, 이상헌, 오정수, 이정호, 박광준(1995). 아동복지수용시설 운영평가 및 개선방안. 한국보건사회연구원 연구보고서, 95-123.

김유경, 류정희, 변용찬(2016). 가족·아동·장애인복지 현황과 정책과제. 보건복지포럼, 1, 66-80.

김유숙(2000). 가족상담. 서울: 학지사.

김은정, 이상정, 박신아, 김주일(2018). 아동정책영향평가제도 도입방안 연구. 한국보건사회연구원.

김의영(1996). 아동복지의 개념규정에 관한 연구. 아동교육, 5(2), 1-13.

김이영, 김운삼, 김소윤(2017). 아동권리와 복지. 경기: 양성원.

김이영, 김운삼, 김소윤, 이은희, 최윤희, 현영렬(2018). 아동권리와 복지. 경기: 양성원.

김익균(2001). 보육행정과 정책의 정형화를 위한 연구. 한국보육학회지, 1, 11-33.

김익균, 고승덕, 최찬호, 이행숙(2001). 아동복지론. 서울: 대학출판사.

김현용, 윤현숙, 노혜린, 김연옥, 최균, 이배근(1997). 현대사회와 아동. 서울: 소화.

김정기(2004). 장애인복지 2차 5개년 계획 평가와 제언. 민주노동당 정책위원회. 제2차 장애인복지발전 5개년계획 평가 정책워크숍 자료집, 21-45.

김정래(2002). 아동권리향연. 서울: 교육과학사.

김정희, 김경란, 강정배(2015). 장애아동 재활서비스 지원 사업 실태 개선방안. 정서·행동장애연구, 31(2), 251-281.

김종인(2006). 장애인 의무고용률의 적정성 연구. 직업재활연구, 16(1), 193-216.

김춘경(2004). 아동상담. 서울: 학지사.

김현옥(2013). 한국의 아동보호사업에 대한 사회구성주의적 접근과 함의. 한국사회복지학, 65(4), 91-114.

김진경 외(2023). 인간과 환경의 이해. 동아대학교 기초교양대학 출판부.

김진욱, 박유정, 이미애, 윤소정(2019). 보육정책론. 경기: 양서원.

김현자, 이명숙, 노성향, 박선영, 이지영(2017). 아동권리와 복지. 경기: 어가.

김형모(2001). 입양 후 복지 서비스의 현황과 활성화를 위한 정책 방향. 보건복지포럼, 46-56.

______(2011). 아동학대의 실태 및 아동보호서비스의 현황 분석. 임상사회사업연구,

8(2), 95-113.
_____(2014). 한국 아동보호체계의 성과와 과제. 한국아동복지학, 46, 239-266.
김혜경, 박충선, 최용민, 최정혜, 한동희, 허영숙, 현은민, 홍달아기(2005). 노인학대전문상담. 서울: 시그마프레스.
김혜련(2012). 취약계층 빈곤 아동의 비만·저체중 양상과 아동기 건강형평성 제고를 위한 정책과제. 보건복지포럼, 2012(6), 55-66.
김호년, 김성재, 김현정, 박윤, 우수경, 이시진, 장정애, 이인원(2016). 아동권리와 복지. 경기: 양성원.
나은우(2012). 2009년 한국뇌장애인재활등록부 연보. *Journal of Korean Medical Science, 27*(6), 165, pp. 691-696.
노병일(2021). 아동복지론. 서울: 공동체
노충래, 김원희(2004). 시설거주 미혼모의 입양결정요인에 관한 연구. 한국아동복지학, 17, 49-79.
노충래, 박은미, 강현아, 신혜령(2007). 가정위탁보호 활성화 방안 연구. 서울: 보건복지부.
노혜련, 김미원, 조소연(2021). 아동복지론. 서울: 학지사.
도미향(2017). 영유아교육기관에서의 인권교육을 위한 탐색적 접근. 코칭연구, 10(3), 197-218.
도미향, 남연희, 이무영, 변미희(2006). 아동복지론. 경기: 공동체.
_____(2019). 아동권리와 복지. 경기: 공동체.
도미향, 정미현(2013). 보육과정. 경기: 양서원.
류연규, 최현수(2003). 우리나라 아동빈곤율 수준과 변화경향: 1982~2002년 도시근로자 가구를중심으로. 한국아동복지학, 16, 135-165.
류정희(2019). 포용국가 아동정책과 아동보호체계의 개편. 월간 복지동향, 249, 5-15.
마석훈(2005). 탈북 청소년의 특성과 남한사회의 편견. 한양대학교 대학원 석사학위논문.
마크로밀엠브레인(2014). 입양문화의 활성화.
문선화(1998). 아동복지법과 소년소녀가장세대.
문성호(2005). 북한이탈 청소년의 남한사회 적응과 청소년 복지의 과제. 청소년복지연구, 7(1), 5-17.
문영희(2010). 현행 아동복지법에 관한 고찰-특히 아동학대와 관련하여. 한양법학, 21(3),403-425.
_____(2016). 2016년 개정「아동복지법」에 관한법정책적 고찰. 법학연구, 19(4), 103-136.
미래창조과학부, 한국인터넷진흥원(2013). 인터넷이용실태조사.
박계신(2014), 국내 행동 치료 관련 인력 양성, 배치 및 서비스 제공 현황. 정서·행동장애연구, 30(2), 1-27.

박명숙(2002). 아동학대서비스에서 관련기관들 간의 연계성에 관한 논의. 한국아동복지학, 13.
박미석, 이종남(1999). 탈북가족의 남한사회 적응 시 겪는 어려움과 그에 따른 대처방안. 통일논총, 17, 3-73.
박미숙(2005). 장애아동가족의 가족탄력성과 비장애형제자매의 자아존중감과의 관계. 단국대학교 대학원 석사학위논문.
박보희(2002a). 우리나라 아동복지 정책의 평가와 향후과제. 한국아동복지학회 학술대회자료집.
_____(2002b). 한국아동정책의 회고와 전망. 한국아동복지학회 학술대회자료집, 3-25.
박현선(2004). 가정위탁보호제도의 현황과 문제점. 복지동향, 18-20.
박세정(2018). 아동의 삶의 터전, 지역사회에서 아동권리 옹호. 동광, (113).
박승희, 채구묵, 김철주, 홍세영, 김금자, 서종희, 김문정(2007). 스웨덴 사회복지의 실제. 서울: 양서원.
박영희 외(2008). 북한 이탈주민 가족복지론. 나눔의집.
박옥희, 권중돈(1994). 장애인복지의 현황과 정책 과제. 한국보건사회연구원.
박윤숙(2006). 북한이탈청소년의 사회적 지지 특성과 남한사회 적응에 관한 연구. 서울여자대학교 대학원 박사학위논문.
박인선(1995). 해외입양인의 뿌리 찾기에 관한 연구. 이화여자대학교 대학원 박사학위논문.
박정원(2007). 초등학생의 국제결혼자녀에 대한 인식. 한국교원대학교 대학원 석사학위논문.
박종보, 조용보(2006). 다문화가족 지원마련을 위한 연구. 연구보고, 2006(22). 여성가족부.
박정란, 서홍란(2009). 아동복지론. 경기: 양서원.
박한비(2014). 아동권리협약과 관련한 아동의 인권상황 및 문제점. 경북대학교 대학원 석사학위논문.
박효섭(2006). 다문화가정을 통해서 본 다문화교육의 현실과 가능성: 아시아공동체학교를 중심으로. 제7차 국제이해교육 학술대회자료집, 60-75.
박희숙, 유주희, 이광희(2016). 아동복지론. 경기: 공동체.
배태순(1998). 국내입양발전을 위한 입양관련프로그램 개발 및 입양개정법 제안. 한국아동복지학, 7, 127-155.
백선희(2001). 보건사회연구원 공청회 자료.
법무부(2013). 중앙행정기관 외국인정책 시행계획.
_____(2016). 2016년 출입국·외국인정책 통계연보.
법원행정처(2008). 사법연감.
변귀연, 오승환(2009). 아동보호전문기관의 상담원의 직무만족도 결정요인. 아동과 권리, 13(2), 247-274.

변미희(2002). 제1회 입양부모상담원 양성교육 자료집. 한국입양홍보회.

변미희, 권지성, 최운선, 안재진(2006). 입양아동발달에 관한 종단연구 −1차년도 결과 보고서−. 한국입양홍보회.

변미희, 백경숙(2001). 공개입양부모를 위한 사전·사후 서비스 프로그램 개발을 위한 기초조사연구. 아동권리연구, 5(2).

변미희, 이무영(2003). 1999년 아동복지법 전면개정의 정책결정과정에 관한 연구. 한국가족지학, 8(1), 51−67.

변미희, 최운선, 안재진, 권지성(2012). 입양아동발달에 관한 종단연구−4차년도 결과 보고사. 중앙입양원.

변용찬(2002). 장애인 자립을 위한 장애인복지정책의 현황과 중·장기 발전방안. 한국보건사회연구원.

변용찬, 김성희, 윤상용, 최미영, 계훈방, 권선진, 이선우(2001). 2005년도 장애인 실태조사. 용역보고서, 한국보건사회연구원.

변용찬, 이삼식, 김유정(1999). 우리나라 입양제도 개선에 관한 연구. 한국보건사회연구원.

변화순, 원영애, 김성경, 김영란, 김민정(2000). 최근 가족해체 실태 및 복지대책.

보건복지가족부, 한국여성개발원(2007). 보건복지가족부 사업안내.

보건복지부(2011). 유엔아동권리협약 제3, 4차 국가보고서 및 권고사항 자료집.

________(2012a). 2011년 장애인 실태조사.

________(2012b). 영아방임에 관한 연구.

________(2015a). 유엔아동권리협약 홍보집.

________(2015b). 제1차('15~'19) 아동정책 기본계획

________(2015a). 2014년 보건복지통계연보.

________(2015d). 2014년 장애인 실태조사.

________(2017). 제3차 중장기 보육기본계획.

________(2018a). 한국아동종합실태조사.

________(2018b). 특수보육어린이집 현황.

________(2018c). e−나라지표.

________(2018d). 보호대상아동 현황보고.

________(2018e). 2018년 국민기초생활수급자현황.

________(2019a). 장애인 정책이 31년 만에 바뀝니다. 보도자료(2019. 6. 25.).

________(2019b). 2019년 대한민국 정책브리핑(2020. 9. 20.).

________(2019c). 2019년 12월 기준 등록장애인 현황(mohw.go.kr).

________(2019d). 유엔 제5·6차 국가보고서에 대한 최종 견해.

________(2020a). 보육통계(2019년 12월 말 기준).

________(2020b). '어린이 재활의료기관 지정·운영 시범사업' 10월부터 실시. 보도자

료(2020. 9. 29.).
________(2020c). 제2차('20~'24) 아동정책 기본계획.
________(2020d). 제4차 어린이집 표준보육과정.
________(2020e). 2020년 모자보건사업안내(2020. 9. 20.).
________(2020f). 2020년 열린어린이집 가이드라인(어린이집용).
________(2020g). 2020년 장애아동가족지원 사업안내.
________(2020h). 2020년도 보육사업 안내.
________(2020i). 2020년도 아동분야 사업안내.
________(2020j). 2020년도 아동분야 사업안내 2.
________(2022a). 아동복지사업 안내.
________(2022b). 2020년도 아동학대 신고의무자 교육 안내.
________(2023a). 보건복지사업.
________(2023b). 입양에 대한 국가책임 강화한다. 보도자료(2023. 6. 30.).
________(2023c). 2023년 장애인연금 사업안내. p. 239.
보건복지부, 임신육아종합포털 아이사랑(2020). 2020 보육정책안내.
보건복지부, 중앙가정위탁지원센터(2010). 2009년 가정위탁보호 현황보고서.
________________(2012). 2011 가정위탁현황보고서.
________________(2018). 공무원용 가정위탁 업무 안내서.
보건복지부, 중앙가정위탁지원센터, Save the Children(2013). 가정위탁 10년.
보건복지부, 중앙아동보호전문기관(2010). 토끼가 구한 아이. 2010 아동보호전문기관 10주년기념 아동학대 우수사례 보고서.
________________(2013). 2012 전국아동학대현황보고서.
________________(2019). 2018 아동학대 주요통계.
보건복지부, 중앙아동학대예방센터(2004). 전국아동학대현황보고서.
보건복지부, 한국보건사회연구원(2017). 2017 장애인 실태조사.
________________(2007). 정책보고서 2007-14.
보건복지부 위탁 지역아동센터중앙지원단(2012). 지역아동센터 사례관리 업무매뉴얼.
보건사회연구원(2001). 2000년도 장애인 실태 조사 보고서.
살고 싶은 복지도시 천안네트워크(2002). 사회복지정책 제안집. 천안을 복지세상으로 만드는 33가지 방법.
샬트르 성 바오로 수녀회(1991). 한국 샬트르 성바오로 수녀회 100년사.
서문희(2010). 보육서비스이용의 지속성과 정책변화에 따른 이용만족도 변화, 아동가구의 육아지원서비스 이용 및 욕구. 육아정책연구소.
서문희, 양미선, 도미향, 송신영(2011). 공공형 어린이집 시범 모니터링과 평가. 보건복지부, 육아정책연구소.
서문희, 유혜미, 이세원(2010). 저소득층가정의 보육서비스와 사업효과. 한국여성재단.

서문희, 이미화, 도미향, 신윤정(2012). 중장기국가정책과제 수립 보고서. 맞춤형 보육서비스기획재정부, 육아정책연구소.

서보준, 김우호, 박선태, 이정미(2017). 아동복지론. 경기: 공동체.

서영숙(2008). 보육정보센터: 보육정책과 보육현장을 이어주는 허브. 전국보육정보센터 토론회 미래지향적 보육정보센터의 역할 재정립, 7-21.

서영숙, 황은숙(2004). 한부모가정과 이혼 이해교육. 경기: 양서원.

서울대교육연구소(2003). 유·초·중·고 권리교육과정 개발 연구.

서울대학교 사회복지실천연구회 역(2001). 사회복지실천기법과 지침. 서울: 나남.

서울특별시육아종합지원센터(2015). 서울시 어린이집 영유아권리존중을 위한 자가체크리스트.

서원경(2014). 지역아동센터이용 아동의 프로그램 만족도 및 또래관계가 심리사회적 적응에 미치는 영향. 부모교육연구, 11(1), 5-34.

서혁(2007a). 다문화가정 현황 및 한국어교육 지원방안. 인간연구, 12, 1-15.

___(2007b). 다문화가정 현황 및 한국어교육 지원방안. 인간연구, 12, 59-60.

선미정(2018). 가정위탁아동의 자아존중감이 학교적응에 미치는 영향: 애착(위탁부모와 또래)의 매개효과를 중심으로. 2018 가정위탁연구논문 공모전-연구논문 발간 보고서, 3-19. 서울: 중앙가정위탁지원센터.

설동훈(2009). 국내 결혼이민자의 자녀 양육과 교육. *Korean Journal of Pediatrics, 52*(4). 403-409.

설동훈, 이혜경, 조성남(2006). 결혼이민자 가족실태조사 및 중장기 지원정책방안 연구. 연구보고 여성가족부.

설동훈, 김윤태, 김현미, 윤홍식, 이혜경, 임경택, 한건수(2005). 국제결혼 이주여성 실태조사 및 보건. 복지 지원 정책방안. 보건복지부.

성미영, 이강이, 이순형(2001). 시설아동과 일반아동의 초기 학교적응 비교. 대한가정학회지, 39(1), 53-64.

성삼제(2007). 다문화가정 자녀교육 지원. 서울교육, 19, 23-26. 서울특별시교육연구원.

성영혜, 김과웅, 이재연, 서영숙, 이소희(2001). 아동심리학. 숙명여자대학교출판부.

성영혜, 김연진(2001). 아동복지론. 서울: 동문사.

___________(2002). 아동복지의 이론과 실제. 서울: 동문사.

세계보건기구(2001). ICF 2001 Introduction.

손덕순, 공선영, 김지에(2007). 경기도 저소득 한부모가족에 대한 정책적 지원방안 연구. 경기도가족여성개발원.

송근원, 김태성(1995). 사회복지정책. 서울: 나남.

송병건(1988). 영국 산업혁명기 구빈법의 변천과정에 관한 연구. 경제사학, 12(1), 297-361.

송유미, 이선자(2016). 지역아동센터 이용아동의 가정환경 건강성과 심리적 사회적 성숙의 관계를 통한 실천적 함의. 한국지역사회복지학, 59, 65-97.

신경희(2023). 인간과 환경의 이해. 동아대학교 기초교양대학출판부.

신영화(2005). 이혼숙려제도에 대한 임상적 접근. 한국가족치료학회 제20회 춘계학술대회 자료집.

신혜령(2001). 시설아동의 자립 준비에 관한 연구. 이화여자대학교 대학원 박사학위논문.

_____(2012). 아동자립지원포럼 자료집. 아동자립지원사업단.

신혜령, 김성경, 안해영(2003). 시설퇴소아동 자립생활의 영향요인에 관한 연구. 한국아동복지학, 16.

신혜령, 정재훈, 김성경(2006). 한부모가족지원법안에 관한 연구. 여성가족부 연구보고서.

신혜원, 민성혜(2008). 가정위탁유아, 연장입양유아와 일반유아의 내적 표상에서의 차이. 아동학회지, 29(3), 157-174.

신혜정(2007). 다문화가정 자녀의 자아정체성에 영향을 주는 요인에 관한 연구. 이화여자대학교 대학원 석사학위논문.

신혜정, 강위영(2001), 자폐성 장애아 중재 연구: 자폐아동의 형제관계 연구. 정서행동장애연구, 17(1), 381-412.

심윤희, 김용희, 황혜경, 김보영, 이회현, 이미란(2018). 영유아교육기관에서의 안전교육. 경기: 파워북.

아동권리보장원(2018). 2018년 입양통계(www.kdoption.or.kr).

___________(2019a). 2019년 입양통계.

___________(2019b). 2018년 입양 통계.

___________(2019c). 2019 아동입양 실무 매뉴얼.

안지영(2013). 스리랑카 거주 한국-스리랑카 다문화가정 유아의 문화적응. 유아교육학논집, 17(4), 209-239.

안명옥(2004). 저출산사회대책기본법 제정의 필요성. 대한가정학회 57차 추계학술대회 발표집.

안은미(2007). 농어촌 결혼이민자가정 자녀의 학교적응에 영향을 미치는 요인에 관한 연구. 이화여자대학교 대학원 석사학위논문.

안재진(2008). 국내입양가족의 초기적응에 관한 연구. 서울대학교 대학원 박사학위논문.

양계민, 김승경, 김윤영, 정소희, 이정미, 박선영(2012). 연구보고12-R08. 한국청소년정책연구원.

양숙미(1994). 시설아동에 대한 집단사회사업 실천개입에 관한 연구. 서울대학교 대학원 박사학위논문.

양승남 외(2012). 2012 한국뇌장애인재활등록부. 2009년 연보, 27(6), 165, pp. 691-696.

양심영(2004). 가정위탁사업평가에따른서비스발전방안모색. 가정위탁지원센터 개소 1주년기념 학술세미나 자료집. 한국복지재단.

양점도, 변미희(2001). 아동복지시설의 양육환경이 아동·아동발달에 미치는 영향. 아동복지연구.

양정하, 황인옥, 신현석, 유태완(2002). 사회복지정책론. 경기: 양서원.

엄규숙(2002). 모성보호비용의 사회분담화 문제. 노동 법률, 110, 73-77.

엄명용, 김성천, 오혜경, 윤혜미(2000). 사회복지실천의 이해. 서울: 학지사.

엄주희(2016). 영아의 생명권을 위한 규범적 고찰. 서울법학, 23(3), 91-124.

여유진, 김미곤, 류정희, 정은희, 강지원, 정희선, 조준용(2017). 아동의 빈곤예방을 위한 정책 연구. 보건복지부, 한국보건사회연구원.

오미희, 임명희, 김윤희, 이세나, 강현영(2017). 아동권리와 복지. 경기: 파워북.

여성가족부(2011). 다문화가족지원계획 보도자료.

오삼광(2020). 가정 내 아동학대 방지를 위한 법·제도적 연구. 토지공법연구, 제9권, 341-356.

오성배, 강태중, 이기범(2009). 다문화가정 학생 교육 지원 중장기계획 수립을 위한 연구. 한국청소년정책연구원 연구보고서, 139-141.

오승환(2000). 소년소녀가장의 심리사회적 특성에 관한 비교 연구: 일반아동과의 비교를 중심으로. 한국아동복지학, 9, 99-126.

오영림, 김봉석, 신나리, 배은경 공역(2005). 아동을 위한 사회사업실천. 서울: 하나의학사.

오정수, 정익중(2013). 아동복지론. 서울: 학지사.

오혜경(2002). 장애아동복지정책의 문제점과 개선방안. 2002년 한국아동학회 추계학술대회 자료집, 63-89.

우대식(1992). 어머니 취업 유무에 따른 양육태도와 아동의 문제행동에 대한 지각과의 관계. 경남대학교 교육대학원 석사학위논문.

유계숙, 장혜경, 전혜정, 김윤정, 민성혜, 박은미, 안재희, 장보현, 한지숙(2007). 가족정책론. 서울: 시그마프레스

유니세프 한국위원회(2015a). 유엔아동권리위원회 권고사항: 한국이 지켜야 할 어린이를 위한 약속.

________________(2015b). 유엔아동권리협약으로 알아보는 어린이의 권리.

유명복(2005). 탈북청소년의 남한사회 적응과 기독교 교육의 과제. 성경과 신학. 한국복음주의신학회 논문집, 37, 297-316.

유안진(1999). 아동발달의 이해. 경기: 문음사.

유안진, 김진경(2002). 시설아동의 자아정체감과 심리사회적 적응: 학령기 아동과 청소년을 중심으로. 대한가정학회지, 29(3).

유안진, 한유진, 김진경(2003). 시설보호아동의 또래관계 증진을 위한 사회적 역량 프로그램의효과. 아동학회지, 24(2).

유해미, 김은설, 황옥경, 김재원(2011). 육아지원기관에서의 아동권리 실태와 증진방안 연구. 연구보고 2011-10. 서울: 육아정책연구소.

육아정책연구소(2022). 유아교육·보육 통계.

윤미현, 이재연(2001). 10대 미혼모의 유아입양관련 요인들에 관한 연구. 아동학회지, 22(1).

윤여상(2002). 재중 탈북 청소년 인권실태와 대처방안. 북한인권 및 남북 인도적 문제 현황과 대책 비공개 워크숍.

이강이(2002). 시설보호 유아의 사회적 역량 향상 프로그램. BK 21 핵심분야 아동가족학 사업팀 학술발표회 자료집, 18-37.

이강이, 성미영, 이순형(2001). BK 21 핵심분야 아동가족학 사업팀(유아 및 초등학교 저학년팀) 2차년도 보고서.

__________(2002a). 시설보호 아동의 인지능력에 따른 행동문제. 대한가정학회지, 40(2), 57-66.

__________(2002b). 시설보호 유아의 사회적 역량 향상 프로그램 개발 및 효과, 대한가정학회 추계학술대회 자료집.

__________(2003). 시설보호 유아를 위한 사회적 유능감 향상 프로그램 개발 및 효과 검증. 대한가정학회지, 41(5), 41-58.

이소희, 김영희, 윤재정, 이용복, 최진원, 박은희(1999). 현대 영유아복지론. 서울: 양서원.

이경자, 김경희, 박인기, 서성강, 송화진, 신경은, 이미진, 이은희, 장화순, 조병상, 조영례(2016). 유아권리 길라잡이. 서울: 씽크파워.

이경혜, 김정일(2009). 유아의 마음읽기능력 및 정서읽기능력과 사회적 능력과의 관련성에 대한연구. 아동교육, 18(3),165-176.

이경희, 이소희(1993). 가족복지. 경기: 형설출판사.

이경희, 이소희, 방은령(1995). 가족복지론. 경기: 형설출판사.

이기영(2002). 탈북청소년의 남한사회 적응에 관한 질적 분석. 한국청소년연구, 13(1),175-221.

이남옥(2005). 독일의 이혼상담. 한국가족치료학회 제20회 춘계학술대회 자료집.

이무영(2003). 이혼결정과정에 영향을 미치는 요인 분석. 숙명여자대학교 대학원 박사학위논문.

_____(2008). 한부모가족의 부모역할 지원을 위한 리더십 개발의 필요성과 방향. 한국코칭학회 추계학술대회 자료집.

이무영, 채경선(2004). 영아기 부모교육사 교과과정 개발에 관한 기초 연구. 대한부모교육학회추계학술대회 자료집.

이미선(2002). 해외입양인의 자아정체감 및 이에 영향을 미치는 요인에 관한 연구. 한국아동복지학, 14.

이배근(2006). 세계의 아동복지. 유니세프 보고서.

이상욱, 정희영, 김종명, 김미애(2016). 아동권리와 복지. 경기: 파워북.

이선미, 김경윤, 박영충, 김성영(2017). 아동권리와 복지. 서울: 창지사.

이선애, 한서연, 이종신, 현정희, 표정민(2018). 아동권리와 복지. 경기: 정민사.

이선주, 양애경, 장미혜, 최현미, 송성실(2008). 여성결혼이민자를 위한 사회서비스 현황과 정책과제. 한국여성정책연구원.

이소희, 허용숙, 최용민(2004). 사회복지개론. 서울: 교문사.

이숙재, 이봉선(2002). 유아의 발달과 교육. 서울: 창지사.

이순자, 나성식, 이효숙(2018). 아동권리와 복지. 경기: 정민사.

이순형,이성옥, 민하영, 이명미, 한유진, 장영은, 최나야, 김지현, 김지경, 정현심(2008). 영유아건강교육. 서울: 학지사.

이순형, 이강이, 성미영(2000). 초등학교 저학년 시설아동의 입소원인 지각에 따른 초기 학교적응의 차이. 대한가정학회지, 38(11), 181-191.

이순형 외(2007). 아동복지 이론과 실천. 서울: 학지사.

이영주(2007). 다문화가정 아동의 심리사회적 적응에 영향을 미치는 요인에 관한 연구. 공주대학교 대학원 박사학위논문.

이옥(1993). 도시지역 방과 후 탁아 프로그램 제공을 위한 기초 조사연구. 탁아연구소.

이용교(2005). 새터청소년을 위한 자립지원정책의 개선방안 연구. 청소년복지연구, 8(1),51-67.

이용교, 황옥경, 김영지, 김형욱, 이중섭, 박경희(2005). 한국의 아동·청소년 권리. 서울: 인간과 복지

이용복(2004). 외국의 아동수당제도의 비교연구 -저출산 인구정책적 관점에서-. 대한아동복지연구, 2(2), 97-113.

이용복(2006). 우리나라 아동복지서비스 전달체계의 현황 및 방향성 모색. 한국가족복지학, 11(1), 53-68.

이용주, 조숙영, 김정희(2016). 아동권리와 복지. 경기: 공동체.

이용환(2003). 아동복지시설 퇴소아동의 취업실태에 관한 연구. 한국아동복지학, 15.

이윤로(2005). 사회복지실천기술론. 서울: 학지사.

이인곤(2020). 아동학대범죄의 예방에 관한 한국적 실효성 확보방안 -선진외국 프로그램응용및 발전적 도입방안 중심으로-. 법이론실무연구, 8(2), 125-167.

이인정, 최해정(1997). 인간행동과 사회환경. 서울: 나남.

이재연(1993). 아동발달. 경기: 문음사.

이재연, 김경희(1990). 부모교육. 경기: 양서원.

이재연, 서영숙, 이명조 공역(1990). 아동상담과 치료. 경기: 양서원.

이지애(2007). 다문화가정 아동과 일반가정 아동의 학교적응에 관한 비교연구 -자아존중감을 중심으로-. 고려대학교 사회복지대학원 석사학위논문.

이혜경(1991). 우리나라 탁아정책의 모델과 재정제도의 선택. 우리 아이들의 육아현실과 미래. 서울: 한울.

_____(1992). 권위주의적 자본주의 사회에서의 복지국가의 발달: 한국의 경험. 복지국가의 현재와 미래. 사회복지 국제학술대회 자료집.

이혜연, 박영균, 유성렬, 정선욱, 고정원(2012). 취약계층 아동·청소년 종단조사 III. 한국청소년정책연구원 연구보고서, 1-563.

이화도, 김수희, 김윤아, 장원주, 김은영, 문소연, 김경희(2018). 영유아를 위한 인권교육. 서울: 창지사.

이효정, 강현경, 김갑순, 김민정, 김성숙, 이선자, 이영희, 최경희(2017). 아동권리와 복지. 경기: 공동체.

임경혜(2004). 국제결혼 사례별로 나타난 가족문제에 따른 사회복지적 대책에 관한 연구. 대구대학교 사회복지대학원 석사학위논문.

임시아(2017). 아동권리와 복지. 경기: 공동체.

임인숙(1999). 미국 학계의 가족변화 논쟁. 가족과 문화, 11(1), 23-46.

임춘희(1994). 재혼가족연구의 시각과 연구성과에 관한 문헌 고찰. 대한가정학회지, 32(2), 93-108.

_____(1996). 재혼가족 내 계모의 스트레스와 적응에 관한 질적 연구. 한국가정관리학회지, 36.

임춘희, 정옥분(1997). 초혼계모의 재혼가족생활 스트레스와 적응에 대한 경험적 연구. 대한가정학회지, 35.

임현(2014). 정책과 법의 관계에 대한 모색. 공법학연구, 15(2), 85-102.

장경미(1995). 취업모의 취업경험과 자녀의 행동 간의 관계. 연세대학교 대학원 석사학위논문.

장영인(2020). 아동의 목소리, 어떻게 반영할 것인가. 아동권리 국제포럼.

장인협(2000). 사회복지학. 서울: 서울대학교 출판부.

장지연, 윤자영, 이경희, 강병시, 박혁(2014). 2013년 고용보험사업 평가보고서: 제2부 여성 및 모성지원사업군 평가. 한국노동연구원 고용보험 평가센터.

장혜경(2001). 재혼가족을 위한 가족정책 방향과 과제. 여성과 가족정책 세미나 자료 한국여성개발원.

장혜경, 김영란(2000). 북한이탈주민가족의 가족안정성 및 사회적응과 여성의 역할. 한국여성개발원.

장혜경, 민가영(2001). 재혼가족의 적응 실태와 지원방안에 관한 연구. 한국여성개발원.

장혜경, 송다영, 김영란, 김정훈(2001). 한부모가족 및 실질적여성가장가족의 여성을 위한 가족정책방향과 과제. 가족정책의 새로운 전망. 한국여성개발원. 여성과 가족정책 세미나 자료집.

전용호(1994). 장애인복지론. 서울: 학문사.
전재일, 이성희, 남연희(1999). 부자가정의 실태와 복지정책. 사회복지개발연구원.
정경희, 김유경(1997). 지역별 보육수요와 정책방안. 한국보건사회연구원.
정상우(2008). "이주아동'의 기본권 보장에 관한 연구. 법제연구, 통권 34호, 309-345. 한국법제연구원.
정선욱(2002). 시설보호아동의 심리사회적 적응에 영향을 미치는 요인. 서울대학교 대학원 박사학위논문.
정수주(2000). 한부모가정의 문제유형과 문제요인에 관한 연구. 대구대학교 대학원 석사학위논문.
정영숙(2003). 발달장애아동과 가족복지의 실제. 서울: 현학사.
정영순(2000). 시설보호 아동의 가족재결합 촉구방안. 한국아동복지학, 9, 247-262,
정옥분, 정순화, 손화희, 김경은(2016). 아동권리와 복지. 서울: 학지사.
__________(2020). 아동권리와 복지(2판). 서울: 학지사.
정은희(2015). 아동빈곤 현황과 정책방향. 보건복지포럼, (220), 47-55.
정익중(2014). 빈곤아동의 문화생활과 박탈. 아동복지학회 학술대회 자료집.
정익중, 오정수(2021). 아동복지론. 서울: 학지사.
정정길(1990). 정책결정론. 서울: 대명출판사.
정진웅(2004). 적응을 넘어서. 열린교육연구, 12(2).
정하성, 유진이, 이장현(2007). 다문화청소년이해론. 경기: 양서원.
정현숙, 유계숙(2001). 가족관계. 서울: 신정.
정현숙, 유계숙, 임춘희, 전춘애, 친혜정(2000). 재혼가족에 대한 실태 및 재혼생활의 질에 대한 연구. 대한가정학회지, 38(4).
정현영(2007). 다문화가정 자녀의 학교생활 적응에 영향을 미치는 요인에 관한 연구. 숭실대학교 대학원 석사학위논문.
정혜경, 장영은(1999). 사회복지시설아동의 신체 발육 및 영양 상태. 대한지역사회영양학회지, 3-11.
정혜선, 김진숙(2004). 위탁아동의 가정위탁에 관한 연구. 한국가족복지학, 9(2), 115-134.
정희순(2016). 지역중심의 아동복지서비스전달체계 및 영유아복지서비스전달체계 연계 방안: 보육기관 운영자의 FGI 중심으로. 서울기독대학교 대학원 사회복지학과 석사학위논문.
조애저, 김형모, 김유경, 이상헌, 이재연(2000). 아동수당제도의 도입방안에 관한 연구. 한국보건사회연구원.
조영달(2006). 다문화가정의 자녀교육실태조사. 교육인적자원부.
조옥라(1996). 재혼 그 또 다른 시작. 한국가정법률상담소 창립 40주년 심포지엄 자료집.

조은미(1985). 시설아동의 성취동기에 관한 연구. 숙명여자대학교 교육대학원 석사학위논문.

조추용, 오정옥, 한성심, 이채식(2001). 가족복지론. 서울: 창지사.

조한범, 이우영, 이금순, 전효관(2003). 북한이탈청소년 및 귀국청소년 문제행동 예방과 대책연구. 한국청소년개발원 통일연구원.

조형숙, 백소영, 이수민, 이은형(2020). 아동권리와 복지. 경기: 정민사.

조혜영, 이창호, 권순희, 서덕희, 이은하(2007). 다문화가족 자녀의 학교생활실태와 교사·학생의 수용성 연구. 한국청소년정책연구원.

주소희(2004). 이혼가족자녀의 탄력성 향상을 위한 프로그램 모형 개발. 명륜복지연구, 2.

중앙건강지원센터(2007). 결혼이민자가족 아동양육지원사업 결과보고서.

중앙입양원(2013). 국내입양 사후관리서비스 체계화를 위한 서비스 모형 개발 연구.

채정민, 김종남(2004). 북한이탈주민의 상대적 박탈감과 심리적 적응: 개인적 적응과 사회적 정체감의 영향을 중심으로. 한국심리학회지: 사회 및 성격, 18(1), 41-63.

천성문, 송재홍, 윤치연, 윤호열, 이영순, 박천식, 김경일, 하영자, 김상희, 원요한 공역(2001). 아동상담의 이론과 실제. 서울: 시그마프레스

초록어린이재단(2022). 아동관련법과 아동복지법 변천사 연구.

초록우산 어린이재단 복지사업본부(2017). 아동권리기반 복지사업가이드.

최경석, 김양희, 김성천, 김진희, 박정윤, 윤정항(2001). 한국가족복지의 이해. 서울: 인간과 복지.

최선희(2003). 교육복지투자 우선지역 아동·청소년 실태 조사. 강북·노원지역사업 담당자 워크숍. 서울특별시성북교육청, 강북지역복지협의회, 노원교육복지협의회.

최성임(1998). 어머니의 취업과 일 만족이 자녀의 성취동기에 미치는 영향. 대구대학교 대학원 석사학위논문.

최성재(2008). 사회복지행정론. 경기: 나남.

최승희(2003). 자녀를 상실한 미혼모들을 위한 슬픔완화 지지집단 프로그램의 효과. 한국아동복지학, 16.

최영진(2009). 일본 아동수당제도의 이념과 변천. 법학연구, 25(4), 117-144.

최옥채, 박미은, 서미경, 전석균(2005). 인간행동과 사회환경. 경기: 양서원.

최윤영(2013). 아동복지법제의 개선에 관한 연구: 권리와 전달체계를 중심으로. 이화여자대학교 박사학위논문.

최은영, 김순주, 김민수(2013). 아동 주거빈곤의 현황과 과제. 월간 복지동향, (179), 29-35.

최일경(1996). 시설아동의 문제행동에 관한 연구. 연세대학교 대학원 석사학위논문.

최일섭, 최성재(2000). 사회문제와 사회복지. 서울: 나남.

최현미, 박영희, 석말숙(2006). 아동복지실천현장의 다양화: 이주아동, 북한이주민 아동, 장애아동을 위한 전문 인력 양성방안. 한국아동복지학회 추계학술대회 자료집.

최현미, 이수연(2008). 다문화가족 지원기관 현황분석과 전문프로그램 개발. 다문화가족연구, 21-22.
최현미, 이혜경, 신은주, 최승희, 김연희, 송성실(2010). 다문화 가족복지론. 경기: 양서원.
통계청(2015). 장래인구특별추계자료.
______(2022a). 다문화인구통계 보도자료.
______(2022b). 인구동태통계연보.
______(2022c). 인구총조사.
통계청 인구동향과(2012). 사망원인통계.
표갑수(2000). 아동청소년복지론. 서울: 나남.
하상락(1989). 한국사회복지사론. 서울: 박영사.
한국교육개발원, 교육인적자원부(2003). OECD 교육정책보고서. 서울: 한국교육개발원.
한국가족치료학회(2005). 임상적 관점에서 본 이혼 전 숙려제도. 제20회 춘계학술대회 자료집.
한국보건사회연구원(1994). 장애인복지의 현황과 정책 과제.
________________(1995). 1995년도 장애인 실태 조사.
________________(2003). 가족 총소득 대비 1인당 평균 자녀양육비.
________________(2007). 저출산 및 인구고령화 대응 연구: 출산, 양육관련 지역사회 자원 활용 방안 연구.
________________(2017). 2017년 빈곤통계연보.
한국보육시설연합회(2001). 보육정보.
한국아동권리학회(2001). 한국의 아동지표. 서울: 학지사.
한국아동복지연합회(2005). 아동복지시설 발전방안 개발연구.
한국아동복지협회(2011). 아동복지법 개정에 따른 아동복지시설 발전방향.
한국아동학회(2001). 아동발달백서. 한솔교육문화연구원.
___________(2004). 한국아동학의 연구: 동향과 전망. 서울: 학지사.
한국여성정책연구원(2008). 다문화 사회를 향한 전망과 정책적 대응. 세미나 자료집.
한국인간발달학회(1996). 유아의 심리. 서울: 중앙적성출판사.
한국장애인개발원(2019). 2019년 장애인통계연보.
한국청소년개발원(2003). 청소년정책론.
한국청소년정책연구원(2011). 한국 아동·청소년 인권실태 연구I. 연구보고 11-R11.
한국형사정책연구원(2016). 아동학대 발생현황과 특성.
한만길(1997). 통일시대 북한교육론. 경기: 교육과학사.
한미숙(2001). 대구지역 가정위탁보호사업에 관한 연구. 계명대학교 여성학대학원 석사학위논문.
한미현, 문혁준, 강희경, 공인숙, 김상희, 안선희, 안효진, 양성은, 이경열, 이경옥, 이진숙, 천희영(2016). 아동복지. 서울: 창지사.

한상운(2007). 현행 헌법상 기본권 체계 및 범위에 관한 일고찰. 헌법학연구, 13(3), 501-537.

한성심, 송주미(2003). 아동복지론. 서울: 창지사.

허남순(2000). 가정위탁제도의 활성화 방안에 관한 연구. 한국아동복지학, 9, 263-287.

_____(2004). 친인척 가정위탁과 일반가정 위탁아동의 심리 사회적 특성 및 위탁가정 의서비스 욕구에 대한 비교연구. 한국아동복지학, 18, 243-270.

한성심, 송주미(2009). 아동복지론. 서울: 창지사.

한인영(2001). 북한이탈주민의 우울성향에 관한 연구. 정신보건과 사회사업, 1(6), 78-94.

한인영, 이소래(2002). 북한이탈주민의 이주형태 및 성별에 따른 건강관련 특성 비교연구. 한국가족복지학, 10, 121-141.

함인희(1993). 변화하는 가족과 여성의 지위. 21세기와 여성. 한국여성개발원.

행정안전부(2011). 지방자치단체 외국계주민 현황조사 결과.

허남순, 고윤순, 이정남, 장선아(2015). 아동권리모니터링 프로그램이 아동의 권리의식·권리활동, 개인적 능력, 사회적 관계에 미치는영향. 아동권리연구, 19(2), 211-235.

허남순, 이혜원(2006). 유엔 아동권리협약의 원칙과 국내 가정위탁보호의 현황분석. 한국아동복지학, 22, 95-126.

현경순(2007). 국제결혼 부부의 부부갈등 및 양육태도가 자녀들의 학교생활 부적응에 미치는 영향. 성균관대학교 사회복지대학원 석사학위논문.

현외성, 조추용, 윤은경, 김양이(1998). 한국노인 복지학강론. 서울: 유풍출판사.

현정환(2003). 일본보육소의 역사에 대한 연구. 한국일본교육학연구, 7(1), 142-158.

홍봉선(1997). 비행청소년 자아개념 강화를 위한 집단사회사업 프로그램 개발과 그 적용에 관한연구. 부산대학교 대학원 박사학위논문.

홍봉선, 남미애(2001). 청소년복지론. 경기: 양서원.

황범주(2008). 다문화가정 자녀를 위한 교육정책분석. 안양대학교 교육대학원 박사학위논문.

황성원, 김경희, 오승아, 조현주, 권정임(2010). 아동심리와 상담. 서울: 창지사.

황성하, 남미경(2011). 일본 보육지원 정책의 변화과정 및 지역사회 맞춤형 보유 지원 정책에 관한 연구. 한국보육지원학회지, 8(4), 231-250.

황수경(2004). WHO의 새로운 국제장애분류(ICF)에 대한 이해와 기능적 장애 개념의 필요성. 노동정책연구, 128-149.

_____(2018). 보건복지 분야 국가통계의 발전을 기대한다. 보건복지포럼, 2018(8), 2-5.

황옥경(2003). 영국·프랑스·일본의 아동양육에 대한 사회적 지원. 국제아동복지학회 2003년차 학술대회 자료.

_____(2017). 아동권리의 헌법 명시. 아동과 권리, 21(4), 479-496.

황은숙(2008). 한부모가정 복지정책의 현황과 개선방안. 한국한부모가정학회 창립기념 학술대회자료집, 23-45.

황진수, 전신욱(2004). 북한이탈 청소년의 남한사회적응지원방안. 한국정책과학학회보, 8(3). 한국정책과학회.

황해익, 남미경, 서보순, 김병만(2017). 아동권리와 복지. 경기: 정민사.

島田晴雄(2000). 高齢・少子化社會 家族と經濟. NTT出版.

澁谷敦司(1999). 少子化問題の社會的構成と家族政策. 季刊會問題研究, 34(4), 374-383.

神長谷川眞人, 神戸賢次, 小川英彦(2001). 子どもの援助と子育て支援. ミネルビア書房.

竹中惠美子(1995). 育兒休業職制度とその問題點. 賃金と社會保障, 370.

Administration for Children and Families(2007). About head start. http://www.acf.hhs.gov/pro-grams/hsb/about/index.htm.

Allen, E. C., Combs-Orme, T., McCarter Jr, R. J., & Grossman, L. S.(2000). Self-reported depressive symptoms in school-age children at the time of entry into foster care. *Ambulatory child health, 6*(1), 45-57.

Altshuler, S. J.(2003). From barriers tosuccessful collaboration: Publicschoolsand child welfare working together, *SocialWork, 48*(1), 52-64.

Amato, P. R.(1993). Child's Adjustment to Divorce: Theories, Hypotheses, and Empirical Support, *Journal of Marriage and the Family, 55*, 23-38.

Amato, P. R., & Keith, B.(1991). Parental Divorce and the Well-being of Children: AMeta-analysis. *Psychology Bulletin, 110*, 26-46.

American Humane Association(1984). *Trends in officially reported child neglect and abae*. AmericanHumane Association, Child Protection Divisions.

Aries, P.(1962). Centuries of Childhood: A Social History of Family Life, çev. *Robert Baldick*. New York: Alfred A. Knopf.

ASGW(1989). Professional standards for the training of group workers. ASGW/ ACA.

Ball, J. W., Bindler, R. C., & Cowen, K. J.(2014). *Child health nursing* (3rd ed.). Upper Saddle River, NJ: Pearson.

Bandura, A.(1986). Social foundations oftbougbt and action: A social cognitivetbeory. *Englewood Cliffs*, NJ: Prentice-Hall.

_________(1989). Social cognitive theory. Dalam R. Vasta. *Annals of child development, 6*, 1-60.

Bartfeld, J.(2000). Child support and the postdivorce economic well-being of mothers, fathers, and children. *Demography, 37*(2), 203-213.

Belsky, J.(1993). Etiology of child maltreatment: A developmental-cological analysis. *Psychological bulletin, 114*(3), 413.

Bernstein, J. Y.(1999). *Interpersonal problem-solving styles of aggressive and victimized children: The aggressor/victim system*. Brandeis University.

Berry, F. M.(1978). Contemporary bibliotherapy: Systematizing the field. *Bibliotherapy sourcebook*, 185-190.

Besharov, D. J.(1990). *Recognizing child abuse: A guide for the concerned*. New York: Free Press.

Bolger, K. E., & Patterson, C. J.(2001). Children's internalizing problems and perceptions of control as functions of multiple types of maltreatment. *Development and Psychopathology, 13*, 913-940.

Bordo, S.(2005). Adoption. *Hypatia, 20*(1), 230-236.

Bowlby, J.(1973). *Attachment and loss* (Vol. 2).

Bretherton,I.(1992). The origins of attachmenttheory: John Bowlby and Mary Ainsworth. *Developmental Psychology, 28*, 759-775.

Brinich, P.(1980). Some potential effects ofadoption on self and object representations. *Psychoanalytic Study of the Child, 35*, 107-133.

Brody, G. H., & Ge, X.(2001). Linkingparenting processes and self-regulationto psychological functioning and alcoholuse during early adolescence. *Journal of Family Psychology, 15*, 82-94.

Brodzinsky, D. M.(1987). Adjustment toadoption: A psychosocial perspective. *Clinical Psychology Review, 7*, 25-47.

Brodzinsky, D., Smith, D. W., & Brodzinsky, A. B.(1998). *Children's adjustment to adoption: Developmental and clinical issues*. Thousand Oaks, CA: Sage Publications.

Bronfenbrenner, U.(1979). *The ecology of human development: Experiments by nature and design*. Harvard university press.

Brooks-Gunn, J., & Duncan, G. J.(1997). The effects of poverty on children. *The future of children*, 55-71.

Cantos, A. L., & Gries, L. T.(1997). *Behavioral*. New York: Norton.

Clapp, G.(2000). Divorce and New Beginnings. John Wiley & Sons Inc.

Conger, R. D.(2005). The effects of poverty and economic hardship across generations. *Davis: Center for Public Policy Research*, University of California, Davis.

Conseil of Europe(1994). Recent Demographic Developments in European 1993. Conseil of EuropePress.

Costin, L., Bell, C., & Downs, S.(1991). Child Welfare: Policies and Practice. Longman.

CWLA(2004). CWLA Standard of Excellence for Residential Group Care Services.

Day, R. D., Gilbert, K. R., Settles, B. H., & Burr, W. R.(1995). Research and Theory in Family Science, California: Brooks.

Department for Children, Schools and Families(2007). Welcome to Sure Start. http://www.surestart.gov.uk.

Duncan, G. J., & Brooks-Gunn, J.(2000). Family poverty, welfare reform, and child development. *Child development, 71*(1), 188-197.

Duncan, G. J., Magnuson, K., Kalil, A., & Ziol-Guest, K.(2012). The importance of early childhood poverty. *Social Indicators Research, 108*(1), 87-98.

Rosenberg, E. B.(2007). 입양의 생애주기. (이윤로, 이미선 역). 서울: 신정. (원저 2007년 출판).

Farruggia, S. P., Greenberger, E., Chen, C., & Heckhausen, J.(2006). Perceived social environment and adolescents' well-being and adjustment: Comparing a foster care sample with a matched sample. *Journal of youth and adolescence, 35*, 330-339.

Frankel, A. J., Gelman, S. R.(2004). *Case management:An introduction to conceptsand skills*. Chicago: Lyceum Books.

Franklin, C., & Streeter, C. L.(1995). School reform: Linking public schools with human services. *Social Work, 40*(6), 773-782.

Frasch, K. M., & Brooks, D.(2003). Normative development in transracial adoptive families: An integration of the literature and implications for the construction of a theoretical framework. *Families in Society, 84*(2), 201-212.

Freedman, D. G.(1974). Human infancy:An evolutionary perspective. New York: John Wiley.

Freud, S.(1933). *New introductory lectures inpsychoanalysis*. New York: Norton.

_______(1961). The ego and the id (Standard Kadushin, A., & Martin, J.(1988). Cbild welfare services, New York: Macmillan. ed, Vol. 19), London: Hogarth (Originallypublished 1923.)

Ganong, L., & Coleman, M.(1994). *Remarriaged family relationship*. Sage publications.

Ganong, L., Coleman, M., & Fine, M.(1995). Remarriage and stepfamilies. In R. D. Day, K. R.

Gil, E., & Bogart, K.(1982). Foster children speak out: a study of children's perceptions of foster care. *Children Today, 11*(1), 7-9.

Gilbert, N., & Terrel, P.(1998). Dimensions of social welfare policy (4th ed.). Boston: Allyn and Bacon.

____________________(2005). *Dimensions of social welfare policy* (6th ed). Boston: Allyn & Bacon.

Giddens, A.(2009). 현대 사회학[*Sociology*]. (김미숙, 김용학, 박길성, 송호근, 신광영, 유홍준, 정성호 역). 서울: 을유출판사. (원저 2006년 출판).

Gilbert, N., Terrell, P.(2014). *Dimensions of Social Welfare Policy* (8th edition). Essex, UK: Pearson Education, Inc.

Glick, P. C.(1989). Remarried families, stepfamilies, and stepchildren: A brief demographic profile. *Family relations, 38*, 24–27.

Goldenberg, H., & Goldenberg, I.(1998). *Counseling today's families* (3rd ed.). Thomson Brooks/Cole Publishing Co.

Goldner, V.(1982). Therapy with remarriage families: XII. Remarriage family: Structure, system, future. Family Therapy Collections.

Haight, W. L., Kagle, J. D., & Black, J. E.(2003). Understanding and supporting parent–child relationships during foster care visits: Attachment theory and research. *Social work, 48*(2), 195–207.

Harris, J., & White, V.(2013). *A dictionary of social work and social care*. Oxford University Press.

Hoff, K. E., Dupaul, G. J., & Handwerk, M. L.(2003). Rejected youth in residential treatment: Social affiliation and peer group configuration. *Journal of Emotional and Behavioral Disorders, 11*(2), 112–121.

Hollis, F.(1970). The psychosocial approach to the practice of casework. *Theories of social casework*. Chicago: Chicago University Press.

Holt, B. J.(2000). The practice of generalist case management. Needham Heights, MA: Allyn & Bacon.

Huefner, J. C., Oaters, R. G., & Thompson, R. W.(2004). Adult outcomes of girls & boystown youth. *Rapport, 8*(2), 8–9.

Jenson, J. M., & Whittaker, J. K.(1987). Parental involvement in children's residential treatment: From preplacement to aftercare. *Children and Youth Services Review, 9*(2), 81–100.

Johnson, L.(1986). Social Work Practice: A generalist approach. Newton, MA: Allyn & Bacon.

Johnson, P. R., Yoken, C., & Voss, R.(1995). Family foster care placement: The child's perspective. *Child Welfare, 74*(5), 959–974.

Jonson–Reid, M., Kohl, P. L., & Drake, B.(2012). Child and adult outcomes of chronic child maltreatment. *Pediatrics, 129*(5), 839–845.

Jordan, C., & Franklin, C. (Eds.).(2020). *Clinical assessment for social workers: Quantitative and qualitative methods*. Oxford University Press.

Kadushin, A.(1974). *Child welfare service*. New York: MacMillan.

Kadushin, A., & Martin, J. A.(1988). *Child Welfare Services* (4th ed.). New York: Macmillan Publishing Company.

Kahn, A. J.(1979). *Social Policy and Social Services* (2nd ed.). New York: Random House.

Kamerman, S. B., & Kahn, A. J.(1985). Child welfare and the welfare of familieswith children: A child and family policyagenda, In B. G. McGowan & W. Meezan (Eds.), Cbild welfare: Current dilemmasand future directions, Itasca: F. E.Peacock Publishers.

Kempe, C. H., Silverman, F. N., Steele, B. T., Droegemueller, W., & Silver, H. K.(1962). Thebattered child syndrome. *Journal of the American Medical Association, 181*.

Kierman, K.(1997). 第2回厚生政策セミナー少子化時代を考える, 厚生省.

Kissman. K., & Allen, J. A.(1993). *Single-Parent Families*. SAGE Publications.

Landsman, M. J.(2001). Commitment in public child welfare. *Social Service Review, 75*(3), 386−419.

Leathers, S. J.(2000). *Behavioral disturbance among foster children: The role of detachment form caregivers and community institutions*. The University of Chicago.

Loeber, R.(1990). Development and risk factors of juvenile antisocial behavior and delinquency. *Clinical psychology review, 10*(1), 1−41.

Lorenz, K. Z.(1952). *King Solomon's ring*. New York: Crowell.

___________(1965). *Evolution and themodification of behavior*. Chicago: University of Chicago Press.

MacNair, R. H., & McKinney, E.(1983). *Assessment of Child and Adolescent Functioning: A Practitioner's Instrument for Assessing Clients*. Institute of Community and Area Development, University of Georgia.

Mallon, G. P., & Hess, P. M.(2005). Cbildwelfare for the 21st century. New York: Columbia University Press.

Maluccio, A. N.(1995). Children: Direct practice. *RL Edwards (Ed.-in-Chief), Encyclopedia of social work* (19th ed., pp. 442−447), Washington, DC.

Maluccio, A. N., & Sinanoglu, P. A.(1981). *The Challenge of Partnership: Working with Parents of Children in Foster Care*. New York: Child Welfare League of America.

Marchant, R.(2001). Working with disabled children. *In Children in Society: Contemporary Theory, Policy and Practice*, edited by P. Foley, J.Roche and S. Tucker. London: OpenUniversity Press.

Maslow, A.(1943). A Theory of Human Motivation, ursprünglich im Psychological Review, 50, 370−396.

McDonald, K. C.(2007). Child abuse: approach and management. *American family physi-*

cian, 75(2), 221–228.

McFadden, E. J.(1980). Working with natural families foster care. Ypsilanti: Eastern Michigan University.

McLoyd, V. C., & Wilson, L.(1992). The strain of living poor: Parenting, social support, and childmental health (pp. 105–134). In Huston, A. C. (Ed.), Cbild in Poverty: Cbild Development and Public Policy. Cambridge, UK: Cambridge University Press.

Miller, B. A., Maguin, E., & Downs, W. R.(1997). Alcohol, drugs, and violence in children's lives. *Recent Developments in Alcoholism: Volume 13: Alcohol and Violence-Epidemiology Neurobiology Psychology Family Issues*.

Muller, R. T., & LeMieux, K.(2000). Socialsupport, attachment, and psychopathologyin high risk formerly maltreated adults. *Child Abuse and Neglect, 24*, 883–900.

Murray, C.(1984). *Losing Ground: American Social Policy*, 1950–1980. New York: Russell SageFoundation.

NAIC(National Adoption Information Cearinhouse)(2004). Adoption Disruption and Dissolution: Numberand Trends.

Neil, E., Beek, M., & Schofield, G.(2003). Thinking about and managing contact in permanent placements: The differences and similarities between adoptive parents and foster carers. *Clinical child psychology and psychiatry, 8*(3), 401–418.

O'Brien, K. M., & Zamostny, K. P.(2003). Understanding adoptive families: An integrative review of empirical research and future directions for counseling psychology. *The Counseling Psychologist, 31*(6), 679–710.

OECD(2006). Starting strong II: Earlycbildbood education and care.

Office of Head Start(2015). About the Office of Head Start. http://www.acf.hhs.gov/pro–grams/ohs/about.

Oosterman, M., & Schuengel, C.(2008). Attachment in foster children associated with caregivers' sensitivity and behavioral problems. *Infant Mental Health Journal: Official Publication of the World Association for Infant Mental Health, 29*(6), 609–623.

Pacheco, F., & Eme, R.(1993). An outcome study of the reunion between adoptees and biological parents. *Child Welfare, 72*, 53–64.

Perlman, H. H.(1957). *Social casework: A problem-solving process*. Chicago: University of Chicago press.

Peter, V. J.(1995). Welfare reform, the Temperament. In N. Eisenberg (Ed.), A methodological perspective. *Familiesin Society, 82*(5), 491–497.

Philips, J., Ray, M., & Marshall, M.(2006). *Social work with older people* (4th ed.). New York: Palgrave MaCmillian.

Piaget, J.(1954). *The construction of realityin the cbild*. New York: Basic Books.

_______(1960). The Psychology of Intelligence (Paterson, New Jersey, Littlefield, Adams). *PiagetThe Psychology of Intelligence1960*.

Plumer, E. H.(1992). Wben you place acbild. Springfield, IL: Charles C. Thomas.

Plummer, C.(1986).Prevention education inperspective. In M. Nelson & K. Clark (Eds.), The educator's guide to preventing childsexual abuse. Santa Cruz, CA: Network Pub.

Prashatham, B. J.(2005). Indian case studies intberapeutic counselling (6th ed.). India: Christian Counselling Centre, Vellore.

Popenoe, D.(1993). American family decline, 1960-1990: A review and appraisal. *Journal of Marriage and the Family*, 527-542.

Rawls, J.(1999). A tbeory ofjustice, MA: Harvard University Press.

Roy, P., Rutter, M., & Zigler, E.(1991). Vulnerability and competence: A review of research on resilience in childhood. *American journal of Orthopsychiatry, 61*(1), 139-149.

Saleebey, D.(1992). *The strengths perspectivein social work practice*. White Plains, New York: Longman.

Sanchirico, A., & Jablonka, K.(2000). Keeping foster children connected to their biological parents: The impact of foster parent training and support. *Child and Adolescent Social Work Journal, 17*(3), 185-203.

Schorr, L. B.(1988). The care and education of young children: Inseparable combination. *In Within our reach: breaking the cycle of disadvantage* (pp. 179-214). Doubleday [Anchor Books] New York.

Sharkey, P. B.(1998). Being adopted: books to help children understand-update 3. *Emergency Librarian, 25*(4), 8-10.

Sheafor, B. W., Horejsi, C. R., & Horejsi, G. A.(1997). Tecbniques and guidelines for social work practice. Needham Heights, MA: Allyn & Bacon.

Skinner, B. F.(1953). *Science and buman bebavior*. New York: Macmillan.

Smerglia, V. L., Miller, N. B., & Kort-Butler, L.(1999). The impact of social support on women's adjustment to divorce: A literature review and analysis. *Journal of Divorce & Remarriage, 32*.

Social Security Administration(1997). Social Security Program Throughout the World-1997.

_______________________(2017). Social Security Program Throughout the World-2017.

Song, Y., & Lu, H. H.(2002). Early Childhood Poverty: A Statistical Profile.

Statham, J., & Eisenstadt, N.(2001). The Sure Start program in the United Kingdom. *Family Matters*, (59), 39-41.

Stone, N. M., & Stone, S. F.(1983). The prediction of successful foster placement. *Social Casework, 64*(1), 11-17.

Tatara, T.(1993). *Characteristics of children in substitute and adoptive care: A statistical summary of the VCIS national child welfare data base*. Washington, DC: Child Welfare League of America.

Thompson, R. A.(1998). Early sociopersonality development. In W. Damon & N. Eisenberg (Eds.), Handbook of cbildpsycbology (5th ed., Vol. 3, pp. 25–104). New York: John Wiley & Sons.

Titmuss, R. M.(1976). *Social policy*. London: George Allen & Unwin.

Toseland, R. W., & Rivas, R. F.(1995). *An introduction to group work practice* (2nd ed.). New York: Macmillan.

Van de Kaa, D. J.(1987). Europe's Second Demographic Transition. *Population Bulletin 42*(1), 32–41.

Visher, E. B., & Visher, J. S.(1996). Therapy with Stepfamilies. New York: Brunner.

Vorria, P., Wolkind, S., Rutter, M., Pickles, A., & Hobsbaum, A.(1998). A comparative study of Greek children in long-term residential group care and in two-parent families: II. Possible mediating mechanisms. *Journal of Child Psychology and Psychiatry, 39*(2).

Wakefield, J. C.(1988). Psychotherapy, distributive justice, and social work: Part 1: Distributive justice as a conceptual framework for social work. *Social Service Review.*

Warren, D. H.(1994). *Blindness and children: An individual differences approach*. New York: Cambridge University Press.

Wasson, D. L., & Hess, P.(1989). Foster parents as child welfare educators: Agencies should be propagating this invaluable resource. *Public Welfare, 47*.

Watson, J. B.(1919). *Psychology: From the standpoint of a behaviorist*. Philadelphia: JB Lippincott.

Whitelaw Downs, S., Moore, E., McFadden, E. J., & Costin, L. B.(2009). Child welfare and family services: Policies and practice (8th ed). Boston, MA: Pearson Education.

Wilson, W. J.(2012). *The truly disadvantaged: The inner city, the underclass, and public policy*. University of Chicago Press.

Zietz, D.(1969). Child welfare: Services and perspectives. New York: John Wiley & Sons.

Zuckerman, E.(1983). Cbild welfare. New York: The Free Press.

경제협력개발기구(OECD) www.oecd.org
남북하나재단 www.koreahana.or.kr
다음 백과사전 100.daum.net
드림스타트 www.dreamstart.go.kr/contents/sub01_01_01.asp
법무부 www.moj.go.kr/moj/index.do
법제처 www.moleg.go.kr
법제처 국가법령정보센터 www.law.go.kr
법제처 찾기쉬운 생활법령정보 www.easylaw.go.kr
복지로 공식 블로그 blog.bokjiro.go.kr
세계은행(World Bank) www.worldbank.org
아동권리보장원 www.ncrc.or.kr
위키백과사전 ko.wikipedia.org
통계청 국가통계포털 www.kosis.kr
한국건강가정진흥원 www.familynet.or.kr
한국보건사회연구원 www.kihasa.re.kr
한국수양부모협회 www.ngopower.net
희망스타트 www.hopestart.org.

디지털스토리(2018. 6. 10.). "왜 엄마는 없어?" 편견에 우는 한부모 가족들.
문화일보(2020. 7. 29.). '아동의 놀 권리' 챙기기… 용산구, 조례 제정·공포.
베이비타임즈(2019. 8. 14.). [안전칼럼] 아동방임의 유형 및 기준.
세이브더칠드런(2017. 12. 7.). 아동의 행복, 놀이로부터 나온다.
아시아경제(2015. 5. 13.). OECD 최하위아동 행복지수 높이자… 정부 '놀권리 헌장' 선포.
여성신문(2016. 5. 7.). 세 딸 공개입양한 차성수 금천구청장 "입양은 특별한 일 아냐".
이데일리(2018. 9. 4.). 열에 한 가구는 한부모가정… 41%가 저소득층.
이투데이(2018. 3. 18.). 여성 경제활동참가율 OECD 19개국중 15위… 여성 참여 늘려야 성장률·삶의 질 향상.
한국경제(2018. 4. 26.). 年 1만 명씩 늘어나는 다문화 초·중·고생… 10만 명 넘었다.
한국교육신문(2018. 10. 1.). 아동학대의 원인과 해결 방안②.
행복세상(2015. 4. 4.). 가정 '융·복합' 시대 신개념 공동체, '제2의 가족'이 늘어난다.
환경일보(2017. 12. 12.). 아동 48.7% "친구들과 놀고 싶어요".
MBC(2020. 9. 3.). 18살 되면 무조건 나가라?… 가혹한 '홀로서기'.
OBS(2019. 10. 30.). 차인표 신애라, 첫 아들 출산 후 두 딸 공개 입양.

저자소개

류 민 임

부산대학교 유아교육학과(교육학 석사)
대구대학교 유아교육학과(교육학 박사)
현) 부산여자대학교 유아교육과 교수

최 은 주

동아대학교 교육학과(교육학 석사)
동아대학교 교육학과(교육학 박사)
현) 동아대학교 교육대학원 유아교육전공 교수

아동권리와 복지

초 판 1쇄 인쇄 2023년 8월 29일
초 판 1쇄 발행 2023년 9월 4일

지 은 이 | 류민임 · 최은주
펴 낸 이 | 김기섭
책임편집 | 이윤희
펴 낸 곳 | 창지사 www.changjisa.com
08589 서울시 금천구 가산디지털 1로 83 파트너스타워 1차 9층
전화 (02) 719-2211~3
팩스 (02) 701-9386
등 록 | 1977년 4월 28일 · 제1-421호

ISBN 978-89-426-1846-0 (93370)

값 19,000원